Veröffentlichungen
der Europäischen Märchengesellschaft
Band 35

Im Auftrag
der Europäischen Märchengesellschaft
herausgegeben von
Harlinda Lox und Renate Vogt

Abenteuer am Abgrund

Risiko und Ressource des Märchenhelden

Außenseiter im Märchen

Forschungsbeiträge
aus der Welt der Märchen

KÖNIGSFURT-URANIA

Bibliographische Information der Deutschen Nationalbibliothek
Die Deutsche Nationalbibliothek verzeichnet diese Publikation in der Deutschen Nationalbibliographie; detaillierte bibliographische Daten sind im Internet über http://dnb.ddb.de abrufbar.

Originalausgabe
Krummwisch bei Kiel 2010

D-24796 Krummwisch
www.koenigsfurt-urania.com

Umschlaggestaltung: Stefan Hose, Götheby-Holm,
unter Verwendung des Motivs »Der Narr« aus dem OSHO Zen Tarot,

Lektorat und Redaktion: Claudia Lazar
Satz: Stefan Hose, Götheby-Holm
Druck und Bindung: CPI Moravia
Printed in EU

ISBN 978-3-89875-991-5 (EMG-Sonderausgabe)
ISBN 978-3-89875-990-8 (Buchhandelsausgabe)

Inhalt

Außenseiter im Märchen

Abenteuer am Abgrund
Risiko und Ressource des Märchenhelden

Harlinda Lox/Renate Vogt

Vorwort

Im Jahr 2009 bestand zwischen dem Frühjahrskongress in Bad Orb »Abenteuer am Abgrund« und dem Herbstkongress in Lippstadt »Außenseiter im Märchen« eine thematische Brücke. Es ging in beiden Kongressen um Aspekte des Außergewöhnlichen im Märchen. Der Frühjahrskongress beschäftigte sich mit den außergewöhnlichen Wegstrecken, die Märchenheldinnen oder Märchenhelden hart am Rande des Abgrunds entlang führen; der Herbstkongress richtete sein Augenmerk auf Märchenfiguren, die am Rande oder ganz außerhalb der Gemeinschaft stehen, ausgegrenzt von den »Normalen«, weil sie den gültigen »Normen« nicht entsprechen.

Im Märchen brechen die Menschenkinder ins Unbekannte, ins Weite, ins Offene auf – von jeher günstige Voraussetzungen, um in Abenteuer verwickelt zu werden. Dabei geht es immer um existentiell erschütternde Erfahrungen. Die Abenteuer bestehen ja in Auseinandersetzungen mit außerordentlichen Situationen, mit dämonischen Gegnern, in der Bewältigung schwieriger Aufgaben und in der Begegnung mit außergewöhnlichen Figuren. Wie die ausgewählten Adjektive suggerieren, lassen sich die zu bewältigenden Abenteuer oft als ein Balance-Akt am Abgrund umschreiben. Auf einer Meta-Ebene erzählen die Märchen eben vom Wagnis Leben, vom Risiko, das uns dieses Lebensabenteuer abverlangt und zumutet, und von den ungeahnten, weil oft aus der Tiefe kommenden Kräften, die uns auf dem Weg oder am Ziel zuwachsen. Die aufgenommenen Beiträge von Bad Orb bringen auf geradezu exemplarische Weise den thematischen Spannungsbogen »Abenteuer als Welt- und als Selbstbegegnung« zum Ausdruck.

Die Außenseiter-Thematik hat in der Krise, die 2009 die Menschen weltweit aus der Normalität riss, eine erschreckende Aktualität gewonnen. Gerade von »unbequemen Geistern«, »Querdenkern« erhofft die gegenwärtige Gesellschaft Innovationen, die aus einer solchen Krise wieder herausführen können. In Projekten versuchen Universitäten Methoden zu erarbeiten, mit denen Kreativität, die als eine Kompetenz aufgefasst wird, entwickelt, ja gelernt werden soll. Wenn so nach dem Nutzen der sonst meist unerwünschten Außenseiter gefragt wird, ist es an der Zeit, zu einer solchen Problematik die Märchen zu befragen.

Das haben wir mit dem Lippstädter Kongress »Außenseiter im Märchen« begonnen. Auch bei einem so komplexen Thema, das im vorgegebenen Rahmen nur exemplarisch behandelt werden konnte, antworten Märchen richtungweisend. Da sich die Märchenforschung bisher noch nicht näher mit den Außenseitern im Märchen beschäftigt hat, sei uns hier eine etwas detailliertere Einführung gestattet als die sonst an solcher Stelle üblichen Hinweise auf die jeweilige Thematik.

Der Begriff »Außenseiter« ist wesentlich jünger als die Märchen und eigentlich erst durch die Literatur des 19. Jahrhunderts, besonders die russische, mit Leben erfüllt worden. Ins Deutsche wurde das Wort Ende des 19. Jahrhunderts als Lehnübersetzung von englisch »outsider« eingeführt und bezeichnete anfangs ebenfalls nur das für chancenlos gehaltene Rennpferd, das beim Rennen die Außenbahn laufen musste und doch unerwartet den Sieg erringen konnte. Heute verstehen wir unter »Außenseitern« Menschen, die aufgrund ihrer befremdlichen Andersartigkeit, ihrer Abweichung von den jeweils gültigen Normen von einer Gemeinschaft ausgegrenzt werden oder sich selbst ausgrenzen.

In den Kongresstagen haben wir uns gefragt, wieweit die Bezeichnung auch auf Märchenfiguren anwendbar ist und was uns derartige Außenseiter-Märchenfiguren heute noch sagen können. Bei näherem Hinsehen lässt sich eine Vielfalt von solchen ausgegrenzten oder sich selbst ausgrenzenden Gestalten erkennen und drei Gruppen zuordnen:

1. *Hilfsbedürftige Außenseiter* fordern die Gemeinschaft. Sie brauchen ihre Barmherzigkeit, Hilfe und Hilfe zur Selbsthilfe.

   Zu ihnen zählen all die körperlich Behinderten: etwa Blinde, Lahme, Missgestaltete, einzelner Glieder Beraubte, von ansteckenden Krankheiten Befallene.

Die unheilbar geistig Behinderten, die Dummköpfe, werden hingegen dem zuweilen makabren Spott der Schwankmärchen preisgegeben.

Hilfsbedürftig können auch soziologisch bedingte Außenseiter sein, zum Beispiel Bettler, abgedankte Soldaten, ungeliebte Kinder, besonders Stieftöchter.

Berücksichtigt haben wir hier auch Vertreter »verfemter Berufe« sowie ausgewählte Vertreter rassistisch bedingter Außenseitergruppen.

Zu den hilfs-, ja erlösungsbedürftigen Außenseitern gehören schließlich noch die Opfer von Verwünschung und Verzauberung, besonders Tierbraut und Tierbräutigam.

2. *Schöpferische Außenseiter* fördern die Gemeinschaft. Sie bewirken Erneuerung. Der exemplarische schöpferische Außenseiter ist wohl der Dummling. Weltabgewandt, einfältig und träge wird er von seiner Umwelt für dumm gehalten, bis er aus seinem anfänglichen Dämmerzustand erwacht, den Max Lüthi »Verpuppungsstadium« nennt. Während dieser Zeit entwickelt er jedoch eine intensive Beziehung zu seinem Unbewussten und damit sein Urvertrauen, ohne die sein schöpferisches Potential sich nicht entfalten könnte. Durch diesen Kontakt zu seiner schöpferischen Tiefe kann er seinen Weg größter Mühsal und Gefahren bis zu einem glücklichen Ende gehen, all die unscheinbaren oder bedrohlichen Gestalten, die ihm begegnen, als seine Helfer erkennen und ein Scheitern in diesen Prüfungssituationen vermeiden. Er lernt so, auch völlig außerhalb jeglicher Norm stehende Gestalten, die »wunderlichen Gefährten«, mit »ins Boot« zu nehmen, in sein »Schiff zu Land und zu Wasser«, Ausdruck seiner »unglaublichen« Innovationsfähigkeit, mit der er bisher für unmöglich Gehaltenes verwirklicht.

Glücklicherweise machen Zaubermärchen nicht nur Dummlinge zu ihren Protagonisten, sondern auch andere hilfsbedürftige oder schöpferische Außenseiter. Damit kann deren Weg ebenfalls zur Erlösung vom Außenseiterdasein führen und darüber hinaus zur Königswürde. Franz Vonessen hat auf die innere Verwandtschaft aller Märchenhelden mit dem Dummling hingewiesen.

3. *Helfer*, die dritte Gruppe von Außenseitern, können einen solchen Weg nicht gehen, aber das ist auch nicht erforderlich. Einsiedler, alte oder weise Frauen und Männer, unscheinbare graue Männ-

chen, Feen oder auch Tiere müssen sich nicht wandeln; ihre einzige Funktion im Märchen ist die Hilfe für den Helden oder die Heldin in einer sonst nicht zu bewältigenden Situation. Danach ziehen sie sich aus dem Geschehen zurück. Ohnehin gehören sie überwiegend einer jenseitigen Welt an.

Die hier veröffentlichten Kongressbeiträge mögen Ihnen unsere Gedanken veranschaulichen und dabei auch den Blick schärfen für die eigenen ambivalenten inneren Regungen oder – wie Heinrich Dickerhoff sagt – unsere »Möglichkeiten, zu sein und zu handeln«.

Ursula Heindrichs

»Die magische Flucht«

Bedrohung und Erlösung

In der Flucht
welch großer Empfang
unterwegs –

Eingehüllt
in der Winde Tuch
Füße im Gebet des Sandes
der niemals Amen sagen kann
denn er muß
von der Flosse in den Flügel
und weiter –

Der kranke Schmetterling
weiß bald wieder vom Meer –
Dieser Stein
mit der Inschrift der Fliege
hat sich mir in die Hand gegeben –

An Stelle von Heimat
halte ich die Verwandlungen der Welt – [1]

Dieses Gedicht hat die große jüdische Dichterin Nelly Sachs geschrieben; es ist eines ihrer späten Gedichte und entstammt dem Zyklus von 1959, den sie *Flucht und Verwandlung* genannt hat, der aus 54 großen Gedichten besteht, die alle rätselhaft sind. Hans Magnus Enzensberger schreibt darüber: »Leicht, auf Anhieb, sind sie nicht zu lesen. Wir haben es hier mit Rätseln zu tun, die in ihrer Lösung nicht aufgehen, sondern einen Rest behalten – und auf diesen Rest kommt es an.«[2] Nelly Sachs hat von 1891-1970 gelebt und ist dem grausamen Vernichtungstod durch den Holocaust nur entgangen, weil sie 1940 mit Hilfe von Selma Lagerlöf vor den Nazis nach Schweden fliehen konnte.

»In der Flucht/welch großer Empfang!« Die Fliehende erfährt staunend einen großen Empfang: Ein Fest? Eine Freude? Welch ein Paradox, denn sie flieht, ist unterwegs, und für Ruhe ist keine Zeit. In der Winde Tuch ist sie eingehüllt. – Können Winde, die uns umwehen, uns wie ein Tuch einhüllen? Die nackten Füße im Sand fühlen seine unaufhörliche Bewegung: Er kann sein Gebet niemals mit »Amen« beschließen, nie kommt er zur Ruhe, denn er kommt aus dem Meer und muss in dem Flügel des Vogels »weiter«. – Schmetterlinge haben eine außerordentliche Flugfähigkeit, sie fliegen ohne Ruhepause über die Meere, und der kranke Schmetterling, den sie sieht, wird sich erholen und bald wieder »vom Meer« wissen. Und sie findet den Bernstein, in den eine Fliege eingeschlossen ist, sich eingeschrieben hat. »Dieser Stein« hat sich ihr »in die Hand gegeben«: ein Geschenk! Wind, Sand, Flosse, Flügel, Schmetterling und endlich der »Stein mit der Inschrift der Fliege«: Das sind die Geschenke des großen Empfangs. Und dankbar staunend erfährt die Fliehende: »An Stelle von Heimat/halte ich die Verwandlungen der Welt« – Hilde Domin sagt von Nelly Sachs: »Deine Dichtung hält das Unheil lebendig. Und zugleich erlöst Du von dem Unheil.«[3]

Aber: Was hat Nelly Sachs, was hat ihr Gedicht mit meinem Thema von der »magischen Flucht im Märchen« zu tun? Ist der Titel des Gedichtbandes *Flucht und Verwandlung* nicht schon mit dem Märchen verwandt? So viele Märchen aus aller Welt erzählen uns von Fliehenden und auch von Verwandlungen. Bis auf diesen Tag fliehen Millionen und Abermillionen und suchen Zuflucht bei uns oder in anderen Ländern; unsere Zeit ist zu Recht das Zeitalter der Fliehenden, der Flüchtenden genannt worden.

Das Fluchtverhalten ist indessen dem Menschen eingegeben seit Urzeiten, seit sowohl Tiere als auch Menschen ihn verfolgen; Angst ist das Grundgefühl, das jeder von uns kennt, das uns »verfolgt« in unseren Träumen und das wohl von archetypischer Qualität ist. Wenn das so ist, dann werden Erzählungen von Fliehenden auf der ganzen Erde zu finden sein. Darin begegnet uns einmal die Flucht als solche, dann die

Hindernisflucht und außerdem die Verwandlungsflucht. Wir wollen versuchen, diese Phänomene nacheinander aufzuspüren, denn die magische Flucht ist ein ganz besonderes Abenteuer der Märchenhelden, das sie in höchste Gefahr bringt, das aber auch die Rettung bereit hält für die Gefährdeten. Hölderlin sagt in seinem großen Gedicht *Patmos*: »Wo aber Gefahr ist, wächst das Rettende auch.«

Die Flucht als solche

Das *Handwörterbuch des deutschen Aberglaubens* berichtet unter dem Stichwort »Flucht«, dass noch heute hinterindische Völker vor dem Dämon der Seuche in den Urwald flüchten. Bei der Hochzeit gibt es oft den sogenannten »Brautlauf«: Die Braut flieht vor oder nach der Trauung aus Angst vor dem neuen Leben. Im *deutschen Wörterbuch* von Jacob und Wilhelm Grimm ist das Wort »Fliehen« in den mannigfachsten Verbindungen und Bedeutungen aufgestellt; wer unter den Mantel einer Frau floh, war gerettet. Ich denke, die Gebete, die Maria als Schutzmantel-Heilige anrufen, haben darin ihren Ursprung. Dädalos flieht aus Kreta mit seinem Flugapparat, die Israeliten fliehen durch das Schilfmeer, die Heilige Familie flieht nach Ägypten ... Es gibt den Zufluchtshafen, das Zufluchtshaus, die Zufluchtskirche, das Zufluchtsland, das Zufluchtsrecht, den Zufluchtsturm, den Zufluchtswinkel und es gibt das Asylrecht.

In manchen Varianten von »Hänsel und Gretel« (KHM 15) fliehen die Kinder vor der Hexe, »Die Bremer Stadtmusikanten« (KHM 27) gehen weg von ihren ungerechten Herren, die »Blaubart«-Varianten »Fitchers Vogel« (KHM 46) und »Der Räuberbräutigam« (KHM 40) kennen die Flucht vor dem Verderber, »Aschenputtel« (KHM 21) entzieht sich dem Königssohn dreimal durch die Flucht, ähnlich wie die Hirtin im Märchen »Die wahre Braut« (KHM 186); und »Allerleirauh« (KHM 65) flieht vor dem inzestuösen Ansinnen des Vaters, der sie zur Frau begehrt; im Märchen »Die Kristallkugel« (KHM 197) flieht der Jüngste vor den Zauberkünsten seiner Mutter, in den »Sechs Schwänen« (KHM 49) flieht die Schwester der verwünschten Brüder vor den Ränken der Stiefmutter und im Märchen »Die zwölf Brüder« (KHM 9) fliehen die Söhne vor dem mordlustigen Vater. »Vom dicken fetten Pfannekuchen« wissen wir, dass er hintereinander drei alten Weibern,

Häschen Wippsteert, Wulf Dicksteert, Rick Blixsteert, Ko Swippsteert und Su Haff entläuft; aber den drei Kindern, die den ganzen Tag noch nichts gegessen haben, springt der dicke, fette Pfannekuchen in den Korb und lässt sich gern von ihnen essen.[4]

Spielt in diesem lustigen Kettenmärchen etwa schon Magie eine Rolle? Mit Magie haben wir es aber gewiss zu tun, wenn Ovid in den *Metamorphosen* von der schier unbesiegbaren Atalanta erzählt.[5] Sie, die als ausgesetztes Kind von einer Bärin gesäugt, von Jägern für die Jagd erzogen worden ist, will keinen Gatten; sie ist die allerschnellste Läuferin und lässt einen Wettlauf ausloben, ihrer Unbesiegbarkeit gewiss. Jeder, der nicht schneller ist als sie, wird getötet. Hippomenes entdeckt die Schöne und meldet sich, das gefährliche Wagnis um seiner Liebe willen einzugehen; zuvor aber bittet er Venus, die Göttin der Liebe, um ihren Beistand. Diese schenkt ihm drei goldene Äpfel, und während er zu Venus betet, beginnt der Wettlauf. Atalanta ist schneller als Hippomenes, da wirft er einen der drei goldenen Äpfel, sie hebt ihn staunend auf und er überholt sie; dies wiederholt sich noch zweimal. Also besiegt Hippomenes die Atalanta und gewinnt sie dadurch zur Frau. In der Sage von Jason und Medea geht es um das Aufhalten des Verfolgers. Die Liebenden fliehen zu Schiff vor Medeas Vater Äetes, der den Raub des goldenen Vlieses rächen will; während Äetes den Fliehenden auf dem Meer nachjagt, tötet Medea ihren noch kleinen Bruder Absyrtos, streut die Glieder des Toten über das Wasser, um den Vater aufzuhalten. Dieser sammelt die Reste seines Söhnchens und fährt, von der Verfolgung ablassend, in tiefer Trauer nach Kolchis zurück.[6]

Die Hindernisflucht

Ohne magische Kräfte könnten solche Fluchten nicht gelingen. Die magische Flucht, wie das Märchen sie kennt, stellt sich indessen noch anders dar, so zum Beispiel im Märchen »Die Wassernixe« (KHM 79).

> Ein Brüderchen und ein Schwesterchen spielten an einem Brunnen, und wie sie so spielten, plumpten sie beide hinein. Da war unten eine Wassernixe, die sprach: ›Jetzt hab ich euch, jetzt sollt ihr mir brav arbeiten‹, und führte sie mit sich fort. Dem Mädchen gab sie verwirrten garstigen Flachs zu spinnen, und es mußte Wasser in ein

> hohles Faß schleppen, der Junge aber sollte einen Baum mit einer stumpfen Axt hauen; und nichts zu essen bekamen sie als steinharte Klöße. Da wurden zuletzt die Kinder so ungeduldig, daß sie warteten, bis eines Sonntags die Nixe in der Kirche war, da entflohen sie. Und als die Kirche vorbei war, sah die Nixe, daß die Vögel ausgeflogen waren, und setzte ihnen mit großen Sprüngen nach. Die Kinder erblickten sie aber von weitem, und das Mädchen warf eine Bürste hinter sich, das gab einen großen Bürstenberg mit tausend und tausend Stacheln, über den die Nixe mit großer Müh klettern mußte; endlich aber kam sie doch hinüber. Wie das die Kinder sahen, warf der Knabe einen Kamm hinter sich, das gab einen großen Kammberg mit tausendmal tausend Zinken, aber die Nixe wußte sich daran festzuhalten und kam zuletzt doch drüber. Da warf das Mädchen einen Spiegel hinterwärts, welches einen Spiegelberg gab, der war so glatt, so glatt, daß sie unmöglich drüber konnte. Da dachte sie: ›Ich will geschwind nach Haus gehen und meine Axt holen und den Spiegelberg entzweihauen.‹ Bis sie aber wiederkam und das Glas aufgehauen hatte, waren die Kinder längst weit entflohen, und die Wassernixe mußte sich wieder in ihren Brunnen trollen.[7]

Anders als bei Atalanta und Medea werden die Dinge, die die Fliehenden hinter sich werfen, zu kaum überwindbaren Hindernissen für die Verfolgerin. Während sie Bürstenberg und Kammberg bezwingt, scheitert sie am Spiegelberg; die Kinder haben durch die Hindernisse so viel Zeit gewonnen, dass ihre Flucht gelingt und die Nixe sich wieder in ihren Brunnen trollen muss. Diese Form der magischen Flucht ist die »Hindernisflucht«. Der Dienst beim Dämon (Walter Scherf) ist von solcher Art, dass die Kinder fliehen: Es werden ihnen unerfüllbare Unterweltsaufgaben gestellt und dank der magischen Flucht gelingt ihnen das Entkommen. Woher aber haben die Flüchtigen die Zaubergaben, die zu solcher Größe anschwellen? Sind Bürste, Kamm und Spiegel etwa Eigentum der Wassernixe? Will sie mit der Verfolgung nur die Dienenden zurückholen und bestrafen, oder will sie vielleicht auch ihr zauberkräftiges Eigentum wiedergewinnen?[8] Dass sie eines Sonntags in der Kirche ist, zeigt uns, dass nicht nur Gute und Fromme die Messe besuchen; aber die Abwesenheit der Wassernixe konnte den Kindern die Chance bieten, ihr die Gegenstände zu rauben, die sie für ihre »Tagespflege« nötig hat. Zudem ist es eigentümlich, dass dem vertikalen Sturz der Geschwister in den Brunnen eine horizontale Flucht entspricht (ein Motiv, das wir aus »Frau Holle« kennen); und die Wassernixe, die den Kindern folgt, muss am Ende zurück in den Brunnen, also zurück in die Tiefe. Das kurze Märchen ist auch in seiner kunstvollen Form sehr interessant, wie Heinz-Albert Heindrichs in seinem Aufsatz »Was wussten die Grimms vom goldenen Schnitt?« nachgewiesen hat.[9]

»Die hier beschriebene Motivabfolge der magischen Flucht ist über den ganzen Erdball verbreitet«, sagt Lutz Röhrich[10] und er merkt an, »schon Antti Aarne hat bei 43 verschiedenen Völkern im ganzen 760 Erzählungen von der magischen Flucht gezählt (1930), und die Zahl der bis heute zusammengetragenen Variantenbelege hat sich noch beträchtlich vermehrt.«[11] Röhrich meint auch, es handle sich vielleicht auf den ersten Blick bei der magischen Flucht »um die märchenhaft-phantastische Übertreibung eines an sich natürlichen Vorganges: Man wirft weg, was einen an der Flucht hindert, und daß dies u. U. den Verfolger aufhält, ist selbstverständlich und ganz natürlich zu erklären.«[12]

»Wenn jedoch die meisten Märchen von der magischen Verwandlung des Weggeworfenen erzählen, so ist das nicht nur eine phantastische Übertreibung des Realen, sondern steht in enger Verwandtschaft zu Volksbrauch und -glauben. Diesem Märchenmotiv liegt nämlich ein durchaus ernst gemeinter Behinderungszauber zugrunde, und das Nach-hinten-Werfen von Zauberdingen gehört zu den altertümlichsten magischen Handlungen. Ethnographische Parallelen zeigen, daß es ganz ähnlich gerichteten Volksglauben vielerorts noch heute gibt«, sagt Lutz Röhrich.[13] Meistens verläuft die Flucht in der Horizontalen, wie in »Die Wassernixe«; aber es gibt auch den magischen Fluchtweg in der Vertikalen, entweder in die Erde (in einem zauberischen Einschussloch eines Pfeiles, im Loch eines Gürteltieres oder der Termiten) oder aufwärts, in einen Baum oder auf einen Felsen, wie Heino Gehrts berichtet.[14]

Der große russische Märchenforscher Vladimir Propp widmet der magischen Flucht einen erheblichen Teil des 9. Kapitels am Ende seines Buches *Die historischen Wurzeln des Zaubermärchens*. Er zählt zehn Arten von Verfolgung und Rettung auf. Aufgrund seiner Untersuchungen amerikanischer Märchen, die von der magischen Flucht wissen, vermutet Propp, »[...], daß das Motiv des Werfens eines Kämmchens als Mythos von einem Weltgestalter entstanden ist. [...] Der Held raubt im Märchen denselben Gegenstand, der ihn vor Verfolgung rettet. [...]

Im amerikanischen Mythos rauben Kojote und Fuchs das Feuer. Sie fliehen ›von der einen Seite auf die andere, und hinter ihnen her sprangen die Verfolger hierhin und dorthin. Das ist der Grund, weshalb der Fluß Yoagum gewunden ist.‹ In diesem Fall schaffen die Flüchtigen, die zugleich die Räuber des Feuers sind, einen Fluß für die Menschen und retten sich dabei. Genauso schafft der Held Wälder, Berge und Flüsse, und dieser ganze Mythos ist in historischer Perspektive ein Mythos vom Erschaffer der Natur.«[15] Nach ägyptischem Glauben ist die Milchstraße durch magische Flucht entstanden, wie Jacob Grimm in seinen *Kleineren Schriften* berichtet. Die ägyptische Fabel weiß danach Folgendes: Der Wolf »Typhon verfolgt die fliehende Isis [Demeter], die getreidemutter, da wirft sie ihm ein bündel ähren entgegen, der zerstreute sich am ganzen himmel und bildete die strasze [...] und die eddische Fabel führt uns [...] auf Stroh und Gold, welches Rolf Krakis saat (korn, getreide) darum heiszt, weil er [der Rabe] es aussäte und unterwegens umherstreute, um seine nachsetzenden Verfolger aufzuhalten.«[16]

Von einer anderen Form der Hindernisflucht erzählt das norwegische Märchen »Kari Holzrock«[17]. Hier müssen die erniedrigte Königstochter und ihr Helfer, der blaue Stier, auf ihrer Flucht selber Hindernisse überwinden: Nacheinander müssen sie sich durch einen dichten Kupfer-, Silber- und Goldwald kämpfen, die jeweils furchtbaren Trollen gehören; das Mädchen bricht, trotz der dringenden Warnung des blauen Stiers, in jedem Wald ein Blatt ab, weshalb der Stier mit den je schrecklicheren Trollen zu kämpfen hat, bis er schließlich fast tot ist, dennoch aber ein Helfer bleibt. Dass die Fliehenden *vor* sich eine Fülle von Hindernissen erleben und nur nach deren gefahrvoller, aber auch magischer Überwindung aus der Bedrohung Erlösung wird, das entspricht stärker der Realität und der eigenen Erfahrung. Im *Pentamerone* des Basile finden wir die magische Flucht im neunten Märchen des dritten Tages, welches »Rosella« heißt: Mit einem Zauberdegen, den Rosella ihrem Geliebten Pauluccio gibt, fliehen die beiden über das Meer. Aber Rosellas zauberkundige Mutter jagt den Flüchtlingen in einem Zauberschiff nach; sie erreicht zwar die Barke, aber Pauluccio schlägt ihr mit seinem magischen Degen beide Hände ab, sodass sie nach Hause zurückkehrt.[18]

Im *Handwörterbuch des deutschen Aberglaubens* finden wir unter dem Stichwort »Flucht« noch folgende interessante Notiz: »Ebenso wie der Fliehende kann der Verfolger magische Mittel anwenden. Aus dem Jahre 1530 wird berichtet, wie in Sachsen ein flüchtiger Edelmann in sein Gefängnis zurückgeführt wird, dadurch daß der Pfarrer alle Bilder in der Kirche umdreht. Dieser Zauber zwingt den Flüchtling zur Umkehr. Ähnlich wurde in der Türkei ein fliehender Sklave zur Rückkehr gezwungen, weil er sich – durch einen magischen Zauber beeinflußt – einbildet, daß ihm Löwen und Schlangen auf der Flucht entgegenkommen werden. – Eine besondere Schwierigkeit bietet die Grenzüberschreitung für den Fliehenden sowie den Verfolger. Ersterer kann sie nur überschreiten, wenn er, wie aus Schleswig berichtet wird, die Weste umgekehrt anzieht, d. h. wenn er sich durch ein Gegenmittel gegen den Zauber der Grenze wehren kann. Für den Verfolger hört überhaupt die Macht an einer Grenze auf, und er kann dem Flüchtling nichts mehr anhaben.«[19]

Die Verwandlungsflucht

Das schöne Märchen »Fundevogel« (KHM 51) bei Grimm kennt eine andere Form der magischen Flucht und das ist die Verwandlungsflucht.

»Fundevogel«

Es war einmal ein Förster, der ging in den Wald auf die Jagd, und wie er in den Wald kam, hörte er schreien, als ob's ein kleines Kind wäre. Er ging dem Schreien nach und kam endlich zu einem hohen Baum, und oben darauf saß ein kleines Kind. Es war aber die Mutter mit dem Kinde unter dem Baum eingeschlafen, und ein Raubvogel hatte das Kind in ihrem Schoße gesehen: da war er hinzugeflogen, hatte es mit seinem Schnabel weggenommen und auf den hohen Baum gesetzt.

Der Förster stieg hinauf, holte das Kind herunter und dachte: ›Du willst das Kind mit nach Haus nehmen und mit deinem Lenchen zusammen aufziehn.‹ Er brachte es also heim, und die zwei Kinder wuchsen miteinander auf. Das aber, das auf dem Baum gefunden worden war, und weil es ein Vogel weggetragen hatte, wurde *Fundevogel* geheißen. Fundevogel und Lenchen hatten sich so lieb, nein so lieb, daß wenn eins das andere nicht sah, ward es traurig.

Der Förster hatte aber eine alte Köchin, die nahm eines Abends zwei Eimer und fing an, Wasser zu schleppen, und ging nicht einmal, sondern vielemal hinaus an den Brunnen. Lenchen sah es und sprach: ›Hör einmal, alte Sanne, was trägst du denn so viel Wasser zu?‹ ›Wenn du's keinem Menschen wiedersagen willst, so will ich dir's wohl sagen.‹ Da sagte Lenchen, nein, sie wollte es keinem Menschen wiedersagen, so sprach die Köchin: ›Morgen früh, wenn der Förster auf die Jagd ist, da koche ich das Wasser, und wenn's im Kessel siedet, werfe ich den Fundevogel 'nein und will ihn darin kochen.‹

Des andern Morgens in aller Frühe stieg der Förster auf und ging auf die Jagd, und als er weg war, lagen die Kinder noch im Bett. Da sprach Lenchen zum Fundevogel: ›Verläßt du mich nicht, so verlaß ich dich auch nicht.‹ So sprach der Fundevogel: ›Nun und nimmermehr.‹ Da sprach Lenchen: ›Ich will es dir nur sagen, die alte Sanne schleppte gestern abend so viel Eimer Wasser ins Haus, da fragte ich sie, warum sie das täte, so sagte sie, wenn ich's keinem Menschen sagen wollte, so wollte sie es mir wohl sagen; sprach ich, ich wollte es gewiß keinem Menschen sagen; da sagte sie, morgen früh, wenn der Vater auf die Jagd wäre, wollte sie den Kessel voll Wasser sieden, dich hineinwerfen und kochen. Wir wollen aber geschwind aufsteigen, uns anziehen und zusammen fortgehen.‹

Also standen die beiden Kinder auf, zogen sich geschwind an und gingen fort. Wie nun das Wasser im Kessel kochte, ging die Köchin in die Schlafkammer, wollte den Fundevogel holen und ihn hineinwerfen. Aber als sie hineinkam und zu den Betten trat, waren die Kinder alle beide fort; da wurde ihr grausam angst, und sie sprach vor sich: ›Was will ich nun sagen, wenn der Förster heimkommt und sieht, daß die Kinder weg sind? Geschwind hinten nach, daß wir sie wieder kriegen.‹

Da schickte die Köchin drei Knechte nach, die sollten laufen und die Kinder einlangen. Die Kinder aber saßen vor dem Wald, und als sie die drei Knechte von weitem laufen sahen, sprach Lenchen zum Fundevogel: ›Verläßt du mich nicht, so verlaß ich dich auch nicht.‹ So sprach Fundevogel: ›Nun und nimmermehr.‹ Da sagte Lenchen: ›Werde du zum Rosenstöckchen und ich zum Röschen darauf.‹ Wie nun die drei Knechte vor den Wald kamen, so war nichts da als ein Rosenstrauch und ein Röschen oben drauf, die Kinder aber nirgend.

Da sprachen sie: ›Hier ist nichts zu machen‹, und gingen heim und sagten der Köchin, sie hätten nichts in der Welt gesehen als nur ein Rosenstöckchen und ein Röschen oben darauf. Da schalt die alte Köchin: ›Ihr Einfaltspinsel, ihr hättet das Rosenstöckchen sollen entzweischneiden und das Röschen abbrechen und mit nach Haus bringen, geschwind und tut's.‹ Sie mußten also zum zweitenmal hinaus und suchen. Die Kinder sahen sie aber von weitem kommen, da sprach Lenchen: ›Fundevogel, verläßt du mich nicht, so verlaß ich dich auch nicht.‹ Fundevogel sagte: ›Nun und nimmermehr.‹ Sprach Lenchen: ›So werde du eine Kirche und ich die Krone darin.‹ Wie nun die drei Knechte dahin kamen, war nichts da als eine Kirche und eine Krone darin. Sie sprachen also zueinander: ›Was sollen wir hier machen, laßt uns nach Hause gehen.‹ Wie sie nach Haus kamen, fragte die Köchin, ob sie nichts gefunden hätten; so sagten sie, nein, sie hätten nichts gefunden als eine Kirche, da wäre eine Krone darin gewesen. ›Ihr Narren‹, schalt die Köchin, ›warum habt ihr nicht die Kirche zerbrochen und die Krone mit heimgebracht?‹ Nun machte sich die alte Köchin selbst auf die Beine und ging mit den drei Knechten den Kindern nach. Die Kinder sahen aber die drei Knechte von weitem kommen, und die Köchin wackelte hinten nach. Da sprach Lenchen: ›Fundevogel, verläßt du mich nicht, so verlaß ich dich auch nicht.‹ Da sprach der Fundevogel: ›Nun und nimmermehr.‹ Sprach Lenchen: ›Werde zum Teich und ich die Ente drauf.‹ Die Köchin aber kam herzu, und als sie den Teich sahe, legte sie sich drüber hin und wollte ihn aussaufen. Aber die Ente kam schnell geschwommen, faßte sie mit ihrem Schnabel beim Kopf und zog sie ins Wasser hinein; da mußte die alte Hexe ertrinken. Da gingen die Kinder zusammen nach Haus und waren herzlich froh; und wenn sie nicht gestorben sind, leben sie noch.[20]

Die Verwandlungsflucht ist von ganz anderer Qualität als die Hindernisflucht. Wer vor dem Dämon fliehend Gegenstände hinter sich wirft, hält den Verfolger auf, gewinnt Zeit und kann sich so retten. Um Zeitgewinn geht es indessen bei »Fundevogel« nicht. Der rasenden Eile bei der Hindernisflucht stehen hier Anhalten in der Fluchtbewegung und Verwandeln gegenüber: Die Kinder sitzen ja vor dem Wald. Als sie die drei Knechte sehen, spricht Lenchen zum Fundevogel: »Verläßt du mich nicht, so verlaß ich dich auch nicht.«

So spricht Fundevogel: »Nun und nimmermehr.« Das ist die im Märchen viermal ausgesprochene Liebes- und Treuezusage, und gewiss ist sie eine Bedingung für die Möglichkeit der Verwandlung, denn es heißt im Text weiter: »Da sagte Lenchen: ›Werde du zum Rosenstöckchen und ich zum Röschen darauf.‹« Das sind »Gebilde polaren Sinnes«, wie Heino Gehrts sagt.[21] Die Rose kann nicht bestehen ohne das Rosenstöckchen, unzertrennbar gehören sie zusammen. Dass die alte Sanne die unverrichteter Sache heimkommenden drei Knechte schilt, sie hätten »das Rosenstöckchen [das ist ja Fundevogel] sollen entzweischneiden und das Röschen abbrechen und mit nach Haus bringen«, das zeigt, dass sie nur Fundevogel vernichten will, Lenchen aber bewahren möchte. So ist es auch im zweiten Verwandlungsbild, das mir ebenso mystisch erscheint wie das erste: Eine Kirche und die Krone darin; es ist wiederum nur ermöglicht durch die gegenseitige Versicherung liebender Treue. Fundevogel als Kirche umschließt und hütet die Krone! Sowohl die ersten wie die zweiten Verwandlungsbilder sind für die ausgeschickten Knechte, die nur die Realität kennen, undurchschaubar. Wir aber erfahren sie als Entrückung der Liebenden, als den *nunc stans*, den ewigen Augenblick, der zeitenthoben die Liebenden unantastbar macht für das Böse, für Verderben und Tod. – Wenn ich »Verwandlungsbilder« sage, dann trifft das kaum den Zustand der Entrückung, die eigentliche, tiefere Dimension, die Existenz der Kinder, die sich so lieb hatten, »daß wenn eins das andere nicht sah, ward es traurig«. Für den Märchentext sind es Bilder, in Wahrheit aber sind es Wesenheiten, es sind die eigentlichen Identitäten, die nur gemeinsam existieren können, die unantastbar sind in einem *Temenos*, einem heiligen Bezirk.

Als die alte Köchin selber mit den Knechten die Verfolgung der Flüchtlinge aufnimmt (sie wackelte hinten nach, sie kann also nicht schnell laufen und hat erst recht keine Siebenmeilenstiefel an; es geht also nicht um Zeitgewinn oder Eile), sprechen sich Lenchen und Fundevogel ein viertes Mal ihre unverbrüchliche Treue zu und Lenchen verwandelt Fundevogel zum Teich und sich zur »Ente drauf«. Die Tödin durchschaut die Verwandlungen und will den Teich »aussaufen«, Fundevogel also vernichten. Dass die kleine Ente »mit ihrem Schnabel« die Köchin »beim Kopf« fasst und »ins Wasser hinein« zieht, muss überraschen, denn das Kräfteverhältnis zwischen dem kleinen Wasservogel und der Dämonin ist sehr ungleich. Aber die Ente ist von altersher ein Seelenvogel[22], und so kann es nicht Wunder nehmen, dass die Seelenkraft der Liebenden »die alte Hexe ertrinken« macht.

Für mich ist »Fundevogel«, obwohl es von Kindern, ihrer Bedrohung und Erlösung erzählt, eine der schönsten Liebesgeschichten, die ich kenne. Der ewige Augenblick, den die Liebenden erleben, in dem die Zeit still steht, ist eine Erfahrung, die der eigenen entspricht. Heinz-Albert Heindrichs hat diesem Märchen ein Gedicht gewidmet; es heißt »Mit Fundevogel« [23].

Es ist merkwürdig, dass das Märchen nicht erzählt, dass die Kinder ihre menschliche Gestalt zurückerhalten; es ist offenbar selbstverständlich, dass die Entrückung nicht von zeitlicher Dauer sein kann; ist die tödliche Gefahr vorbei, dann ist auch der Gestaltwandel vorüber. Wir hören aber nicht etwa, dass Lenchen und Fundevogel danach weiter fliehen, wie wir es nach allem, was wir von der Hindernisflucht kennen, erwarten müssten. Auch das bestätigt: »In der Verwandlungsflucht ist nichts so im Überfluß da wie die Zeit.«[24]

Das Märchen »Fundevogel« gehört, wie auch »Die Wassernixe«, zu dem über die ganze Welt verbreiteten Typus AaTh/ATU 313 ff.[25] Dazu gehört auch das große russische Märchen »Der Zar des Meeres und Wassilissa, die Allweise«[26]. Ein kinderloser Zar weiß nicht, dass ihm seine Frau, als er im Krieg ist, einen Sohn geboren hat. Auf dem Heimweg trinkt er aus einem See, wird vom Meereszaren am Barte festgehalten und kann sich nur loskaufen, als er diesem verspricht, ihm das aus seinem Hause zu geben, wovon er nichts weiß. Das ist der Zarewitsch Iwan. Als der herangewachsen ist, führt der Vater ihn unter einem Vorwand zu dem See, wo Iwan Zarewitsch von einer Alten beraten wird: Er soll der dreizehnten Schönen, die mit ihren zwölf Schwestern im See badet, ihr Taubenkleid rauben und es nur zurückgeben, wenn sie ihm ihren Ring schenkt. So geschieht es: Die Dreizehnte ist die Tochter des Meereszaren, Wassilissa, die Allweise. Sie hilft dem Zarewitsch Iwan, die unlösbaren Aufgaben zu erfüllen, die der dämonische Vater ihm stellt, und der Zarewitsch gewinnt sie so zur Frau. Als er Heimweh nach seinen Eltern hat, fliehen beide auf schnellen Pferden dem heiligen Russland zu, nachdem Wassilissa in drei Ecken ihres Turmzimmers gespuckt hat. Ihr Speichel antwortet dreimal den Abgesandten des Meereszaren, als aber die vierte Antwort ausbleibt, wird die Flucht des Paares entdeckt. Nun schickt der Unhold den Fliehenden Verfolger nach. Wassilissa, die Allweise, verwandelt die beiden Pferde in eine grüne Wiese, Iwan Zarewitsch in einen alten Hirten, sich selber in ein Lamm. Diesen Gestaltwandel erkennen die Verfolger nicht, aber sie fragen den Alten, ob er die Flüchtigen gesehen habe. Er antwortet: »Nein, ihr guten Leute, ich habe nichts gesehen. Schon vierzig Jahre hüte ich am selben Platz. Kein Vogel flog vorbei, kein Tier lief vorüber.« Als die Verfolger fort sind, fliehen die Liebenden weiter. Als aber neue Verfolger nahen, verwandelt Wassilissa die Pferde in Bäume, sich in eine Kirche, Iwan Zarewitsch »in einen ganz alten Popen«. Den Fragenden antwortet er: »Schon vierzig Jahre diene ich in dieser Kirche, kein Vogel flog vorbei, kein Tier lief vorüber.« – Die Fliehenden reiten weiter. Als die Abgesandten des Meereszaren wieder unverrichteter Sache zurückkommen, nimmt der Dämon selber die Verfolgung auf. Wassilissa verwandelt nun die Pferde in einen See, Iwan Zarewitsch in einen Enterich, sich selbst in eine weiße Ente. Der Meereszar durchschaut natürlich diesen Gestaltwandel, verwandelt sich in einen Habicht und versucht, die Enten zu töten. Als ihm das nicht gelingt, sprengt er »zornentbrannt« in sein Zarenreich »unter dem Wasser zurück«. (Nun schließt sich das Motiv von der vergessenen Braut an, aber es kommt endlich zum Erinnern und Erkennen und zur glücklichen Hochzeit.)

Unschwer erkennen wir in diesem Märchen die Verwandlungsflucht, aber sie ist von anderer Qualität als in »Fundevogel«:

1. Vor der Verwandlung versichern sich die Flüchtigen nicht ihrer Treue.
2. Wassilissa, die Allweise, ist uns vor den Verwandlungen als große Zauberin bekannt, die als Tochter des Dämons dem Geliebten hilft und ihre Zauberkraft für ihn und gegen den Vater einsetzt.
3. Vor der Flucht sorgt Wassilissa für einen Anwesenheitszauber durch ihren Speichel – und dadurch gewinnen die Fliehenden Zeit; sie haben ein Ziel: das heilige Russland.
4. Der alte Hirte (ebenso wie der alte Pope) antwortet den Verfolgern mit einer unglaublichen Zeitangabe, aber dadurch entsteht die Vorstellung einer zeitenthobenen Situation.

Das Verhältnis zur Zeit ist hier also anders als in »Fundevogel«, denn die Fliehenden brauchen den Zeitgewinn wie bei der Hindernisflucht, aber im Gestaltwandel, der ähnlich wie in »Fundevogel« den *nunc stans* erfahrbar macht, erkennen wir die Verwandlungsflucht. Der

Anwesenheitszauber bei der Verwandlungsflucht begegnet uns auch in dem Grimm'schen Text »Der liebste Roland« (KHM 56). Hier erschlägt die Unholdin versehentlich ihre eigene Tochter; die Stieftochter aber lässt, ehe sie mit ihrem Liebsten flieht, drei Tropfen Blut aus dem Kopf der toten Erschlagenen auf die Erde tropfen: »einen vors Bett, einen in die Küche und einen auf die Treppe«. Diese Blutstropfen antworten, als die Hexe ihre Tochter ruft, in der umgekehrten Reihenfolge, und so wird die Unholdin von der Treppe über die Küche vor das Bett der Erschlagenen geführt. Die Verwandlungen allerdings gelingen dem Mädchen nur mit dem Zauberstab der Hexe, den sie von zu Hause mitgenommen hat.

Der Anwesenheitszauber gehört sehr oft zu der Motivabfolge der magischen Flucht. Lutz Röhrich sagt dazu: »Die Volksglaubensvorstellung, daß ein Teil stellvertretend für das Ganze stehen und auch in magischer Weise die Funktionen des Ganzen übernehmen kann *(pars pro toto)*, gehört zum größeren Vorstellungskomplex der Berührungsmagie. Zugrunde liegt der Gedanke der Partizipation oder der Sympathie, wonach alles, was einmal miteinander in Verbindung war, dasselbe Schicksal erleidet. Die Partizipation im Volksglauben ist ein dauerndes Verknüpftsein der zusammengehörigen Dinge und Personen auch nach ihrer Trennung.«[27] Röhrich sagt weiter: »In denselben Umkreis der Partizipationszusammenhänge, die uns in eine magisch-archaische Wirklichkeitsauffassung führen, gehören auch andere bekannte Märchenmotive. So kann der Speichel des fliehenden Helden oder ein anderer Gegenstand, der in enger Beziehung zu seinem Träger steht, anstelle des Geflüchteten antworten. Der redende Speichel findet sich z. B. auch in Varianten zu KHM 15 (Hänsel und Gretel): statt der geflohenen Kinder antwortet auf die Frage der Hexe Gretels Speichel, allerdings nur solange er noch nicht eingetrocknet ist. In KHM 89 sind es drei Blutstropfen der Mutter, die als kraftspendendes Amulett die Königstochter auf ihrer Reise des mütterlichen Schutzes vergewissern und die ganz deutlich die Macht der Mutter darstellen. [...] Die Blutstropfen sprechen an Stelle des Menschen, von dem sie stammen [...]. Die Vorstellung selbst, daß das Blut für seinen Träger sprechen kann, läßt sich bis in eine ferne Vergangenheit zurückverfolgen. [...] Genauso wie im Falle des Haares vertritt es nach einem allgemeinen sympathetischen Partizipationszusammenhang als ein Teil das Ganze.«[28]

Im Märchen »Der Okerlo« bei Grimm im Anhang Nr. 11 fliehen ein Prinz und ein Mädchen vor der Menschenfresserin mit Hilfe eines Meilenstiefels, einer Wünschelrute und eines Kuchens mit einer Bohne, die auf alles Antwort gibt. Mit dem Meilenstiefel gewinnen die Flüchtigen Zeit und Raum, mit der Wünschelrute gelingt die Verwandlung (Teich und Schwan, Staubwolke, Rosenstock und Biene) und die Bohne warnt jeweils vor der Unholdin, die schließlich die dritte Verwandlung nicht durchschaut und wieder heimgeht. Im niederdeutschen Märchen »De beiden Künigeskinner« (KHM 113) fliehen die jüngste Tochter eines Dämons und ein Königssohn vor dem Vater, indem die Liebende sie in Rose und Dornbusch, dann in eine Kirche mit einem Prediger verwandelt. Als aber die zauberkundigere Mutter die Verfolgung aufnimmt, verwandelt das Mädchen ihren Liebsten in einen Teich und sich in einen Fisch; als die Unholdin den Teich ausgetrunken hat, wird ihr so übel, dass sie alles Wasser ausspeit und aufgibt.

Erwähnen möchte ich noch ein Märchen, das ich in *Ludwig Bechstein's Märchenbuch* gefunden habe; es heißt »Der goldne Rehbock«.[29] Zwei arme elternlose Kinder geraten in ein Menschenfresserhaus und bekommen die Aufgabe, die elf Stuben darin zu säubern, die zwölfte aber auf keinen Fall zu öffnen. Sie übertreten das Gebot und finden einen goldenen Wagen mit einem goldenen Rehbock bespannt. Die Kinder fliehen damit, aber der Menschenfresser und seine Frau kommen ihnen entgegen! Das Mädchen verwandelt alles in einen Rosenstrauch: »Gretchen wurde zur Rose, Hänslein zu Dornen, der Rehbock zum Stiele, der Wagen zu Blättern«. Die Menschenfresserfrau will die Rose abbrechen, sticht sich aber so sehr an den Dornen, dass sie blutend mit ihrem Mann davongeht. Erst zu Hause entdecken die Alten den Raub und eilen nun mit weiten Schritten den Kindern nach. Die Fliehenden kommen an einen großen Teich, über den keine Brücke führt, aber viele Enten schwimmen darauf. Mit einem Zauberspruch lockt Gretchen die Enten, diese rücken zusammen und bilden eine Brücke, sodass die Kinder samt Rehbock und Wagen glücklich ans andere Ufer kommen. Mit hässlicher Stimme brummt der Menschenfresser denselben Zauberspruch, die Enten bilden wieder eine Brücke und tragen die beiden Alten bis zur Mitte des Teiches, da schwimmen sie auseinander und die Verfolger ertrinken.

Die magische Flucht habe ich in den Märchen vor allem bei bedrohten Paaren gefunden, bei Bruder und Schwester oder bei zwei Liebenden. Will uns das sagen, dass die Flucht nur gemeinsam gelingen kann, dass für das Gelingen tiefe Verbundenheit nötig ist, ja, dass eigentlich die Liebe die Kraft ist, die Bedrohung und Fremde überwindet und zu Heimat und Geborgenheit führen kann? Die Hindernisse und Gefahren können offenbar nur überwunden werden, wenn die Bedrohten beieinander sind und so gerettet werden. Die magische Flucht gehört in das magische Weltbild, von dem unsere Märchen noch wissen. »Im künstlerischen Gewande [des Märchens] ist das zauberische Denken als Phantasieprodukt erhalten geblieben«, sagt Lutz Röhrich.[30]

Wie ich mit dem großen Flucht- und Verwandlungsgedicht der Nelly Sachs begonnen habe, so möchte ich auch schließen mit einem Gedicht, das auf geheimnisvoll realistische Weise ein Naturereignis beschwört, das indessen die Unantastbarkeit für das Böse in der liebenden, fliehenden Gemeinsamkeit begründet. Bertolt Brecht: »Die Liebenden«[31]

Seht jene Kraniche in großem Bogen!
Die Wolken, welche ihnen beigegeben
Zogen mit ihnen schon, als sie entflogen
Aus einem Leben in ein andres Leben.
In gleicher Höhe und mit gleicher Eile
Scheinen sie alle beide nur daneben.
Daß so der Kranich mit der Wolke teile
Den schönen Himmel, den sie kurz befliegen
Daß also keines länger hier verweile
Und keines andres sehe als das Wiegen
Des andern in dem Wind, den beide spüren
Die jetzt im Fluge beieinander liegen:
So mag der Wind sie in das Nichts entführen.
Wenn sie nur nicht vergehen und sich bleiben
So lange kann sie beide nichts berühren
So lange kann man sie von jedem Ort vertreiben
Wo Regen drohen oder Schüsse schallen.
So unter Sonn und Monds verschiedenen Scheiben
Fliegen sie hin, einander ganz verfallen.
Wohin ihr? – Nirgend hin. – Von wem davon? – Von allen.

Anmerkungen

[1] Sachs, Nelly: *Späte Gedichte.* Frankfurt a. M. 1978, S. 16.

[2] Enzensberger, Hans Magnus: »Klappentext« zu Sachs, Nelly: *Späte Gedichte.*

[3] Domin, Hilde: »Klappentext« zu Sachs, Nelly: *Gedichte.* Frankfurt a. M. 1979 und »Nachwort«, S. 105-134.

[4] *Deutsche Märchen seit Grimm.* Herausgegeben von Paul Zaunert. Köln 1981, S. 102 f.

[5] Ovid: *Metamorphosen.* In deutsche Prosa übertragen von Michael von Albrecht. München 1998, S. 240-244.

[6] Schwab, Gustav: *Sagen des klassischen Altertums.* Wien 1974, S. 126.

[7] Alle KHM-Zitate bei: Brüder Grimm: *Kinder- und Hausmärchen.* Ausgabe letzter Hand mit den Originalanmerkungen der Brüder Grimm. Mit einem Anhang sämtlicher, nicht in allen Auflagen veröffentlichter Märchen und Herkunftsnachweisen, herausgegeben von Heinz Rölleke. 3 Bde. Stuttgart 2001, hier Bd. 1, S. 389 f. Weiter zitiert als KHM/ Rölleke.

[8] Propp, Vladimir: *Die historischen Wurzeln des Zaubermärchens.* München/Wien 1987, S. 438 und 448 f.

[9] Heindrichs, Heinz-Albert: »Was wussten die Grimms vom goldenen Schnitt?«. In: Jacobsen, Ingrid/Lox, Harlinda/Lutkat, Sabine (Hrsg.): *Sprachmagie und Wortzauber/Traumhaus und Wolkenschloss.* Krummwisch 2004, S. 146 f.

[10] Röhrich, Lutz: *Märchen und Wirklichkeit.* Baltmannsweiler 2001, S. 64.

[11] Röhrich (wie Anm. 10), S. 259.

[12] Röhrich (wie Anm. 10), S. 64.

[13] Röhrich (wie Anm. 10), S. 64.

[14] Gehrts, Heino: »Flucht, mythisch-anthropologisch-magisch«. In: Oberfeld, Charlotte/Becker, Jörg/Röth, Dieter: *Märchen in der dritten Welt.* Kassel 1987, S. 162. In seinem Aufsatz stellt der Autor eine Fülle von internationalen Beispielen vor, die hier nicht alle genannt werden können. Er hält es für möglich, dass z. B. »ausgeworfene Kleider«, die sich »nicht in anschauliche Hindernisse verwandeln«, auch »Opfersinn« haben (S. 169).

[15] Propp (wie Anm. 8), S. 439.

[16] Grimm, Jacob: *Kleinere Schriften 8,1* (1890). Hildesheim/Zürich/New York 1992, S. 473.

[17] *Norwegische Volksmärchen*. Herausgegeben und übersetzt von Klara Stroebe und Reidar Th. Christiansen. München 1993, S. 137-148.

[18] Basile, Giambattista: *Das Märchen aller Märchen ›Der Pentamerone‹*. Herausgegeben und mit einem Nachwort versehen von Walter Boehlich. 5 Bde. Frankfurt a. M. 1982, Bd. 3 (Dritter Tag), 9. Märchen, S. 111-123.

[19] *HDA 2* (1930, Nachdr. 2000), Sp 1656.

[20] KHM/Rölleke, Bd. 1, S. 261 ff.

[21] Gehrts, Heino: »Flucht und Verweilen«. In: Heindrichs, Ursula/ Heindrichs, Heinz-Albert (Hrsg.): *Die Zeit im Märchen*. Kassel 1989, S. 72.

[22] Grätz, Manfred: »Ente«. In: *EM 4* (1984), Sp. 1-6.

[23] »Mit Fundevogel«//seit ich gesagt/verlässt du mich nicht/so verlass ich dich auch nicht/und du mir versprochen/nun und nimmermehr//sind wir/nicht mehr allein/und es wächst uns die Kraft zu/sich eins im anderen/zu verwandeln//bist du ein Rosenstöckchen/bin ich die Rose/du der Dom/ich drinnen die Krone/du Wasser ich die Ente darauf//komm/böse Tödin/wir fürchten uns nimmermehr // In: Heindrichs, Heinz-Albert: *Gesammelte Gedichte*. 12 Bde. Aachen 2009, Bd. 11: *Verhüllte Sonne. Blühender Staub*.

[24] Gehrts (wie Anm. 21), S. 74.

[25] Felix Karlinger berichtet »Vom Stillstand der Zeit« in: Heindrichs, Ursula/Heindrichs, Heinz-Albert (Hrsg.): *Die Zeit im Märchen*. Kassel 1989, S. 143 f. aus einer bjelorussischen »Märchenlegende«. Da wird von der Geburt Jesu erzählt, dass Josef, der sich plötzlich »nicht mehr rühren konnte«, einen Vogel sieht, »der ganz nahe still mit gespreizten Flügeln in der Luft stand.« Als Jesus geboren ist, hört dieser *nunc stans* auf.

[26] *Europäische Frauenmärchen*. Herausgegeben von Sigrid Früh. Frankfurt a. M. 1999, nach Alexander N. Afanasjew (Moskau 1861), aus dem Russischen übersetzt von Paul Walch, hier S. 45-55.

[27] Röhrich (wie Anm. 10), S. 65.

[28] Röhrich (wie Anm. 10), S. 66.

[29] *Ludwig Bechstein's Märchenbuch*. Herausgegeben von Hubert Göbels. Dortmund 1983, S. 63 ff.

[30] Röhrich (wie Anm. 10), S. 81.

[31] Brecht, Bertold: »Die Liebenden«. In: Echtermeyer, Theodor/Wiese, Benno von: *Deutsche Gedichte*. Von den Anfängen bis zur Gegenwart. Düsseldorf 1965, S. 681.

Außerdem benutzte und weiterführende Literatur

Bolte, Johannes/Polívka, Georg: *Anmerkungen zu den Kinder- und Hausmärchen der Brüder Grimm*. 5 Bde. Leipzig 1913-1932. Nachdruck Hildesheim 1963.

Brockhaus Enzyklopädie. Wiesbaden 1966.

Diederichs, Ulf: *Who's who im Märchen*. München 1995.

Franz, Marie-Luise von: »Flucht«. In: *EM 4* (1984), Sp. 1328-1339.

Lüthi, Max: *Das Volksmärchen als Dichtung*. Düsseldorf/Köln 1975.

Lüthi, Max: *Das europäische Volksmärchen*. Tübingen/Basel 1979.

Petzoldt, Leander: »Magie«. In: *EM 9* (1999), Sp. 2-13.

Puchner, Walter: »Magische Flucht«. In: *EM 9* (1999), Sp. 13-19.

Röth, Dieter: *Kleines Typenverzeichnis der europäischen Zauber- und Novellenmärchen*. Baltmannsweiler 1998.

Scherf, Walter: *Das Märchenlexikon*. 2 Bde. München 1995.

Siegmund, Wolfdietrich (Hrsg.): *Antiker Mythos in unseren Märchen*. Kassel 1984.

Ricarda Lukas

»Nach innen geht der geheimnisvolle Weg, in uns oder nirgends« *(Novalis)*

Märchen, Mythen, Träume als Begleiter auf der Reise in das Dunkle

Wenn wir das Haus, in dem wir leben, das erste Mal, noch verschwommen, wahrnehmen, so ist es zumeist das Kinder- oder Schlafzimmer, in dem wir mit unserem eben gerade aus dem Unbewussten heraus wachsenden Bewusstsein erwachen. Später lernen wir andere Räume und, so alles gut geht, immer mehr Räume kennen. Vor unseren zunächst noch staunenden, später wissenden, verstehenden und dann vorausahnenden Sinnen entstehen Treppen und Brücken, Gärten und Terrassen. Dunkle Flure und schwankende Planken, auf denen wir die Sicherheit umwandeter Zimmer und fester Geländer verlassen müssen, machen Angst, führen aber in neue Bereiche des Hauses. Manche Räume sind schwer zu erreichen und wir erlangen mitunter nur ein einziges Mal in unserem Leben den Zutritt zu ihnen, von anderen bleibt nur eine Ahnung, manche erreichen wir nie. Es gibt Zimmer, die zu betreten verboten ist und die wir doch betreten, und welche, deren Betreten dringend erforderlich ist und in die wir doch nie hineingehen.

Und eines Tages stehen wir im Keller. Es ist ein schöner Keller, luftig und gut ausgebaut, geräumig, mit Regalen und Halterungen an allen Wänden, mit großen, lichten Fenstern. Es ist ein ordentlicher und aufgeräumter Keller, aber dann ist da noch die kleine Tür ganz hinten, kaum sichtbar. Sie ist verschlossen, vermutlich ist es ja nur eine Feuertür, ein Notausgang. Einige, keine lange Zeit später ist sie einen Spalt weit geöffnet und dann noch einen Spalt weiter. Vorbeisehen oder Vorbeigehen ist nun nur noch unter Anstrengung möglich und so schauen wir endlich doch hinein – und stehen vor etwas, was steil in die Tiefe hinabfällt, vor etwas Dunklem und immer dunkler Werdendem, etwas, was sich offensichtlich weit nach unten erstreckt und nicht ausloten lässt. Wir stehen am Rande des Abgründigen unter den gut ausgebauten Fundamenten unseres Hauses.

Was jetzt passiert, möchte ich als Situation der Ambivalenz bezeichnen. Es ist einerseits spannend, was sich da vor unseren Füßen auftut, es wäre auch interessant zu wissen, was sich da unten findet, verborgene Welten, geheimnisvolle Dinge, unbekannte Wesen; andererseits, gruslig und ängstigend ist es auch, ein seltsamer Geruch, undurchdringliche Schwärze, Geräusche. Und – warum sollen wir da eigentlich hinunter? Inzwischen haben wir uns ja in unserem Haus ganz gut eingerichtet, wir haben viel Zeit und Mühe, Schweiß und Herzblut darauf verwendet und nun ist es ein schönes und wohnliches Haus geworden.

Der Weg nach unten, in die Tiefe, in den Abgrund dagegen ist im günstigsten Fall der Gang in das Unbekannte, der Verlust von Sicherheit, von Gewohntem und Vertrautem, eine Unterbrechung der Kontinuität unseres Lebens. Im schlimmeren Fall ist es die Begegnung mit der Finsternis, dem Hades oder Orkus, der Hölle, der Katastrophe oder Heimsuchung, ist es Niedergang, Reinfall, Sturz, die Krise.

Es ist eine bekannte Situation, eigentlich spricht alles dagegen, aber im Fortgang jedes Märchens, jeder Heldengeschichte, im Fortgang unseres eigenen Lebens wissen wir schon im Voraus und genau, er oder sie, wir werden es doch tun, wir werden dort hinuntersteigen. Bei allem Wissen um die Gefahren und die Unzulänglichkeit unserer Fähigkeiten und Mittel, bei aller Ahnung von Unheimlichem, Bedrohlichem, Gefährlichem gehen wir dort hinunter. »Es waren schmale Steinstufen, die in die Tiefe führten. Ich stieg hinunter und kam in eine niedrige Felshöhle. Dicker Staub lag am Boden und darin lagen Knochen und zerbrochene Gefäße wie Überreste einer primitiven Kultur. Ich entdeckte zwei offenbar sehr alte und halb zerfallene Menschenschädel«, schreibt C. G. Jung.[1]

Was bewegt uns nun, trotz aller Ambivalenz, zu diesem Schritt?

Wir gehen,
weil sonst die Geschichte nicht weitergeht.
Weil sonst etwas Wesentliches fehlt.
Weil sonst etwas nicht in diese Welt geholt wird, was aber in diese Welt gehört.
Wir gehen, weil wir gehen müssen.
Wir gehen, weil wir gehen wollen.

»So muss es geschehen«, sagt Finna, die Heldin aus dem gleichnamigen isländischen Märchen, »aber ich ahne, dass es mir keine Freude bringen wird.«[2]

Der Schritt in den Abgrund hinein ist also ein Schritt, der nicht völlig aus unserem freien Willen und Entschluss heraus geschieht. Er darf aber – weil er bereits eine erste Bedingung für die erfolgreiche Bewältigung ist – auch nicht ganz ohne unser freies Wollen, unsere freie Entscheidung geschehen. Und so fragt dann auch die Baba Jaga in dem russischen Märchen »Marja Morjewna«[3] den Zarensohn: »›Sei gegrüßt, Iwan-Zarensohn! Kommst du aus eigenem Begehren oder auf höheren Willen?‹« Er aber macht in seiner Antwort beides deutlich, sein Wollen und sein Müssen: »›Bin gekommen‹«, antwortet er und meint damit, weil ich will und weil ich kann, aber er sagt auch: »›um mir bei dir ein Reckenpferd zu verdienen.‹« Ich bin nicht nur gekommen, weil ich will und weil ich kann, sondern auch, weil ich etwas brauche, etwas benötige.

Der Abstieg in den Abgrund, eine Unterwelts- oder Nachtmeerfahrt, beginnt hier also aus einer Notsituation heraus, es ist die Situation des »ich gehe, weil ich gehen muss«, oft eine Situation der Einengung, Zuspitzung, des Verlustes von Auswegen, eine Situation, in der nur noch ein Weg begehbar ist, der nach unten.

Unter Umständen ist etwas in unserem schönen und soliden Haus passiert, etwas, was den Gang zu der kleinen Tür ganz hinten im Keller, der Feuertür, nötig, notwendig macht. Der Schritt durch sie ist dann etwas, was wir trotz unserer Ängste und Befürchtungen tun, ist Notausgang, Fluchtweg, Schleudersitz. In dem Märchen »Die Königin vom vielfarbigen Schlafgemach«[4] muss Fionn McCumhail, Held zahlreicher irischer Legenden, Anführer der Fianna, in die finstere Welt der Hexe Flachohr, eine Situation, die auch bei ihm Angst und Zweifel auslöst. »›Ich fürchte, es möchten meine Bemühungen gegen Hexenkunst fruchtlos sein. Nichtsdestoweniger will ich es versuchen‹«, sagt Fionn. Ich gehe, weil ich gehen muss. Daneben steht aber auch, gleichberechtigt, dass »ich gehe, weil ich gehen will«.

Aus meiner Sicht lebt in uns Menschen eine große Sehnsucht nach Ganzheit, nach der Kugel, dem Kreis, dem Zusammenspiel von Yin und Yang. Um aber die eine Seite mit der anderen verbinden zu können, ist der Weg durch den Abgrund unabdingbar. Ganzheit ist nur, als Teil des psychischen Reifungs- und Individuationsprozesses, auf dem Weg durch das Dunkle, die dunkle Nacht, die Nachtmeerfahrt zu erreichen.

Die isländische Märchenheldin Finna ist Tochter des alten und weisen Thrand, des Gesetzessprechers, eines Mannes von großem Einfluss und Ansehen. Und um Finna selbst, welche als klug und mit besonderen Fähigkeiten versehen, aber auch als wunderschön beschrieben wird, werben zahlreiche, angesehene Männer, sie kann es sich oder ihn offensichtlich aussuchen, »kann jeden haben«. Sie aber geht mit Geir, »einem düsteren Mann auf einem roten Pferd«, und sie geht auf einen »Weg mit wunderlichen Gesichtern, verwirrenden, verlockenden und erschreckenden [...].« Der abgründige Weg, den sie mit dem finsteren Geir geht, ist die andere, gegensätzliche Seite, die ihre eigene Lichtheit ergänzt und zur Ganzheit komplettiert. Und auch C. G. Jung schreibt: »[...] Ich hatte meine Einsamkeit vorausgesehen und mir keine Illusionen [...] gemacht, [...] ich wusste, dass es ums Ganze ging und dass ich für meine Überzeugung einstehen musste.«[5]

Und damit beginnt der eigentliche Weg in den Abgrund und er beginnt mit Loslassen und Einlassen. Der spanische Mystiker Johannes vom Kreuz bezeichnet ihn als die »dunkle Nacht der Sinne«, in der der Mensch aktiv alles loslassen muss, woran er hängt.[6] Wir verlassen unser Haus, das vertraute Heim, nun endgültig und auf längere Zeit, ziehen die kleine Tür hinter uns zu und betreten die andere, die unter- oder abgründige Welt, die *Hellia*, das Verborgene, welches Goethe auch als das »Unbetretene, nicht zu Betretende« bezeichnet. »Es war, als ob der Boden unter mir nachgab und ich in eine dunkle Tiefe sauste, ich befand mich in völliger Finsternis, [...] es war wie ein Abstieg ins Leere, ich blickte in einen riesigen Krater und hatte das Gefühl, im Totenland zu sein«, so schreibt C. G. Jung.[7]

In Märchen und Mythen zeichnet sich der Einstieg in den Abgrund deutlich ab, es gibt eine Grenze, eine Markierung, etwas, was die Gefährlichkeit und Andersartigkeit des nun zu betretenden Geländes andeutet, einen dichten Wald, tiefe Gewässer, Höhlen, Brunnen, Schluchten, einen Feuerring, etwas, durch das die Helden irren, in welches sie hineinfallen, hineingestoßen werden oder hineinspringen, was sie über- oder durchqueren, bewältigen müssen. »Im ersten Stadium eines Abenteuers dieser Art verlässt der Held das Reich des Bekannten, über das er ein gewisses Maß an Kontrolle besitzt, und kommt an die Schwelle, sagen wir an den Rand eines Sees oder Meeres, [...]«, so

Joseph Campbell.[8] Und nun geht es abwärts, der feste Boden unter den Füßen ist verloren und es beginnt ein Weg auf unsicherem Grund, Wasser, Morast, schwankenden Planken, schmalen Pfaden. Jegliche Sicherheit geht verloren, das Gefühl für Raum und Zeit, aber auch für sich selbst und damit ein großer Teil der Orientierung und Struktur, derer wir doch so sehr bedürfen, um zu wissen, wo und wer wir sind.

Im Abgrund steht die Zeit still, es ist ein »Aus-der-Zeit-geworfen-Sein«, abgeschnitten von den uns sonst zur Verfügung stehenden Relationen und Maßen, ein »Gefühl ohne anderes Ufer zu sein«, als ob alles immer so bleibt und es kein Ankommen auf einer anderen Seite mit neuen Erfahrungen geben kann. Dies macht es gefährlich und beängstigend, lässt Gefühle von Kleinheit, Ohnmacht und Hilflosigkeit entstehen, die Situation beginnt übermächtig zu wirken. Es ist aber genau die Erfahrung des Aushaltens einer solchen Situation, nach beiden Seiten hin, welche auch zu ihrer Bewältigung führt. Auf dem steilen und rutschigen Weg nach unten, in den Abgrund, nicht umzukehren, wegzulaufen, sondern mutig weiterzugehen, in dem Wissen darum, dass das Schlimmste noch nicht hinter einem liegt, das lässt langsam und mit jedem weiteren Schritt das Wissen um und das Vertrauen in die eigenen Fähigkeiten, den eigenen Wert erwachsen.

In der Bildergeschichte *Sandman* des englischen Comic-Autors Neil Gaiman muss der Held der Geschichte, Dream, der Fürst der Träume, in die Hölle hinabsteigen und dort ein Rededuell mit einem Dämon bestehen. In diesem Kampf, in dem jeder den anderen jeweils mit seiner Antwort überbieten muss, scheint Dream immer tiefer in den Abgrund seines Scheiterns zu geraten, er kann den Dämon nicht schlagen. Kurz vor dem Ende des Duells bedroht dieser ihn dann mit einer existentiell vernichtend wirkenden Aussage: »›Ich bin das Anti-Leben, die Bestie des Strafgerichtes, ich bin das Dunkle am Ende aller Dinge. Das Ende vom Universum, von Welten, von allem. Was bist dann Du, Traumfürst?‹«, so der Dämon. Es gelingt dem Fürsten der Träume, in dieser Situation standzuhalten, die Hoffnung nicht zu verlieren und genauso antwortet er auch dem Dämon: »›Die Hoffnung‹«.[9]

Damit nun sind wir am Tiefpunkt unseres Weges angekommen, ganz unten in der Dunkelheit, im Abgrund unserer Seele, dem tiefsten Punkt in den unermesslichen Gewölben unter unserem schönen Haus, an dem Platz, wo, nach Johannes vom Kreuz, »der Mensch in die hautnahe Berührung mit dem Nichts, d. h. in völlige Trockenheit und scheinbar totale Gottverlassenheit und Verirrtheit gestoßen wird«[10]. »Nach langer Fahrt sahen sie endlich vor sich auf einer Insel den hell erleuchteten Turm der Hexe. Eine dumpfe rote Flamme schoss daraus hervor, drehte sich fortwährend um sich selbst und so erleuchtete diese Flamme die See ringsum wie ein drehendes Rad, ein rot leuchtendes Rad inmitten von Finsternis«, so beschreibt es das Märchen.[11] Hier hausen die Ungeheuer. Und es wird Zeit, nach Hilfe zu fragen. Was hilft also? Jemand, der sich auskennt.

Allen Darstellungen des Weges durch den Abgrund ist immanent, dass wir ihn nicht allein gehen müssen, sondern dass es Begleitung, Hilfe, Führung gibt. Oft erscheint sie in der Gestalt eines Helfers oder auch Schenkers, der irgendwann, irgendwo am Rande des Weges auftaucht. Dieser weiß oder hat und gibt oft auch, was dringend benötigt wird. Helfer treten in jeder erdenklichen Form und Gestalt auf, Wesen jeder Art, aus allen über- und unterirdischen, belebten und unbelebten, aus diesseitigen und jenseitigen Welten, Tiere, Pflanzen, Mischwesen, Tote und Lebende, Heilige und Dämonen. Offenbar kann alles, was ist, auch helfen. Wer aber lebt im Abgrund und tritt dort als Helfer in Erscheinung? »Im Gegensatz zu den lichten Helfern, deren Führung der Märchenheld sich blindlings anvertrauen kann, muss er sich bei den dunklen dämonischen Helfern in Acht nehmen. Ihre Hilfe ist zwar ebenso wirksam; aber sie ist oft an Bedingungen geknüpft, […]. Diese Helfer sind nicht berechenbar und haben oft eigene Pläne«, schreibt Ingrid Jacobsen[12] und bezeichnet sie als dunkle Helfer. Zu ihnen zählt sie, unter anderem, Unsichtbare, Riesen, Unholde, Zwerge, Hexen, Geister, böse Völker und vor allem den Teufel und seine Familie.

Aber auch in zahlreichen Mythologien lässt sich bis weit in die menschliche Kulturgeschichte hinab eine Figur meist göttlicher Herkunft finden, deren ambitendente Ausrichtung und tiefe Kenntnis beider Seiten der Welt sie als dunklen Helfer ausweist. Sie wird als Seelenwäger oder Seelenbegleiter, griechisch *Psychopompos,* bezeichnet; bekannte Vertreter sind der griechische Hermes oder römische Merkur, der ägyptische Anubis, der christliche Erzengel Michael oder der keltische Gott der Barden-Beredsamkeit Ogma, der als Begleiter die Seelen der Verstorbenen in die Anderswelt zu geleiten hatte. Lutz Müller schreibt darüber: »Er ist ein Grenzüberschreiter und taucht überall dort auf, wo ›Borderline‹-Zustände herrschen, wo es um Auflösung und Wandlung geht. Sein Lebensbereich ist das Zwielichtige, Nebelhafte, Ungewisse […].«[13]

Seelenbegleiter sind Mittler, archetypische oder in einem Archetypen stehende Gestalten, die zwei Welten miteinander verbinden, Himmel und Erde, Diesseits und Jenseits, hier und da, hüben und drüben. Aus ihrer besonderen Kenntnis von Zwischen- und Grenzzuständen heraus, aus ihrer Siedlung im Zwielichtigen, Ungewissen sind sie kompetente Begleiter auf dem dunklen und abgründigen Weg, durch den Prozess des Loslassens, des Sterbens und der Wiedergeburt. Mittler kommen aus beiden Welten, von beiden Seiten: Götter, Engel, Propheten, Priester, Schamanen, aber auch Mediatoren, Übersetzer, Makler, Märchenerzähler, reale, mythologische, historische Personen, alle die, die es vermocht haben, hinunter in die Tiefe und wieder hinauf zur Erde zu steigen: Gilgamesch, Odysseus, Orpheus, Heraklit, Kore, Psyche, Jonas, Jesus, aber auch die Iwans und Wassilissas, die Dummlinge und Stieftöchter unserer Märchen. Es sind die, die entsprechend der mythologischen Gestalt des Parzival oder Perceval (»der durch das Feld pflügt«) mittendurch gehen, zwischen die Dinge. Nur wer den Weg in und durch das Dunkle und die damit verbundenen Gefahren, Fallen, Irr- und Schleichwege, Tricks und Kniffe kennt, aus eigener Erfahrung und eigenem Erleben, am eigenen Leib erfahren hat, kann ein wirklicher Mittler und Begleiter auf diesem Weg sein. Fionn wird bei seiner Fahrt in das Dunkle, das Reich der Hexe, vom »gelockerten« Geiste eines schlafenden und träumenden Freundes geleitet. »Den ganzen Weg über führte sie das Geisteslicht, das über den Wellen schwebte.«[14] Der Zustand des verzauberten Schläfers ist ein Zustand zwischen Leben und Tod, sowohl in der einen als auch in der anderen Welt verortet. Ohne ihn hätten sie vermutlich weder Ort noch Ziel gefunden. Es braucht also jemanden, der sich auskennt, einen äußeren Helfer, um den Weg durch das Dunkle zu gehen, gleichzeitig braucht es aber auch etwas in uns, was instinktiv, intuitiv von den Gefahren des Abgrundes und dem Umgang damit weiß, einen inneren oder internalen Helfer.

Nach C. G. Jung lebt in uns ein uraltes, archetypisches Wissen um Art und Wesen der Welt, auch um die abgründigen Dinge und Zusammenhänge, welches eine innere Ressource, einen inneren Leitfaden für Not- und Entscheidungssituationen darstellt. Aber auch im Laufe unseres individuellen Lebens erwerben wir Erfahrungen im Umgang mit Dunklem und Abgründigem im Sinne eines internalen Helfers, oft ist es nicht unser erster Gang in die Gewölbe unterhalb unseres Hauses. Finna wird *Finna forvitna* – Finna die Vorherwissende oder Voraussichtige – genannt, und das Märchen erzählt über sie, »sie wisse mehr, als man von den Menschen erfahren kann«[15]. Vermutlich bedeutet dies neben Finnas schon erwähnter großer Klugheit und Schönheit, die Eigenschaften des Lichten und Hellen sind, auch, dass sie sicher mit Dunkelheit und Abgrund umgehen kann. Finnas Abgrund ist die scheinbare Untreue ihres Ehemannes, der mit einer anderen Frau, in Folge eines Fluches, drei Kinder zeugt. Finnas Weg in die Tiefe beginnt mit einer Fahrt über ein Wasser: Finna und ihr Bruder Sigurd folgen den Spuren ihres Mannes bis zum Meer. Dort liegt ein Boot. Damit setzen sie über bis zu einer Insel. Finna kommt zu einem kleinen Haus; die Tür steht halb offen; Finna tritt ein; darin sieht sie ihren Mann Geir auf dem Lager liegen, und er hält eine fremde Frau in den Armen. Finna ist, als wolle ihr das Herz zerbrechen, aber sie setzt sich nur auf den Boden vor die Stufe zum Bett und sagt eine Strophe. Dann geht sie still aus dem Haus und kehrt mit ihrem Bruder heim. Finna ist wütend, eifersüchtig, enttäuscht, aber sie schweigt und »tut, als denke sie sich nichts dabei«. Sie nimmt die fremden Kinder an, Wechselbälger im engen und strengen Sinn, also auch Wesen aus dem Abgründigen, Zwiespältigen, dem Grenzbereich, sie singt und geht still wieder. Hätte sie aber ihr Schweigen gebrochen und von ihrem Schmerz gesprochen, Geir wäre auf ewig in ein Ungeheuer verwandelt worden.

Finna tut das Richtige. Und um das Richtige und Rechte zu wissen und dies auch zu tun, ist ein wesentlicher innerer Helfer im Abgrund, etwas, was überleben hilft. Norbert Bischof nennt dies »die emotionale Sicherheit, die Befähigung, instinktiv das Richtige zu erkennen, aber auch den Mut, sich diesem Impuls anzuvertrauen. Der Held muss nun zeigen, dass er die Griffe beherrscht, die Mittel kompetent einsetzen kann, er muss die Kraft aufbringen, dem anderen oder sich selbst zu widerstehen. Je nachdem.«[16] Finna hat und beweist diese emotionale Sicherheit, sie tut das Richtige. Dass es ihr schwerfällt, dies so zu tun, es ihr große seelische Kräfte abverlangt, lässt sie uns emotional nah und menschlich werden.

Der sowjetische Regisseur Andrei Tarkowski drehte 1978/79 den Spielfilm *Stalker*, der heute als Klassiker des Science-Fiction-Genres gilt. Dieser fünfte Film Tarkowkis handelt in einer in Zeit und Ort nicht näher beschriebenen Stadt, die am Rande eines als »Zone« bezeichneten Gebietes liegt; die Parallelen zum »Illud tempus« von Mircea Eliade, dem »Irgendwo-Nirgendwann«, sind deutlich. Optisch zeigt dieser Film eine endlose Folge trister Gänge und kaputter Räume, eben die sogenannte Zone, in der seltsame Dinge geschehen. Es gibt rätselhafte Erscheinungen. Protagonist ist der Stalker, Ortskundiger und Führer, der sich seinen Lebensunterhalt damit verdient, Leute durch diese Zone zu führen. Von ihm wird berichtet, dass er »Gespür, ja Ehrfurcht für diesen sich ständig verändernden Ort entwickelte, er fühlt die Gefahren im Voraus und hat seine Methoden, den tödlichen Fallen, die die Zone stellt, auszuweichen«[17]. Und weiter wird erzählt, dass die »gefährliche Expedition nicht ohne Wirkung auf die Reisenden bleibt, dass unterwegs Lebensansichten und Weltbilder hinterfragt werden, Hoffnungen und Zweifel zutage treten, die Reisenden und Wanderer durch die Zone haben sich gleichzeitig mit der äußeren auch auf eine innere Reise begeben«. Für mich war dieser Film eine sehr prägende Darstellung eines Führers durch das Dunkle, eines gleichzeitig inneren und äußeren Helfers auf einer zugleich äußeren wie inneren Reise durch eine abgründige Welt.

Was aber hoffen wir nun da unten zu finden? Das Wasser des Lebens, das Unsterblichkeitskraut, die rote Blume, den kostbarer Mond- oder Sonnenstein. Es sind Heilmittel, die wir erhoffen, Türöffner, aus der Tiefe unserer Seele gewonnene Schätze oder Erfahrungen, die, so geborgen und sicher an das Tageslicht gebracht, die diesseitige, obere Welt ergänzen. Wir brauchen den Weg in das Abgründige, das Dunkle, die den Dämonen der Tiefe abgerungenen Mittel, um mit den Dämonen in unserem obigen, hellen, lichten Leben fertig zu werden. Manches lässt sich mitunter nur mit Gleichem bekämpfen, Dunkles mit Dunklem, mit Mitteln von gleicher Herkunft und gleichem Blut. Und so benötigt der Zarensohn im Märchen »Marja Morjewna« ein »braves Roß, wie der Dämon Koschtschej es reitet«, er benötigt es, um diesem endlich beizukommen, er holt es sich: »Über dreimal neun Länder, im dreimal neunten Zarenreich, jenseits des Flammenflusses, wohnt die böse Hexe Baba Jaga.«[18] Und dieses brave Heldenross aus dem Reich der Baba Jaga ist es dann auch, welches dem Dämon Koschtschej den Schädel zerschmettert und dem Zarensohn ermöglicht, seine Braut Marja zu befreien. »Man verlässt die Welt, in der man ist, und geht in eine Tiefe oder eine Ferne oder eine Höhe hinauf. Dann gelangt man zu dem, was einem in der Welt, die man zuvor bewohnte, – bewusstseinsmäßig – fehlte«, sagt Joseph Campbell.[19]

Noch ist der Weg aber nicht zu Ende, die aus dem Dunklen mitgebrachten Gaben der Hexen, Teufel, Unholde muss sich nun der Märchenheld zu eigen machen, dies ist die nächste schwere Aufgabe des Helden. In seiner Hand müssen sie zu wirksamen Mitteln gegen das Dunkle werden, ohne ihre dunklen Eigenschaften zu verlieren. Anders gesagt müssen wir lernen, mit unseren aggressiven Seiten umzugehen, sie zu entschärfen, ohne sie unscharf zu machen, sie einzusetzen und nicht zu unterdrücken. Dem russischen Zarensohn gelingt dies und auch Fionn und Finna haben die Aufgabe, die ihnen zugemutet wird, gut bewältigen können und dies dann auch erfolgreich getan. Die erfolglosen Versuche und das vorläufige Scheitern an der Aufgabe, welche in vielen Märchen durch Geschwister oder Vorgänger (Propp nennt sie »falsche Helden«) dargestellt werden, entfallen hier, und ich habe mich gefragt, ob auch darin die für mich besondere Faszination gerade dieser Märchen liegt. Sicher ist einzuwenden, dass wir Erfahrungen machen müssen, auch die des Scheiterns. Und sicher haben Fionn und Finna dies auch durchlebt, woher sonst stammen ihre guten Kenntnisse und die Sicherheit im Umgang mit dem Dunklen.

Vielleicht aber sind ihnen auch im Wesentlichen Aufgaben gestellt worden, die dem entsprachen, was sie bewältigen konnten, und vielleicht ist dies eine Wurzel ihrer Stärke, ihrer Sicherheit, ihres Selbstvertrauens. Oder, anders herum gefragt, wie viel Scheitern braucht ein Mensch zur Reifung und Entwicklung? Bei Vladimir Propp tauchen im Fortgang der Märchenanalyse für die scheiternden Personen auch die Begriffe »Gegenspieler« und »Schadenstifter« auf. Dies führt für mich zu der Frage, ob eine übermächtige, zu intensive, zu häufige Erfahrung von Erfolglosigkeit, Scheitern und Versagen zu einer destruktiven Entwicklung, zu Boshaftigkeit, Neid, Gier und Hinterlist, eben zum falschen Helden, Schadenstifter und Gegenspieler führt. Für den therapeutischen Prozess ist es für mich jedenfalls eine feste Regel, jemanden nur in einen Abgrund zu schicken, den er aus meiner Sicht auch bewältigen kann, oder gegebenenfalls jemanden auch mal wieder aus einem Brunnen zu fischen, in den er schon gefallen ist, weil ziemlich absehbar ist, dass er sonst darin ertrinkt. Wir brauchen den Gang in und durch das Dunkle, den Abgrund, die Erfahrung von Trauer,

Angst, Schmerz, Verlust, Verletzung und Tod, denn nur so erhalten wir Zugang zur ganzen Welt und eine ganze Seele, ein Haus mit Wänden und Keller und Dach und Fenstern und Gewölben und unterirdischen Gängen. Wir benötigen aber genauso die Erfahrung, diesen Weg erfolgreich und ohne schwere Schäden an Körper und Seele überstehen und meistern zu können.

Nun geht es wieder zurück, die dritte und letzte Etappe des Weges, der Aufstieg, beginnt. Die Nacht endet, langsam wird es heller, wir tauchen wieder auf. Johannes vom Kreuz nennt es die »Morgendämmerung« und C. G. Jung schreibt: »Auf Nigredo folgt Albedo [...]. Die Schwärze [...] erreicht einen Tief- und zugleich Wendepunkt, zum Dunklen sich auch das Licht gesellt, das ja, wie immer, aus der Nacht hervorgeht.«[20] Wir kehren auf die Erde zurück, stoßen die kleine Kellertür, durch die wir einst, vor undenklich langer Zeit, gegangen sind, nun von der anderen Seite auf und sind wieder zu Hause. Es ist unser Haus, das schöne, vertraute und doch nicht mehr nur das alte. Und auch wir kehren verändert zurück, zwar als die alten, verlorenen Söhne oder Töchter, aber gleichzeitig auch als neue, neugeborene, veränderte Menschen. Wir haben etwas verloren und etwas mitgebracht, wir sind gewachsen und wir sind gezeichnet. Nicht umsonst gilt die ewige Wiederholung ein und desselben, das Feststecken, Gefangensein in einer Situation der ewigen Wiederkehr des Gleichen als weit verbreitete Vorstellung von der Hölle und ihren Äquivalenten. Der Weg durch den Abgrund, so ängstigend er auch erscheinen mag, ist das Gegenteil davon; er ist Befreiung, das Aufbrechen von Enge und Lähmung, ein lebendiger und am Leben erhaltender Prozess, welcher uns ein tieferes Vertrauen in die eigenen Fähigkeiten und Kräfte gewinnen, uns freier und sicherer mit den Gegebenheiten unseres Lebens umgehen lässt. In der Morgendämmerung ist die Erfahrung gewonnen, dass Loslassen befreit, dass Schmerz, Einsamkeit und Angst etwas in uns, aber nicht uns selbst umbringen.

Im Märchen wird diese Veränderung als Zuwachs an Schönheit und Glanz, an Macht, Reichtum und Fülle beschrieben, Vladimir Propp spricht hier von »Transformation«. Das Mädchen ist strahlend schön geworden, im Sonnen-, Mond- und Sternenkleid, eine Prinzessin, die Braut eines Prinzen. Der Held, vorher oft Narr oder Dummling, zeigt sich nun in edler Gestalt und prächtigen Kleidern, mit reich geschmücktem Schloss und einer Braut, die nicht von dieser

Welt ist. Und so ist auch der Zarensohn aus dem russischen Märchen zurückgekehrt und wird von seinen Tierschwägern mit Freude begrüßt »›Ach Iwan-Zarensohn, wir hatten kaum mehr gehofft, dich wiederzusehen.‹« Und er hat sich nicht umsonst gemüht, denn »ein so schönes Weib gibt es nimmermehr auf der großen weiten Welt!«[21] Fionns Geschick und Mut, Finnas Geduld und rechtes Wissen, ihre emotionale Klugheit haben alles Blendwerk entzaubert und aller Kummer löst sich nun in Freude auf. Sie leben glücklich und in Freuden, erwerben Ansehen und Schätze, den geliebten Partner und ein ganzes Königreich.

Mit dem erfolgreichen Gang durch den Abgrund ist nun etwas Neues in unser Leben, unser Denken, Fühlen und Handeln gekommen, ein anderer, erweiterter Blickwinkel, eine Dimension der Tiefe. Durch Lösung aus der uns vertrauten Welt haben wir die Fähigkeit zur Trennung erworben und durch unser Sein im Finstern die Fähigkeit zur kritischen Distanz, zum reflektiven Blick; durch unsere Rückkehr aber schaffen wir Verbindung, eine Verbindung der besonderen Art. Wir sind mit dem Dunklen in Berührung gekommen und Spuren davon haften an uns, in Form einer Markierung, eines Mals oder Zeichens, einer Narbe auf der Stirn, eines verlorenen Stücks Ferse oder Fingers. Etwas von dort haben wir mitgebracht und etwas von uns ist dort geblieben. Der Zarensohn erwirbt das Zauberross und Wassilissa die Schöne das Licht der Hexe. Fionn bringt drei Kinder aus der unteren zurück in die obere Welt, und Finna und Geir haben drei Kinder aus der unteren Welt.

Wir Menschen sind aufgrund unseres Wesens und unserer Entwicklung gezwungen, stetig die Balance zwischen gegensätzlichen Zuständen herzustellen und auszuhalten, Nähe und Distanz, Verbindung und Trennung, Selbstbezogenheit und Offenheit für andere, unablässig gleichzeitig sowohl in dem einen wie in dem anderen zu leben. Norbert Bischof nennt dies »das paradoxe Kräftespiel der menschlichen Affektivität«[22]. Eine Gratwanderung, die uns ohne die Erfahrung des Abgrundes nicht gelingt. Am Ende dieses Weges sind auch wir zu Mittlern geworden, zu Grenzgängern, Brückenbauern, Wächtern, Richtern, Heilern. Wir sind zu Menschen geworden, die die Erinnerung an und die Berührung durch das Dunkle in ihrer Seele beheimaten und bewahren und gleichzeitig damit in der oberen, hellen Welt umgehen und leben können.

Anmerkungen

[1] Jung, Carl Gustav: *Erinnerungen, Träume, Gedanken von C. G. Jung.* Aufgezeichnet von Aniela Jaffé. Zürich 1999, S. 163.

[2] »Finna die Kluge«. In: *Märchen aus Island.* Herausgegeben und übersetzt von Kurt Schier. Augsburg 1998, S. 67-70. Bearbeitung: Heinrich Dickerhoff.

[3] »Marja Morjewna«. In: Whitney, Thomas P.: *Die sieben Simeonsbrüder und die sibirische Katze.* Aarau 1972, S. 282; siehe auch »Marja Morewna«. In: *Märchen der Völker der RSFRS*, download, Montana, Märchenbasar, klassische Märchen, Märchen aus Russland, S. 2.

[4] »Die Königin vom vielfarbigen Schlafgemach«. In: *Weltenpferd.* Keltische Märchen aus England, Wales, Irland, Schottland und der Bretagne. Ausgewählt und übertragen von Konrad Sandkühler. Stuttgart 1988, S. 161-169. Bearbeitung: Sabine Lutkat.

[5] Jung (wie Anm. 1), S. 171.

[6] Benker, Günter: »Die ›Dunkle Nacht‹ der Ganzwerdung: C. G. Jung und der Mystiker Johannes vom Kreuz«. In: *Analytische Psychologie 30* (1999), Nr. 4, S. 245-272, bes. S. 254.

[7] Jung (wie Anm. 1), S. 163.

[8] Campbell, Joseph: *Die Kraft der Mythen.* Düsseldorf 2007, S. 172.

[9] Hagen, Marion von/Hagen, Markus von: »A Hope in Hell. Höllenfahrt in den ›Sandman‹-Comics von Neil Gaiman«. In: Herzog, Markwart (Hrsg.): *Höllen-Fahrten.* Geschichte und Aktualität eines Mythos. Stuttgart 2006, S. 207-212, bes. S. 211.

[10] Benker (wie Anm. 6), S. 256.

[11] »Die Königin vom vielfarbigen Schlafgemach«. In: *Weltenpferd* (wie Anm. 4), S. 166.

[12] Jacobsen, Ingrid: »Die dunklen Helfer im Märchen«. In: Lox, Harlinda/Lutkat, Sabine/Kluge, Dietrich (Hrsg.): *Dunkle Mächte im Märchen und was sie bannt – Recht und Gerechtigkeit im Märchen.* Forschungsbeiträge aus der Welt der Märchen. Krummwisch 2007, S. 63-80, bes. S. 78.

[13] Müller, Lutz: »Psi und der Archetyp des Tricksters«. In: *Zeitschrift für Grenzgebiete der Psychologie 23* (1981), Heft 3/4, S. 165-181, bes. S. 166.

[14] »Die Königin vom vielfarbigen Schlafgemach«. In: *Weltenpferd* (wie Anm. 4), S. 166.

[15] »Finna die Kluge«. In: *Märchen aus Island* (wie Anm. 2), S. 67.

[16] Bischof, Norbert: *Das Kraftfeld der Mythen*. Signale aus der Zeit, in der wir die Welt erschaffen haben. München 2004[3], S. 552.

[17] Wikipedia, Kategorien/Filmtitel 1979/Sowjetischer Film/Science-Fiction-Film

[18] »Marja Morjewna«. In: Whitney (wie Anm. 3), S. 280; siehe auch »Marja Morewna«. In: *Märchen der Völker der RSFRS* (wie Anm. 3), S. 2.

[19] Campbell (wie Anm. 8), S. 154.

[20] Jung, Carl Gustav: *Die Psychologie der Übertragung* (1946 c). *Grundwerk*. Bd. 16. Olten/Freiburg 1995, 4, § 493.

[21] »Marja Morjewna«. In: Whitney (wie Anm. 3), S. 286; siehe auch »Marja Morewna«. In: *Märchen der Völker der RSFRS* (wie Anm. 3), S. 2.

[22] Bischof (wie Anm. 16), S. 584.

Außerdem benutzte und weiterführende Literatur

Banzhaf, Hajo: *Tarot und die Reise des Helden*. München 1997.

Barz, Helmut: *Vom Wesen der Seele*. Stuttgart 1979.

Fischedick, Heribert: *Aufbrechen*. Schuld als Chance. München 1988.

Hirsch, Angelika-Benedicta: *An den Schwellen des Lebens*. München 2004.

Lüthi, Max: *Märchen*. Stuttgart 1979.

Propp, Vladimir: *Morphologie des Märchens*. Frankfurt a. M. 1975.

Rowling, Joanne K.: *Die Kammer des Schreckens*. München 2006.

Ulrich Freund

Der Märchenheld zwischen abgründigem Risiko und festem Selbstvertrauen

Lebendig zu sein bedeutet, sich selbst mit den eigenen widersprüchlichen Gefühlen zurechtzufinden. Ein Spiel emotionaler Dialektik bestimmt unser Leben. Die Ambivalenzen der Helden, so meine Eingangsthese, können wir auf eine Balkenwaage legen. Ich glaube, dass sich in der Ambivalenz der Märchenhelden in aller Regel eigene Ambivalenzen widerspiegeln. Wir können uns selbst in ihnen finden. Ich stelle deshalb ein Zitat von Jodie Foster voran, jenem Superstar, der sich vom Wunderkind zu einer der profiliertesten Charakterschauspielerinnen in Hollywood entwickelte. *Die Insel der Abenteuer* heißt der Film, in dem die 45-jährige die paranoide Autorin Alex Rover spielt, und die Paranoia ist ein fürchterlicher innerer Abgrund. Alex Rover wird nun von der elfjährigen Nim auf eine einsame Insel gelockt. Das ist der zweite, der äußere Abgrund.

Die *action*-reiche Robinsonade steht aber in deutlichem Kontrast zu Fosters letzter Rolle als traumatisierte New Yorkerin in dem Film *Die Fremde in dir*. Beide Filme sind abgrundtief ganz nach innen gerichtet, andererseits aber voller Abenteuer nach außen. Die Risiken überlagern sich und man weiß nie, ob die Ressourcen der Heldinnen ausreichen werden, um alles zum Guten zu wenden. Und mit der Erfahrung dieser Filme im Hintergrund sagt Jodie Foster diesen Satz: »Ein Held ist schon, wer für sich selber sorgt.«[1] In diesem Satz ist den großen Worten »Held«, »Abenteuer« und »Abgrund« das Dramatische, das Außergewöhnliche genommen. Sie findet das Heldenhafte im Alltagsmenschen. Nach diesen Filmen weiß sie, was manch ein Mensch leisten muss, wenn er sich selbst auf den Schienen halten will, die innerhalb gesellschaftlicher Normen akzeptiert sind. Das ist oft genug heldenhaft, sich auch nur ausreichend um Anpassung zu bemühen. Da fällt nichts leicht, da ist man eben nicht in einer Glückshaut geboren und hat seine liebe Mühe und Not, dass es einem nicht geht, wie dem Herrn Korbes (KHM 41) oder den anderen, die lautlos untergehen. Sie sind nahe am Abgrund, aber Abenteurer, das sind sie wirklich nicht.

In Beratungsgesprächen erlebe ich solche Helden, die mit letzter Kraft ihr Gleichgewicht aufrecht zu erhalten suchen. Oft denke ich mit Jodie Foster, dass sie die *wirklichen* Helden sind. Ich bewundere, wie sie Mut und Tapferkeit aufbringen, und ich sage ihnen das mitunter auch, denn ich sehe, wie es ihres ganzen Heldenmutes bedarf, wenn sie auch nur für sich selber sorgen und für sich selber einstehen wollen. Und wenn ich miterlebe, wie diese Menschen sich um alltägliche Normalität bemühen, und das mit meinen Bemühungen um sie vergleiche, dann stellt sich augenblicklich Bescheidenheit mir selbst gegenüber ein. Das Gefühl, Helferfigur zu sein, verblasst dann zusehends. Wie auch immer, ich will mich im Folgenden mit dem alltäglich Heldenhaften *ebenso* beschäftigen wie mit den Helden, von denen uns die Märchen berichten.

Da ist als erster der Held in »Der Teufel mit den drei goldenen Haaren« (KHM 29). Er ist das absolute Glückskind, dem, was immer er auch tut, alles zum Vorteil gereicht. Und ich werde diesen Meister des Glücks mit dem Helden aus dem Märchen »Der Ranzen, das Hütlein und das Hörnlein« (KHM 54) vergleichen. Ich will das tun, weil ich diese beiden Märchen in der Grimm'schen Sammlung an den äußeren Enden des Waagebalkens sehe. Das erste ist ein Zaubermärchen, also ein eigentliches Märchen, mit einem Glücksende! Das andere ist ein uneigentliches oder, wie ich es früher formuliert habe, ein schwarzes Märchen.

Was aber lässt den Helden, das Glückskind also, mit dem ich beginne, den Weg am Abgrund entlang meistern? Was umgekehrt lässt den Helden mit dem Hütlein und dem Hörnlein scheitern und was schließlich unterscheidet ein gekonntes Scheitern von einer Katastrophe?

Beiden Handlungsfäden gemein ist letztlich, dass am Anfang die Armut steht und die Hoffnung, sie zu überwinden, die Hoffnung auf ein gutes Ende, das wir uns doch alle auch für uns selbst wünschen. *Good luck* oder *bad luck*, heißt es im amerikanischen Englisch, und es trifft wohl den Unterschied, um den es geht, am besten. Uns allen sind Märchen immer auch Kompass im Alltag. Wir können uns an ihnen orientieren. Im Wort »orientieren« steckt das Wort »Orient«, also »Osten« drin, der Ort, wo die Sonne morgens aufgeht. Ich freue mich, wenn Märchen in den Alltag leuchten. Wenn ich danach suche, dann finde ich ein Glückskind im Märchen, und manchmal gesellt sich auch noch ein Glückskind in der Realität dazu.

Mehr zum Glückskind: Ein Glückskind wird in einer Glückshaut geboren, so sagt es das Märchen »Der Teufel mit den drei goldenen Haaren«. Und man fragt sich, woran die Eltern des Helden wohl erkannt haben mögen, dass ihr Kind in einer Glückshaut geboren worden ist, denn genau das sagt uns das Märchen nicht. Wie ist es möglich, dass sie ihr Kind so sorglos an einen fremden Mann verkaufen und woher wussten sie, dass alles zum Besten für das Kind sein würde?

In Meyers *Konversationslexikon* steht zwar nichts unter dem Stichwort »Glücks*kind*«, wohl aber findet man das Schlagwort »Glücks*haut*« (*Caput Geleatum*). Da steht sinngemäß: Bleibt der termingerechte Blasensprung aus, so überzieht die Glückshaube den Kopf des Kindes, und wenn die ausnehmend feste Eihaut sich nicht öffnet, so bedeutet dies, dass das Kind statt der Atemluft Flüssigkeit einsaugt, also ertrinkt und tot geboren wird. Öffnet sich aber die Haube dann doch noch, so ist dieses Kind wahrlich ein Glückskind, und das Glück wird dieses Kind ein Leben lang begleiten. So sagen es die Leute.

Dem Glückskind im Märchen »Der Teufel mit den drei goldenen Haaren« möchte ich eine ebenso spannende Geschichte vom Glückskind in der Realität entgegenstellen. Es ist die Geschichte von einem Arzt, den ich für ein besonderes Exemplar von Glückskind halte. Werner Forßmann ist es. Und der Abgrund, an dem er entlang geht, ist der im eigenen Körper, in den er eindringt. Dabei erweist sich, dass er ein Glückskind ist. Der Mann hatte großen Mut, Klugheit und auch, so etwas gibt es offensichtlich, eine »ungestüme Besonnenheit«. Ob er bei seiner Geburt eine Glückshaube aufhatte, ist nicht überliefert, aber nennen wir es doch den »genetischen Faktor«. Der hat sicher auch zu seinem Glück beigetragen.

Werner Forßmann war Urologe, niedergelassen in Bad Kreuznach, als er völlig überraschend 1956 einen Anruf aus Stockholm bekam und ihm mitgeteilt wurde, dass er den Medizinnobelpreis erhalten hat. Kaum einer wusste damals, wer Werner Forßmann war. 1929 ist es gewesen, als er sich einen Schlauch (einen sogenannten Katheter) durch die Armvene in die rechte Herzkammer schob. Dann ist er mit dem Schlauch im Herzen etwa 300 m von seinem Labor zum Röntgengerät gelaufen und hat dort eine Thoraxaufnahme gemacht. Was er vermutet hatte, bestätigte sich: Das Ende des Schlauches lag in der rechten Herzkammer. Und so eröffnete sich die Möglichkeit, die Druckverhältnisse in der rechten Herzkammer während des Schlages und ebenso während der Ruhephase zu messen.

Forßmann konnte nicht wissen, ob er diesen Selbstversuch lebend überstehen würde, aber er ahnte, dass das, was er tat, ebenso sinnvoll wie einfach war. Er spekulierte nicht nur. Er hatte den Mut, das, was er erdacht hatte, tatsächlich auch zu tun, und wusste sehr wohl, dass es ihn das Leben kosten konnte. In diesem Verhalten ist er den Märchenhelden sehr nahe, auch dem Glückskind aus KHM 29. Für Letzteres macht es Sinn, in die Hölle zu gehen, es vertraut auf seine Ressource, es weiß, es wird zurückkommen. Forßmann geht nicht in die Hölle, aber bei ihm steht der Gevatter Tod im Türrahmen. Das Glückskind im Märchen setzt alles auf eine Karte, weil es seine Frau behalten will. Forßmann dagegen ist dem Wesen nach ein Naturforscher im Humboldt'schen Sinne, er will »erfahren«, was ist, ihn treibt die Neugier in die weißen Flecken auf der Landkarte.

Nun aber zu den Neidern, den Antagonisten in den beiden Geschichten. Dem Glückskind steht der König gegenüber, sein widerlicher Schwiegervater, der nur ein Bestreben hat: ihn zu vernichten. Das Unglück fällt oft genug aber auf den Schädiger zurück. Es handelt sich hier um eine konträre Ironie. Diese Konträrironie findet sich ebenso bei Werner Forßmann. 1933 bis 1936 arbeitete er in der Charité in Berlin. Sein Chef war der legendäre Ferdinand Sauerbruch, der die Druckausgleichskammer entwickelt hatte, die Operationen im Brustraum überhaupt erst möglich machte, und damit ist er ein Pionier der Thoraxchirurgie. Forßmann versuchte nun mit seiner Arbeit über die Rechtsherz-Katheterisierung sich bei Sauerbruch zu habilitieren. Sauerbruch, der wohl auch um seinen eigenen Ruhm bangte, lehnte eine Habilitation ab mit den Worten: »Mit einer solchen Arbeit habilitiert man sich an einem Zirkus, aber nicht in einer anständigen Klinik.«[2]

Mag sein, dass der König der Klinik wohl erkannt hat, dass dieses Glückskind seinem eigenen Ruhm gefährlich werden könnte. Jedenfalls hat er ihn auf die Reise durch die Provinzen geschickt, und Forßmann landete am Ende als Urologe in Bad Kreuznach, wo dann irgendwann im Jahre 1956 das Telefon klingelte. Aus Schweden kam der Esel, vollgeladen mit Gold, denn die Amerikaner hatten ihn als den Pionier der Herzdiagnostik erkannt, der, ganz ohne Hilfe durch des Teufels Großmutter, alle Fragen richtig beantwortet hatte. Er, der abgewiesene Urologe in der Provinz, hatte den Nobelpreis bekommen und der ist für jeden Mediziner mehr wert als alles Gold der Welt. Da konnte ihn keiner mehr in die Ecke drängen oder lächerlich machen. Die Belohnung war zwar nicht die Königstochter, aber: Ein Lehrstuhl in Mainz folgte auf dem Fuß. Weiter wegziehen wollte er nicht.

König Sauerbruch aber musste, um es mit der Sprache des Märchens zu sagen: »Von nun an fahren zur Strafe für seine Sünden.« Trotz der bahnbrechenden Entdeckung der Druckausgleichskammer ist bei ihm ein Anruf aus Schweden nie eingegangen. Den schwedischen Esel, mit Gold beladen, hat er nicht gesehen. Auch hier die Konträrironie, wie es Max Lüthi für das Märchen formuliert hat. Sauerbruch blieb Fährmann. Die Schulmedizin aber wurde nicht müde, dem Glückskind Forßmann vorzuwerfen, dass er die Bedeutung seines Selbstversuches ja selber nie erkannt habe.

Gerade dies aber charakterisiert doch das Glückskind im Märchen. Wenn einer mit der Glückshaube geboren ist, dann mögen die Aufgaben noch so schwierig sein, ihm fällt alles leicht. Er muss um sein Glück nicht wissen, er hat es einfach. Ihm stehen alle Ressourcen offen und mit traumwandlerischer Sicherheit geht er am Abgrund entlang, ohne jemals abzustürzen, aber auch ohne jemals darüber groß zu reden. Glück ist für ihn selbstverständlich, er weiß nichts davon, es gehört zu ihm, ebenso wie seine Haut.

Das Märchen »Der Teufel mit den drei goldenen Haaren« besteht aus zwei Teilen. Eine Aufzeichnung der Brüder Grimm von 1812, die bei Bolte/Polívka[3], nicht aber in den *KHM* zu finden ist, kennt nur den zweiten Teil. Die Prinzessin steht da am Fenster und sieht einen Holzhacker. Ein Holzhacker sieht die Prinzessin, ihre Blicke begegnen sich, und sie sind augenblicklich ineinander verliebt. Der König erfährt davon und will dem Holzhacker seine Tochter nur überlassen, wenn er drei goldene Haare von des Teufels Kopf aus der Hölle holt. Da sagt der Holzhacker zur Prinzessin: »›Das soll mir schon gelingen; bleib mir nur getreu, bis ich wiederkomme!‹« Gerade dieser unkritische, ja unbedarfte Optimismus ist allen Glückskindern gemein, und da gehört auch Werner Forßmann dazu. Man kann diesen Zug des Märchenhelden geradezu unverantwortlich finden und das mangelnde strategische Denken ebenso wie das fehlende taktische Geschick beanstanden. Man kann umgekehrt aber auch sagen: Das Unverantwortlichsein ist wesentlich Teil der Definition des Glückskindes. Es weiß gar nicht um die Mühe, die mit der Verantwortlichkeit verbunden ist.

Und trotzdem, wenn wir andere Varianten heranziehen, dann verändert sich der Blickwinkel mitunter tiefgreifend. In buddhistischen Fassungen des 3. bis 5. Jahrhunderts, die hier wichtig sind, wird der Stoff als Beispiel für die Ohnmacht des Menschen gegenüber Schicksalsentscheidungen gewertet. Und in griechischen oder äthiopischen Legenden ist es der Erzengel Michael, der – anstatt der Räuber – die Botschaft, die der Brief enthält, umwandelt, dazu allerdings den Todesbrief nur anhauchen muss. Und nun erreicht einen reichen Mann der Befehl, den Überbringer des Briefes unverzüglich mit seiner Tochter zu verheiraten, weil das Gottes Wille sei.[4] Vom Erzengel zu den höchst weltlichen Räubern bildet sich in der Bearbeitung des Stoffes ein breites Spektrum. Umso unverständlicher ist, dass im Titel des Märchens zwar der Teufel, nicht aber der Held genannt ist. Umso verständlicher ist, dass ein Mädchen mich kürzlich fragte, wann wir wieder mal das Märchen »Vom Glückskind und dem Teufel« erzählen. Und ich fand die Umgestaltung des Titels sehr gelungen, denn das Mädchen hatte dem Protagonisten die Bedeutung gegeben, die ihm von der 12-jährigen Amalie Hassenpflug ebenso verweigert worden war wie von den Grimm-Brüdern.

Nun aber das angekündigte zweite Märchen: »Der Ranzen, das Hütlein und das Hörnlein«, das in den *KHM* unter Nr. 54 zu finden ist. Dieses Märchen scheint mir dem Glückskind-Märchen polar gegengeordnet zu sein. Bei dem nachfolgenden Vergleich der beiden Märchen beziehe ich mich im Wesentlichen auf die Fassung, die 1812 als Nr. 37 unter dem Titel »Von der Serviette, dem Tornister, dem Kanonenhütlein und dem Horn«[5] aufgenommen wurde. Die Fassung ist kürzer als die der *KHM*. Sie folgt der Erzählung des pensionierten Dragonerwachtmeisters Johann Friedrich Krause aus Hoof. Ob Krause nun Autor oder nur Gewährsmann der Grimms gewesen ist, wissen wir nicht sicher. Dass er im Gegenzug für seine Beiträge die alten Beinkleider der Brüder Grimm auftragen durfte, das weiß jeder und das macht ihn zu einer so anrührenden Figur.

Im Ablauf der Geschichte gibt es zwischen der Fassung von Krause und der Fassung der *KHM* keine wesentlichen Unterschiede. Wohl aber in der sprachlichen Gestaltung, und Sprache transportiert Inhalt, so ist es auch hier. Das wird besonders deutlich, wenn man die Schlusssätze in beiden Fassungen vergleicht. Es geht um Krieg, es geht um

Katastrophe, bei Krause ist das Szenario apokalyptisch und in seiner Radikalität nicht mehr zu überbieten. Da heißt es: »Da war er König allein und blieb es, bis er gestorben ist.«[6] Das volle Ausmaß dessen, was da geschehen war, können wir nur am vorangegangenen Satz ermessen. Da blies er sein Hörnchen und »alsbald fielen Dörfer, Städte und alle Festungswerke übern Haufen«[7]. Nach diesem Satz müssen wir davon ausgehen, dass außer dem Schwarzenfelser (der Name des Helden bei Krause), der nun König war, niemand diese Katastrophe überlebt hat. Er war also ein König ohne Untertanen, ohne Reich, ohne Schloss. Krause beschreibt holzschnittartig, sprachlich ein wenig unbeholfen und gerade deshalb so expressionistisch die unermesslichen Folgen eines totalen Krieges, und Sie alle wissen, dass die Utopie des totalen Kriegs 1943 recht konkret wurde. Der Dragonerwachtmeister Johann Friedrich Krause kannte die Grausamkeit, die jeder Kriegsführung innewohnt. Nichts Schützendes wird mehr zugelassen. In breiten Reihen marschierten die Soldaten aufeinander zu und schossen auf die gegnerische Linie. An den Seiten standen die Offiziere und schossen auf die, die nach der Seite zu flüchten versuchten. Das alles wusste Krause und er wusste auch, dass Feldherren und Könige in der Regel Schlachten überleben. Er wusste: Am Ende der Schlacht wird ein entsetzliches Gemetzel sichtbar. Und von den Soldaten überleben nur die Glückskinder, denn Tapferkeit und Mut helfen nicht mehr.

Wer nicht, wie Krause, die ganze Grausamkeit des Schlachtenkrieges kannte, konnte glauben, dass heldenhaft-heroische Gefühle der Soldaten sie zum Einsatz für das Vaterland in der Schlacht motivierten. Umso erstaunlicher, als jeder weiß, dass diese Soldaten zur Armee gepresst worden waren. Sie fühlten sich nicht nur am Abgrund, sie standen tatsächlich am Abgrund. Wer nicht unmittelbar betroffen war, konnte sich ein heroisches Schlachtengemälde ausdenken oder, wie Adolf von Menzel, es auch tatsächlich malen. Er schuf ein riesiges militärgeschichtliches Illustrationswerk, hatte aber nie einen kämpfenden Soldaten gesehen. Seine Bilder waren reine imaginative Verherrlichung des vermeintlichen Abenteuers Krieg. 1852 malt er sein berühmtes Flötenkonzert. 1866 reist Menzel nach Königgrätz, und zwar unmittelbar nach der Schlacht. Die Realität, die er dort sieht, macht ihn zum Pazifisten. Alles Heroische fehlt von nun an seinen Bildern. Ja, er schämt sich für die »naive Versessenheit« seiner Kriegsbilder. Zwischen 1852 und 1866 liegt ein tiefer Graben in seiner Weltsicht.

Ich bitte um Verständnis, dass ich das Beispiel Menzel so eingehend beschreibe. Ich tue das, weil man an der Veränderung Menzels auch erkennen kann, welcher Graben zwischen dem Dragonerwachtmeister Johann Friedrich Krause und den hochgelehrten und gebildeten Brüdern Jacob und Wilhelm Grimm liegt. Krause schildert die Katastrophe aus eigener Betroffenheit im Indikativ. Lesen wir die Sätze in den *KHM*, so heißt es dort: »Und wenn er das Hörnlein nicht abgesetzt und nur noch ein wenig länger geblasen hätte, so wäre alles über den Haufen gestürzt und kein Stein auf dem andern geblieben. Da widerstand ihm niemand mehr und er setzte sich zum König über das ganze Reich.«[8]

Wenn wir diesen Text hören, fällt uns als erstes auf: Konditionalsätze mit vielen Konjunktiven, Gelehrtensprache eben. Solche Sätze sind einem wie Krause völlig fremd. Das schreckliche Szenario wird in den *KHM* zwar angedeutet, aber es kommt nicht tatsächlich zur Katastrophe. Im Gegensatz zur Krause'schen Fassung ist bei den Grimms nichts gestürzt, denn es *wäre* nur gestürzt, *wenn* er länger geblasen *hätte*. Und am Ende ist er König über das ganze Reich. Es ist also bei den Grimms letztlich noch alles intakt und damit dem Helden als König erhalten geblieben. Er ist nicht alleine wie bei Krause und konnte tatsächlich regieren, denn bei den Grimms gibt es noch etwas, worüber er regieren kann. Bei Krause gibt es nichts mehr. Wir sehen, dass dieser rücksichtslose Gewalttäter, der niemals nach dem Sinn fragt, in den *KHM* am Ende auch noch mit der Königskrone belohnt wird. Das Reich mag geschunden sein, es lebe der König.

Das Märchen beginnt mit dem Satz »Es waren drei Brüder aus dem Schwarzenfelsischen, von Haus sehr arm [...].«[9] »Armut«, so schreibt Wilhelm Solms, »erscheint in den Märchen [...] nicht als ein positiver Wert, sondern im Gegenteil als ein Mangelzustand, den der Held oder die Heldin zu überwinden sucht.«[10] So erklären sich die vielen Wunschdichtungen. Auch KHM 54 nimmt mit der Serviette das Schlaraffenlandmotiv auf. Die Funktion der Zaubergegenstände hat in den Märchen eine Struktur. Im Allgemeinen schafft der erste Gegenstand Geld oder auch Nahrung herbei, beseitigt die unmittelbare Not. Der zweite Gegenstand öffnet meist die Möglichkeit zu reisen und der dritte magische Gegenstand dient der Machtgewinnung durch die Gewalt. In »Tischchendeckdich, Goldesel und Knüppel aus dem Sack« (KHM 36) prügelt der Knüppel selber. In KHM 54 sind es ganze Armeen, die aus dem Tornister hervormarschieren. In diesem Teil scheint das Märchen der Wunschtraum eines einfachen Soldaten zu sein, der viel lieber General wäre. Man muss das armselige Landsknechtsleben im sozial-historischen Bezug sehen, hungernd und bettelnd ziehen die abgedankten Soldaten durch das Land, tragen anderer Leute Beinkleider auf, sind immer am Abgrund und alles andere, nur eben keine Helden. In ihren Träumen spiegeln sich ihre Wünsche nach Macht, Ansehen und sozialer Sicherheit. General müsste man sein, das wäre wunderbar! Und dieses Märchenwunder wird in KHM 54 geträumt. Und die Perspektive von Johann Friedrich Krause ist die der Besitz- und Machtlosen, deren Sehnsucht nach materieller Sicherheit, nach Ansehen, nach unantastbaren Positionen und der Macht über Leben und Tod das Märchen prägt. Jurjen van der Kooi schreibt dazu: »Dem Helden ist jede Handlung gestattet, um diese Ziele zu erreichen, von betrügerischen Manipulationen bis zu regelrechtem Mord und wahren Tötungsorgien.«[11] Und in Bezug auf das Märchen KHM 54 schreibt er: »[...] diese Erzählung [ist] ein Musterbeispiel für den problematischen Moralkodex des Zaubermärchens, in dem vor allem die Ethik des Erfolgs herrscht.«[12] Hier folgt das Märchen offensichtlich der Ethik Calvins, in der, mehr als alles andere, der Erfolg zählt. Am Ende steht ein Gewinner und der hat immer recht. Seine Gegenspieler werden grundsätzlich, mitunter sogar grausam, bestraft.

Andererseits ist Krause Moralist genug, um diesem Schwarzenfelser den Lohn vorzuenthalten, den er nicht verdient hat. Der vernichtungswütige Held wird ein König ohne Reich und ohne Volk. Der Erfolg ist formal, eine inhaltliche Belohnung ist es nicht! Bei den Grimms dagegen werden die Tötungsorgien und der Zerstörungswahn belohnt, weil er am Ende tatsächlich König ist, und das genau macht die Grimm'sche Fassung so hinterfragungswürdig. Bei Krause hat er mit dem Gipfel der Macht zeitgleich den Gipfel der Einsamkeit erreicht, die ihn bis ans Ende begleiten wird.

Ich glaube, dass es sinnvoll und zulässig ist, dieses Märchen als uneigentliches Märchen zu etikettieren, denn es fehlt ihm das hoffnungsfrohe, glückverheißende Element, das uns die Abenteuerhelden so sympathisch macht. Es fehlt ihm auch die Gewissheit eines guten Ausgangs. Was dem Glückskind in die Wiege gelegt wird, wird dem Schwarzenfelser von Anfang an verweigert. Sein Schicksal führt vorbei an vielen kleinen hohlen Erfolgen und endet im katastrophalen Abgrund.

Greifen wir noch einmal zurück auf das Glückskind: So wie es in KHM 29 geschildert wird, scheint es uns ganz ohne Fehl und Tadel, moralisch unangreifbar. Aber schauen wir noch einmal auf die Geschichte von der Prinzessin und dem Holzhacker.[13]

Wie ich bereits geschrieben habe, beginnt diese Aufzeichnung damit, dass die Prinzessin sich in einen Holzhacker verliebt und dass ihr Vater der Heirat nur zustimmen will, wenn der Jüngling ihm drei goldene Haare des Teufels bringe. Die Abweichung zu der Fassung der *KHM* besteht darin, dass der Holzhacker als Lohn für das erste gelöste Rätsel ein Regiment Infanterie, für das zweite gelöste Rätsel ein Regiment Kavallerie und erst bei der dritten Lösung vier Wagen mit Gold beladen verlangt und auch erhält. Zuhause angekommen tritt er vor den König, überreicht ihm die drei goldenen Haare des Teufels und bittet ihn erneut um die Hand der Prinzessin. Der König ist erstaunt und sagt, mit den drei goldenen Haaren habe es seine Richtigkeit, aber wegen der Prinzessin müsse er sich noch bedenken. Wie das der Holzhacker hört, stellt er sich ans Fenster und pfeift hinaus. In dem Augenblick kommen das Regiment Infanterie, das Regiment Kavallerie und die vier schwer beladenen Wagen zum Tor herein und der Holzhacker fragt: »›Wollt Ihr mir nun die Prinzessin geben?‹« Da erschrickt der König und sagt: »›Ja von Herzen gern‹«. Und da wurden beide miteinander vermählt.

Das Glückskind ist in *dieser* Version recht nahe am Helden von KHM 54. Doch er droht nur mit Gewalt. Einen realen Vernichtungswillen, wie er dem Schwarzenfelser eigen ist, hat er nicht, aber es ist schon sehr erstaunlich, dass die beiden Märchen in der Gewaltfrage doch recht nahe beieinander liegen. Gewalt ist eben faszinierend und gibt Männern oft genug das Gefühl, größer zu sein, als sie sind. Und für dieses »Größerfühlen« stehen auch die scheinbar wertlosen Gegenstände. Sie tragen alle verborgene Wunscherfüllungen in sich. Und es bedarf wenig, die Wunscherfüllungen hervorzulocken. Man muss nur wissen, wie das geht, wie man klopft, wie man dreht, wie man bläst, was man macht, dass sich's entfacht.

Wunschgegenstände sind, wie Jurjen van der Kooi anmerkt, Teile jeder Wunschdichtung. Während die Serviette die Aufgabe hat, die unmittelbare Not, die stets am Anfang des Märchens steht, zu beseitigen, dienen die drei anderen allesamt der Machterringung. Sie bergen Gewaltpotential in sich und sind militärischer Natur.

Der Schwarzenfelser lebt seine Dominanzbedürfnisse recht naiv mit Hilfe der drei magischen Gewaltgegenstände aus. Er will nur herrschen, er will König sein. Der Weg zum Königsein aber führt in einer dynastisch geprägten Gesellschaft über die Heirat einer Prinzessin. Für den Schwarzenfelser ist die Prinzessin aber nicht in Sichtweite. Deshalb ist seine Strategie zur Erringung der Macht von vorneherein auf Gewalt angelegt. Die magischen Gegenstände dienen nicht, wie etwa in »Spindel, Weberschiffchen und Nadel« (KHM 188), der Bezauberung des königlich-dynastischen Partners, sondern ganz direkt der Erringung der Macht durch Gewalt. Die Prinzessin ist ihm nur Zugabe. Die merkt das ja auch und verhält sich dementsprechend illoyal.

In einer demokratisch verfassten Gesellschaft braucht der, der die Macht anstrebt, keine Prinzessin zu suchen. Er muss vielmehr eine politisch-ideologische Begründung für seinen Machtanspruch aufbauen. Waffenproduktion, Waffenexporte oder gar die Anwendung von Waffen müssen heute legitimiert werden. Wem das gelingt, der kann Krieg, Revolution oder Konterrevolution als legal darstellen. Trotzdem fragen wir uns, was tritt heutzutage an die Stelle der Symbole, die damals im Märchen Ranzen, Hütlein und Horn darstellten? Woran ist die magische Kraft heute gebunden? Ich glaube, dass diese Kraft dem Wort und der Rede innewohnt, genauer gesagt, den Worten des Populismus oder der politischen Agitation. Aus der heutigen Sicht können wir sagen: Die magischen Gegenstände des Märchens sind Allegorien auf die modernen Möglichkeiten der Machterkämpfung.

Und mir scheint die machtpolitische Perspektive der drei Gewalt erzeugenden Gegenstände ebenso wichtig wie die wirtschaftspolitische Perspektive der Serviette. Auch in demokratischen Gesellschaften der Gegenwart wird um nichts *mehr* gerungen als um die Macht. In beeindruckender Weise zeigt das Märchen aber auch, wie die Serviette, die für Sehnsucht nach immer währender Prosperität, nach unbegrenzter Konsummöglichkeit steht, mit den drei gewaltgenerierenden Gegenständen ein Ganzes bildet.

Was das Märchen schildert, erleben wir, wie ich glaube, in unserer sozio-ökonomischen Gegenwart. Kaum sehen wir, dass unsere Servietten in der Krise beim Waschen eingegangen sein könnten, dass sie dabei kleiner geworden sind, möglicherweise nicht mehr so viel drauf steht wie vorher, schon ist von der Gefahr der politischen Instabilität die Rede. Das Jahr 1929 wird beschworen, der Schwarze Freitag heißt jetzt Schwarzer Dienstag, und wer von der großen Wirtschaftsdepression von 1929 redet, der kommt, ohne viel nachzudenken, auch zum Jahr 1933. Mit der Serviette beginnt die Geschichte des Schwarzenfelsers nach der Trennung von den Brüdern, weiter geht es über Ranzen, Hütlein und Hörnchen, und schon sind wir im Jahre 1945. Der sozioökonomische Vergleich mag nicht ganz zutreffend sein, aber er scheint mir andererseits ausreichend, um die Botschaft des Märchens mit der heutigen Situation auf einen gemeinsamen Nenner zu führen.

Ich möchte noch einen gewagten Schritt weitergehen. In der jüngsten Vergangenheit gab es eine Gruppe, die das Gewaltmonopol des Staates direkt in Frage stellte, so wie es der Schwarzenfelser offensichtlich auch tut. Das war die Rote Armee Fraktion. Es ist dünnes Eis, das ich jetzt betrete, wenn ich nun auch versuche, diese Gruppierung in Beziehung zu dem Märchen »Von der Serviette, dem Tornister, dem Kanonenhütlein und dem Horn« zu setzen.

Ganz anders als der Schwarzenfelser, der sich überhaupt keine Gedanken über Gott und die Welt macht, ist die RAF eine Gruppe, die sich zu viele Gedanken gemacht hat, die sich mit verquastem Pathos so lange die Fürchterlichkeit der Lebensverhältnisse in unserem Staat einredete, bis sie es selbst glaubte. »Am Anfang war das Wort«, diesen ersten Satz des Johannesevangeliums beachten alle, die glauben, der Erdenkugel eine andere Drehung verpassen zu müssen. Und als sie an die Fürchterlichkeit der Lebensbedingungen selbst glaubten, waren Ranzen, Hütlein und Horn für den bewaffneten Kampf in ihren Augen legitime Mittel. Christian Klar sagt kurz vor seiner Entlassung im Jahre 2008: »Schuldbewusstsein und Reue sind im politischen Raum keine Begriffe.«[14] Die Worte kommen wie immer gestelzt daher! Es geht auch einfacher. Dann hieße es: ›Alles, was *ich*, Christian Klar, politisch für angemessen halte, ist mir auch erlaubt, denn ich kann nicht schuldig werden, ich habe immer recht.‹ Die Folge solcher Denkweise: Da blies er auf seinem Hörnchen, alsbald fielen Dörfer, Städte und alle Festungswerke übern Haufen. Da war er König! Allein! Und wird es bleiben, bis er gestorben ist. Da schließt sich der Gewaltkreislauf zwischen Märchen und RAF, und Christian Klar endet in der Einzelhaft, der Schwarzenfelser in der Einsamkeit.

Ich möchte diesen Beitrag nicht abschließen, ohne meinen Dank auszusprechen. Mein Dank gilt dem Mann, der seine Erfahrungen mit der Sinnlosigkeit von Gewalt in einen so überzeugenden Text eingebracht hat: Mein Dank gilt dem Dragonerwachtmeister Johann Friedrich Krause.

Anmerkungen

1 »Ich spiele nur, was mich bewegt«, *DB Mobil* (Juni 2008), S. 6.

2 Zitiert nach dem *Katalog 50* des Antiquariats Franz Siegl, Im Rauchleder 13, 99242 Mühlhausen, S. 19. Dort wurde die Originalarbeit von Forßmann angeboten!

3 *BP 1* (1913), S. 278.

4 Scherf, Walter: *Das Märchenlexikon*. 2 Bde. München 1995, Bd. 2, S. 1185.

5 »Von der Serviette, dem Tornister, dem Kanonenhütlein und dem Horn«. In: *Kinder- und Hausmärchen*. Gesammelt durch die Brüder Grimm. Vergrößerter Nachdruck der zweibändigen Erstausgabe von 1812 und 1815 nach dem Handexemplar des Brüder Grimm-Museums mit sämtlichen handschriftlichen Korrekturen und Nachträgen der Brüder Grimm sowie einem Ergänzungsheft: Transkriptionen und Kommentare in Verbindung mit Ulrike Marquardt von Heinz Rölleke. 2 Bde. + Transkriptionsheft. Göttingen 1986, Bd. 1, S. 172-176. Weiter zitiert als KHM (1812/1815)/Rölleke.

6 KHM (1812/1815)/Rölleke, Bd. 1 (wie Anm. 5), S. 176.

7 KHM (1812/1815)/Rölleke, Bd. 1 (wie Anm. 5), S. 176.

8 Zitiert nach Uther, Hans-Jörg, in: Brüder Grimm: *Kinder- und Hausmärchen*. Nach der Großen Ausgabe von 1857, textkritisch revidiert, kommentiert und durch Register erschlossen. Herausgegeben von Hans-Jörg Uther. 4 Bde. München 1996, Bd. 1, S. 278-279.

9 KHM (1812/1815)/Rölleke, Bd. 1 (wie Anm. 5), S. 172.

10 Solms, Wilhelm: *Die Moral von Grimms Märchen*. Darmstadt 1999, S. 86.

11 Kooi, Jurjen van der: »Ranzen, Hütlein und Hörnlein«. In: *EM 11* (2003), Sp. 217.

12 Kooi (wie Anm. 11), Sp. 217.

13 *BP 1* (1913), S. 278.

14 Zitiert nach Hammer, Ulrich Markus: »Der Andersweltler«. In: *Spiegel 50* (2008), S. 180.

Ursula Thomas

»Schreckliche Märchen«

Der Schreck im Märchen und seine Wirkung auf das Kind

»Unheimlich nennt man alles, was im Verborgenen bleiben sollte – und hervorgehoben ist.« (Friedrich Wilhelm Schelling: *Über das Wesen der menschlichen Freiheit*)

Genau das geschieht in den »schrecklichen« Märchen; schreckliche Märchen zeigen das, was uns erschreckt, wenn wir es zu sehen bekommen. Das gilt insbesondere für Kinder mit ihrer sich allmählich aufbauenden Lebenserfahrung. Deshalb sind Kinder so begierig, vom wirklichen Leben zu hören; und Kinder haben ein Recht, mit diesem Anliegen ernst genommen zu werden. Kinder möchten hören, wie es ist, wenn sie größer werden, wenn sie erwachsen werden. Und dazu gehört meines Erachtens auch, mit Schreck und Angst konfrontiert zu werden.

Das Märchen kann dem Kind helfen, seine Gefühlswelt zu ordnen

Das junge Kind versteht die Lebenswirklichkeit mit ihren komplexen Zusammenhängen noch nicht; es möchte sie aber verstehen. Das Kind möchte hineinwachsen in diese Welt. Aufgrund seines Entwicklungsstandes sind seine Gefühle noch vorherrschend. Sie bestimmen seine Wahrnehmung, sein Denken und Handeln, seine Auseinandersetzung mit seiner sachlichen und sozialen Umwelt. Hinzu kommt seine große Phantasie. Mit ihr erklärt sich das Kind die Welt. Aber nicht nur das: Es macht sich die Welt zurecht, damit es sie verstehen kann, und macht sich somit zum Herrn der Situation.

In der Entwicklungspsychologie sprechen wir von der »magischen Phase« oder vom »magischen Denken« des Kindes, wenn es beginnt, die Welt zu »begreifen«. Zum abstrakten und operationalen Denken kommt das Kind erst im Laufe seiner Entwicklung. In dem Maße, wie das Kind abstrakt denken lernt, verschwindet das sogenannte »magische Denken«. Dieser Übergang dauert etwa bis zum Ende der Grundschulzeit.

Die Gefühlswelt des Kindes ist von Gegensätzen wie etwa Liebe und Hass, Mut und Angst, Sanftmut und Wut, Freude und Trauer geprägt. Gerade weil sich für das Kind das Leben in solchen Gegensätzen darstellt, braucht es Orientierungshilfen! Eine wichtige Hilfe kann das Kind im Märchen finden, insbesondere durch Märchen mit »dunklen Mächten«. Typische Figuren der dunklen Mächte sind: Hexe, Zauberer, Räuber, Drache, Teufel, Wolf, Troll; sie stehen für die Gefühle des Hasses, der Wut und vor allem der Angst.

Was geschieht aber, wenn ein Kind ein Märchen hört?

Das Kind projiziert seine Gefühle auf die Märchenfiguren, und damit nehmen die Gefühle Gestalt an. Das Kind bindet sein Gefühl an die Figur. Die Figur wird zum Symbol für das Gefühl. Das Kind kann nun auf einmal seinem Gefühl einen Namen geben, es »veräußerlicht« seine Gefühle; es kann sie gestalten und kontrollieren. Damit erlangt das Kind Klarheit in seiner Gefühlswelt; es geht aktiv mit seinen Gefühlen um und kann somit nicht mehr von seinen Gefühlen beherrscht werden, vielmehr beherrscht das Kind seine Gefühle.

Das Märchen »Rumpelstilzchen« (KHM 55) zeigt uns das Ergebnis eines solchen Prozesses: Als die Königin Rumpelstilzchens Namen wusste und ihn aussprach, hatte der Dämon keine Macht mehr über sie.

Das »Herr-Werden« über die eigenen Gefühle geschieht in einem lange währenden Prozess, und zwar auf jeder kindlichen Entwicklungsstufe immer wieder aufs Neue. Deshalb wollen Kinder immer wieder dieselben Märchen hören; sie wollen sich immer wieder den dunklen Gefühlen, die ihnen Angst machen, stellen. Wir Erwachsene tun dem Kind überhaupt keinen Gefallen damit, wenn wir es von den dunklen Mächten fernhalten, sondern sollten dem Wunsch des Kindes folgen.

Das Kind hat noch weitere Mittel, seine Gefühle zu ordnen: Diese sind der *Perspektivenwechsel* und das sogenannte *Probehandeln.* In seiner Phantasie kann das Kind in jede einzelne Figur schlüpfen und somit das Geschehen im Märchen aus unterschiedlichen Perspektiven betrachten. Auch kann es der Figur entsprechend handeln. Dabei probiert es unterschiedliche Verhaltensweisen aus, ohne die Konsequenz des realen Lebens erfahren zu müssen. Es wird die Perspektive wechseln und probehandeln, wie es das gerade zum Ordnen seiner Gefühle braucht.

Die weiteren Ausführungen beziehen sich auf folgendes Märchen:

»Smörbukk«

Es war einmal eine Frau. Die hatte einen kleinen Sohn, der mochte so gern essen, darum nannte sie ihn Smörbukk. Sie hatte auch einen Hund, der fasste so gerne mit den Zähnen, und den nannte sie Goldzahn.

Eines Tages setzte sich die Frau an den Backtrog und wollte backen. Da fing der Hund zu bellen an und hörte gar nicht mehr auf. Die Frau sagte: ›Spring hinaus, mein Smörbukk du, und sieh nach, wen Goldzahn da anbellt.‹ Der Bengel sprang hinaus, kam gleich wieder herein und rief: ›Ach du lieber Himmel, da kommt ein riesiggroßes Hügelweib, hat den Kopf unterm Arm und einen Sack auf dem Rücken!‹ ›Schnell, spring unter den Backtrog und versteck dich‹, sagte die Mutter. Und schon trat eine große Trollalte ein und sagte: ›Guten Tag!‹ ›Gottes Segen!‹, sagte die Mutter. ›Ja ist denn Smörbukk nicht daheim?‹, fragte das Trollweib. ›Nein, er ist mit seinem Vater im Wald, Schneehühner fangen.‹ ›Na, das ist aber schade, ich hab' hier in meinem Sack so'n hübsches kleines Silbermesserchen, das wollt' ich ihm schenken‹, brummte das Trollweib. ›Pip, pip, hier bin ich!‹, rief Smörbukk und kam unter dem Backtrog hervor. ›Ach, ich bin so alt und steif im Rücken, du musst selbst in den Sack hinein und dir das Messerchen holen‹, sagte die Alte. Aber kaum war Smörbukk in den Sack gekrochen, band die Alte den Sack geschwind zu, warf ihn sich auf den Rücken und lief zur Tür hinaus. Wie sie ein Weilchen gewandert war, blieb sie stehen und knurrte: ›Wie weit ist's denn noch bis zu 'nem Rastplatz?‹ ›Oh, noch so 'ne viertel Meile‹, sagte Smörbukk im Sack. ›Ach‹, brummte das Trollweib, setzte den Sack am Wegesrand ab, schlurfte ins Gebüsch und legte sich da schlafen. Aber Smörbukk, nicht faul, zog sein Messer, schnitt ein Loch in den Sack und schlüpfte hinaus. Dann legte er eine große Wurzel in den Sack und lief zu seiner Mutter heim. Wie die Trollalte nach Hause kam und sah, was in dem Sack war, wurde sie scheußlich wütend.

Am andern Tag saß die Frau wieder beim Backen, und wieder fing der Hund zu bellen an. ›Spring hinaus, mein Smörbukk du, und sieh nach, wen Goldzahn da anbellt.‹ ›Oh nein, oh nein, da kommt dies hässliche Biest schon wieder, den Kopf unterm Arm und einen großen Sack auf dem Rücken!‹ ›Schnell, spring unter den Backtrog und versteck dich‹, sagte die Mutter. ›Guten Tag!‹, brummte die Trollalte, als sie hereinkam, ›ist Smörbukk nicht zu Hause?‹ ›Nein, er ist mit seinem Vater im Wald, Schneehühner fangen.‹ ›Na, das ist aber schade! Ich hab' hier in meinem Sack so'n hübsches kleines Silbergäbelchen, das wollt' ich ihm schenken‹, brummte das Trollweib. ›Pip, pip, hier bin ich!‹, rief Smörbukk und kam unter dem Backtrog hervor. ›Ach, ich bin so alt und steif im Rücken, du musst selbst in den Sack hinein und dir das Gäbelchen holen‹, sagte die Alte. Aber kaum war Smörbukk in den Sack gekrochen, band die Alte den Sack geschwind zu, warf ihn sich auf den Rücken und lief zur Tür hinaus. Wie sie ein Weilchen gewandert war, blieb sie stehen und knurrte: ›Wie weit ist's denn noch bis zu 'nem Rastplatz?‹ ›Oh, noch so 'ne halbe Meile‹, sagte Smörbukk im Sack. ›Ach‹, brummte das Trollweib, setzte den Sack am Wegesrand ab, schlurfte ins Gebüsch und legte sich da schlafen. Aber Smörbukk, nicht faul, zog seine Gabel, riss ein Loch in den Sack und schlüpfte hinaus. Dann legte er einen großen Stein in den Sack und lief zu seiner Mutter heim. Wie die Trollalte nach Hause kam, machte sie Feuer im Kamin, hängte einen großen Kessel darüber und wollte Smörbukk kochen. Doch wie sie ihn aus dem Sack schütteln wollte, fiel der große Stein heraus, schlug ein Loch in den Kessel und alles Wasser floss heraus und löschte das Feuer. Was war das Trollweib da wütend: ›Und macht er's mir auch noch so schwer, ich krieg ihn doch, jawoll!‹

Auch am dritten Tag bellte Goldzahn wieder und wieder sagte die Mutter: ›Spring hinaus, mein Smörbukk du, und sieh nach, wen Goldzahn da anbellt.‹ Der Junge lief, kam zurück und rief: ›Ach Gott steh' mir bei, da kommt das Trollweib wieder, hat den Kopf unterm Arm und den Sack auf dem Rücken.‹ ›Schnell, spring unter den Backtrog und versteck dich!‹ ›Guten Tag!‹, sagte das Trollweib,

›Ist Smörbukk heute zu Hause?‹ ›Nein, er ist mit seinem Vater im Wald, Schneehühner fangen.‹ ›Na, das ist aber schade, ich hab' hier in meinem Sack so'n hübsches kleines Silberlöffelchen, das wollt' ich ihm schenken‹, brummte das Trollweib. ›Pip, pip, hier bin ich!‹, rief Smörbukk und kam unter dem Backtrog hervor. ›Ach, ich bin so alt und steif im Rücken, du musst selbst in den Sack hinein und dir das Löffelchen holen‹, sagte die Alte. Aber kaum war Smörbukk in den Sack gekrochen, da band die Alte den Sack zu, warf ihn sich auf den Rücken und lief zur Tür hinaus. Diesmal hielt sie unterwegs nicht an und schlief nicht ein, sondern rannte geradewegs heim mit Smörbukk im Sack, und als sie zu Hause ankam, war's Sonntag. Die Alte sagte zu ihrer Tochter: ›Nimm den Smörbukk und schlachte ihn und koch' eine Suppe davon, bis ich wieder komm'. Ich geh' jetzt zur Kirche und lade Gäste ein.‹ Als die Trollalte gegangen war, wollte die Tochter den Smörbukk schlachten, aber sie wusste nicht recht wie. ›Soll ich dir zeigen, wie man das macht‹, sagte Smörbukk, ›leg deinen Kopf auf den Hauklotz, dann wirst du's schon sehn!‹ Das tat die Trolltochter und Smörbukk hackte ihr den Kopf ab, als wär' sie ein Huhn. Dann legte er den Kopf ins Bett, warf den Rest in den Kochtopf und kochte Trolltochtersuppe. Danach kletterte er auf die Türe, legte die Wurzel und den Stein darüber, kletterte weiter aufs Dach und setzte sich an den Schornstein vom Trollhaus. Wie nun das Trollpack aus der Kirche kam und den Kopf im Bett liegen sah, dachten sie, die Tochter schlafe schon und wollten sie nicht wecken. Aber die Suppe, die wollten sie doch schon mal kosten. Und das taten sie. ›Mh. Der schmeckt gut, der Smörbukksud‹, brummte das alte Trollweib. ›Ja, der schmeckt gut der Trolltochtersud!‹, rief Smörbukk in den Schornstein hinein, aber sie verstanden's nicht. Dann nahm der Obertroll den Löffel und kostete: ›Mh. Der schmeckt gut der Smörbukksud‹, brummte auch er. ›Ja, der schmeckt gut, der Trolltochtersud!‹, rief Smörbukk wieder in den Schornstein hinein. Da wunderten sich die Trolle über die Stimme und wollten wissen, woher sie käme. Geschwind wollten sie hinauslaufen. Wie sie aber an die Türe kamen, fielen Wurzel und Stein auf ihre Köpfe herab, das tötete sie. Smörbukk aber rutschte durch den Schornstein in die Stube. Er nahm alles Gold und Silber, das im Hause war, und ging heim zu seiner Mutter.

Von da an war er reich und hatte sein Leben lang genug davon.[1]

Unser Märchen hat einen einfachen Erzählstrang und ist für Kinder leicht zu verfolgen. Drei Mal verlässt Smörbukk den »Schonraum Elternhaus« und geht ins Leben hinaus. Bei jeder Rückkehr nach Hause bringt er etwas mit. Er muss drei Mal von zu Hause fortgehen, damit seine »Eroberung« ein Ganzes werden kann: Messer – Gabel – Löffel, sie stellen ein vollständiges Besteck dar. Er bringt aber noch mehr mit; er kommt reich an (Erfahrungs-) Schätzen zurück; es sind sogar so viele, »dass er ein Leben lang genug davon hat«, heißt es im Märchen.

Wie sieht die Situation heutiger Kinder aus?

Heute lernen die Kleinkinder in der Regel das soziale Umfeld zunächst in der Spielgruppe kennen, danach kommen Kindertagesstätte oder Kindergarten, dann die Schule in den verschiedenen Formen.

Jedes Mal macht das Kind neue wichtige Erfahrungen; es kommt an und gehört zu den Kleinen, wächst in die Gruppe der Gleichaltrigen hinein, verweilt dort eine Weile, sammelt wieder andere wichtige Erfahrungen; es entwickelt sich weiter. Gehört das Kind schließlich zu den Ältesten seiner Gruppe, erschöpfen sich in der Regel die Möglichkeiten zur weiteren Entwicklung. Dann steht der Wechsel an und der gleiche Ablauf beginnt aufs Neue: ankommen, sich hineinleben, darin reifen, sich herausleben und Abschied nehmen. Es ist dies der immerwährende Prozess, dem wir Menschen alle unterworfen sind, von Geburt an, in jeder Lebensphase und Entwicklungsstufe, bis ins hohe Alter, ja, bis zum Lebensende – hin zum Tod.

Bei dem Verlassen vertrauter Situationen erlebt das Kind zwangsläufig immer wieder kleine oder größere Verluste. Es heißt aus jeder Lebensstufe Abschied nehmen und Vertrautes und Liebgewonnenes loslassen. Zugleich muss das Kind sich einlassen auf Neues und Unbekanntes. Verharrt das Kind in einer Stufe, so ist es »ver-wickelt«, es tritt auf der Stelle. Es muss aber heraustreten, damit »Ent-wicklung« stattfinden kann. Insofern ist das Erfahrung-Sammeln in der jeweiligen Entwicklungsstufe bereits die Vorbereitung auf die nächste. Hat das Kind eine nächste Stufe erreicht, so ist es in seiner Entwicklung ein Stück weitergekommen. Das gibt dem Kind Kraft und Selbstbewusstsein. »Es wird *sich-seiner-selbst-bewusst*«. Im Märchen würde es heißen: »Es ist König!«

In dem vorstehenden Märchen kriecht Smörbukk drei Mal in den Sack, in das verschlingende Dunkel, das zur Trollalten gehört, und wird fortgeschleppt in das Haus der Alten, bis an den Abgrund, ja, bis in den Abgrund. Wir können davon ausgehen, dass Smörbukk jedes Mal als ein anderer nach Hause kommt, er hat sich ein Stückchen weiter entwickelt; denn schon bei den ersten beiden Malen bringt Smörbukk Schätze mit: Silbermesser und Silbergabel. Das zweimalige »Im-Sack-fortgeschleppt-Werden« scheint wie die Vorbereitung auf die spätere, abgründigste Situation im Haus der Trollalten. Ohne die vorher gemachten Erfahrungen hätte Smörbukk diese letzte Prüfung nicht meistern können. Für das zuhörende Kind könnte das heißen: Sei unverzagt wie Smörbukk! Geh ins Leben hinaus! Lass dich nicht zurückhalten! Draußen, außerhalb des beschützenden Zuhauses, findest du das, was du brauchst.

Gefahren bestehen und Erfahrungen sammeln sind oft gekoppelt mit dem Gefühl von Angst

Das Gefühl der Angst ist notwendig, wichtig und nützlich für unser Leben. Es bewahrt uns vor bedrohlichen Situationen. »Wer sich in Gefahr begibt, kommt in ihr um«, sagt der Volksmund. Märchen erzählen permanent davon, wie die Märchenhelden sich in Gefahr begeben, die Gefahr bestehen, Erfahrung sammeln und reich daran werden.

Unbekannte Eindrücke machen Kindern erst einmal Angst. In unserem Märchen beginnt die Dramatik mit dem Auftauchen der Trollalten. Schon allein ihr Aussehen lässt nichts Gutes ahnen; wir hören, »sie hat den Kopf unter dem Arm und einen Sack auf dem Rücken«. »Gott steh mir bei«, ruft Smörbukk, als er die Trollalte sieht. Wir können davon ausgehen, dass er Angst hat, wenn er Gott um Hilfe ruft. Dann aber wird er neugierig – »gierig auf das Neue«, das sich ihm bietet. Hinter dem Backtrog hockend, gut geschützt, hat er sich mit seiner Angst auseinandergesetzt und sie überwunden. Ansonsten würde er nicht in den Sack kriechen und das sogar drei Mal. Er ruft: »Pip, pip, hier bin ich!«, oder anders ausgedrückt: »Gefahr, ich bin hier. Ich will dich kennenlernen.« Beim zweiten und dritten Mal könnte es heißen: »Gefahr, ich habe dich kennengelernt und ich habe schon gelernt, mit dir umzugehen. Ich weiß, wie ich mit dir umgehen muss, und ich weiß, dass ich dich beherrschen kann.«

Kinder stellen sich immer wieder den Gefahren und dem damit verbundenen Gefühl der Angst. Wenn wir Kinder beim Spielen beobachten, so fällt auf, dass sie über einen sehr langen Zeitraum sich intensiv ausschließlich einer Tätigkeit widmen können. Maria Montessori nennt dieses Phänomen: »die Polarisation der Aufmerksamkeit«.[2] Ein Kind übt so lange, bis es weiß: »Ich kann das«. Ein Beispiel ist für mich das »Von-der-Mauer-Springen«: raufklettern, runterspringen, immer wieder – einen ganzen Nachmittag lang. Hierbei setzt sich das Kind immer wieder seiner Angst aus, denn die Mauer ist verhältnismäßig hoch. Das geschieht nicht ohne Bedacht: Das Kind lernt dabei körperlich und emotional. Körperlich ist die Erfahrung: Ich kann runterspringen, meine Beine und meine Füße fangen mich auf. Gefühlsmäßig erfährt es: Ich kann das, ich brauche keine Angst zu haben. Der nächste Schritt ist schließlich: Ich habe keine Angst mehr! Kinder wollen und müssen die Gefahr *selbst erleben*, um sie zu bestehen. Sie wollen und müssen *selbst Erfahrungen sammeln*. Das schafft Selbstbewusstsein. Das Kind wird *sich-seiner-selbst-bewusst* und dieser Prozess setzt sich fort. Hat das Kind eine Mauerhöhe geschafft, wird es eine Mauer suchen, die höher ist. Kinder suchen Gefahren, um sie zu beherrschen.

Noch eine Beobachtung zum Umgang der Eltern mit der Angst ihrer Kinder im Märchen, welche ich in meiner Erzählpraxis immer wieder mache und in den anschließenden Gesprächen mit den Eltern bestätigt bekomme: Wenn Smörbukk die Trolltochter schlachtet, ist der Punkt erreicht, in dem die meisten Eltern um ihre zuhörenden Kinder Angst haben. Erwachsene befürchten, ihr Kind könnte Schaden nehmen. Der Eindruck des Geschehens sei für das Kind zu stark, zu schrecklich. Kinder erleben das Schlachten und Kochen der Trolltochter anders. Sie erleben es als Reaktion auf das, was mit Smörbukk geschehen sollte. Lutz Röhrich sagt dazu: »Das moralische Urteil wird [...] immer nur vom Standpunkt des Helden aus gesehen, und dementsprechend wird Grausamkeit nur dann als grausam empfunden, wenn der Held sie leidet, nicht wenn er sie selber übt.«[3] Deshalb ist die Zurückhaltung von Eltern gegenüber »schrecklichen Märchen« oder gar deren Ablehnung völlig unbegründet; sie enthalten dadurch ihren Kindern wichtige Erfahrungsmöglichkeiten vor.

Kinder nehmen »schreckliche« Märchen gemäß ihres Entwicklungsstandes auf

Das zeigt anschaulich auch ein kleines Experiment, welches ich in Vorbereitung auf diesen Kongress gemacht habe. Ich habe das Märchen »Smörbukk«, unabhängig voneinander, jeweils einem fünfeinhalb Jahre alten Kind, einem sechseinhalb Jahre alten Kind und einem Achtjährigen erzählt und anschließend die folgenden Fragen beantworten lassen.

Frage:	**Kind: 5.5 Jahre**	**Kind: 6.5 Jahre**	**Kind: 8 Jahre**
Wie findest du, dass Smörbukk »pip, pip« ruft und nicht bleibt, wo er ist?	Bisschen blöd find ich das. - Pause --- Warum ist eigentlich der Vater nicht da?	Komisch, weil er weiß, dass sie was Böses tut.	Eigentlich dumm. - Pause --- Eigentlich schlau. - Pause --- Silberbesteck ist ja viel wert, das möchte er gerne haben. - lacht ---
Wie findest du, dass er die Tochter schlachtet und kocht?	Gut! Weil, das ist richtig! Er war ja schon drei Mal in dem Sack, da kann er die Tochter schlachten. - Pause --- Das soll er nur nicht mit mir machen. - lacht ---	Bisschen komisch. Die Tochter hat ihm doch nichts getan!	Das ist schlau, weil Trolle so schmecken wie Menschen. Weil man ja nicht sieht in der Suppe, ob Mensch oder Troll drin ist. Also, ich weiß ja nicht, wie Menschen schmecken. - Pause --- Tut man ja auch nicht.
Was findest du nicht gut an dem Märchen?	Blöd, dass der hervorguckt und in den Sack kriecht.	Früher fand ich das langweilig, heute nicht.	Eigentlich finde ich alles nur gut!!! Besonders gut finde ich die Stelle, wo die Alten sagen: »Mh, der schmeckt gut, der Smörbukksud.« Und er dann ruft: »Ja, der schmeckt gut, der Trolltochtersud.« Und dann die Alten wieder ... Das ist spannend!
Was sagst du zu dem Schluss des Märchens?	Der ist gut! Weil er lebt! Die Bösen sind tot. Die Netten leben dann noch.	Bisschen doof! Ein Stein kann doch nicht sieben Leute zerschlagen.	Gut ist das! Weil: Märchen gehen ja immer gut aus und ist auch bei diesem so. - Pause --- Wie alle den Schluss haben. - Pause --- Und so soll es sein!

Das Ergebnis belegt augenfällig: Kinder nehmen »schreckliche« Märchen gemäß ihres Entwicklungsstandes auf!

Märchenart ist Kinderart

Und nun noch einige Gedanken zu den Stilmitteln des Märchens. Märchen kommen durch ihre Stilmittel dem kindlichen Denken sehr entgegen und erleichtern dem Kind das Verfolgen des Geschehens.

Nach Max Lüthi[4] sind Märchen:

eindimensional:
Das Märchen schildert ohne Tiefendimension. Diesseitiges und Jenseitiges liegen auf einer Ebene; Übergänge sind problemlos möglich. Im Märchen geht Smörbukk ins Jenseits, in den Sack und das Haus der Alten und kehrt wieder zurück.

flächenhaft:
Märchen berichten ohne Kausalität, es wird nur dargestellt und beschrieben, nicht begründet. Bis zu einem bestimmten Alter brauchen Kinder keine Begründungen. Oftmals sind Begründungen und Erklärungen, wie wir Erwachsene sie geben, unverständlich. Es wird uns nicht gesagt, wozu Smörbukks Mutter backen will. Es wird nicht erwähnt, wozu die Trollalte den Jungen fortschleppt. Nur durch ihr Handeln definieren sich die Märchenfiguren, werden die Märchenfiguren dem Kind verständlich. In seiner *Flächenhaftigkeit* reiht das Märchen Bild an Bild. Die Handlung schreitet durch die Aneinanderreihung der Bilder fort. Junge Kinder nehmen gemäß ihrer Denkstruktur die Welt in Bildern wahr und auf. Im Märchen vom Smörbukk sieht das wie folgt aus: Der Hund bellt, die Mutter schickt Smörbukk raus, der kommt reingelaufen und ruft, die Mutter sagt, er soll sich verstecken, die Alte kommt rein, die Mutter grüßt, die Alte fragt, wo Smörbukk ist und so fort.

abstrakt:
Im Märchen sind Zeit und Ort unbestimmt. Junge Kinder interessiert das Wann und Wo nicht. Wir hören im Märchen nur: »Es war einmal eine Frau« ... und erfahren nicht, wie lange das Geschehen dauert. Das

Märchen reduziert seine Figuren und Handlung auf das Wesentliche. Jede Figur bleibt von Beginn an in der für sie bestimmten Rolle. In unserem Märchen stellen sich die Figuren wie folgt dar: Die Mutter zeigt sich als die sogenannte gute Mutter, die ihr Kind nährt und vor dem Bösen bewahren möchte: Sie backt Brot und rät ihm, sich zu verstecken. Die Trollalte zeigt sich als das Verschlingende, das Böse: Sie schleppt Smörbukk fort, um ihn zu kochen. Smörbukk steht für die Jugend, die noch unerfahren ist, aber schon vieles kann: Zuerst fällt er auf das freundliche Verhalten der Alten herein, dann bezwingt er das Böse. Durch die Reduktion können junge Kinder die Rollen der Figuren einfacher und klarer erkennen.

wiederholend:
Das Märchen lebt von Wiederholungen. Die Wiederholung ist im Märchen das Stilmittel, um Spannung aufzubauen. Auch ordnen Wiederholungen das Märchen und geben dem zuhörenden Kind »Halt«, denn da kommt etwas, das kennt es schon. Kinder wollen Wiederholungen. Kinder *lernen* durch Wiederholungen. Das Kind *lebt* mit Wiederholungen. Es braucht Wiederholungen – siehe das »Von-der-Mauer-Springen«! Kinder wiederholen Handlungen, bis sie das verinnerlicht haben, was sie lernen möchten. Zugleich aber *holen* Kinder auch das damit verbundene Gefühl *wieder* hervor. Das Gefühl *Angst* wird von den Kindern immer wieder aktualisiert. Sie gehen spielerisch damit um, indem sie das Gefühl in unterschiedlichen Spielen in seiner Intensität variieren. Sie spielen »Wer hat Angst vorm schwarzen Mann?«, rennen fort, schreien und lachen. »Es ist so schaurig schön« nennen wir das oder wir sagen »Wonnegrusel« dazu. Den »Wonnegrusel« wiederholen Kinder so oft, bis das Gefühl der Angst seine Bedrohung verloren hat.

In dem Märchen »Smörbukk« werden Wiederholungen »zelebriert«: Die Trollalte kommt drei Mal ins Haus. Sie schleppt den Jungen drei Mal fort. Smörbukk kriecht drei Mal in den Sack und kommt drei Mal wieder nach Hause. Auch nutzen die Figuren die Wiederholungen im Gespräch.

Schlussbemerkung

Kinder haben in der Regel einen sehr guten Zugang zu Volksmärchen, das gilt auch und insbesondere für »schreckliche Märchen«. Denn auch Angst und Schrecken gehören zum Leben. Das Kind findet im Märchen seine Gefühle dargestellt, und zwar auf einer Ebene, die abgehoben ist von dem realen Leben des Kindes. Das Kind kann sein Leben von einer Meta-Ebene aus wahrnehmen und sich so mit seinen Gefühlen auseinandersetzen.

Wie sollten schreckliche Märchen jungen Kindern erzählt oder vorgelesen werden?

Für das junge Kind ist entsprechend seiner Denkstruktur das Wort unmittelbar mit dem Gegenstand verbunden; Wort und Gegenstand sind eins. Die Märchenfiguren sind für das Kind real anwesend: Die Trollalte ist da, wenn ihr Name genannt wird. Mit dunklen Gestalten, wie Hexe, Zauberer, Wolf, ist beim Erzählen Vorsicht geboten. Es bedarf lediglich ihrer Erwähnung und keiner dramatischen Überhöhung. Daher sollten Märchen jungen Kindern *schlicht* erzählt werden.

Der Erzähler sollte keine Absicht mit dem Erzählten verbinden, denn dann beginnt er zu interpretieren. Die Interpretation des Erzählers kann dem Kind bei der Aufnahme des Märchens im Wege stehen; das Kind interpretiert die Handlung für sich entsprechend seiner jeweiligen Gefühlslage, und diese Interpretation muss nicht mit der Interpretation des Erwachsenen übereinstimmen.

Märchen vom Smörbukk-Typ erzähle ich sehr gerne. Ich schätze ihre Klarheit und absolute Konsequenz. Dieser Märchentyp zeigt das Böse in Reinform. Dies erleichtert dem Kind das Erkennen und Einordnen der Figuren und hilft ihm beim Ordnen seiner Gefühle.

Neben der Schlichtheit des Erzählens fühle ich mich der Leichtigkeit des Märchens verpflichtet. Ich kenne keine andere literarische Gattung, die dramatisches Geschehen mit solcher Leichtigkeit und auf den Punkt kommend erzählt, wie es im Märchen üblich ist. Auch ist mir die Freude besonders wichtig: die Freude über das Geschehen im Märchen, die Freude der Zuhörer beim Hören, die Freude über die positive Atmosphäre, meine Freude, wenn ich erzählen kann, unsere gemeinsame Freude über das gemeinsam Erlebte. Wenn es gelingt, ein Erleben mit Lust und Freude zu gestalten, und sei es nur für die Länge eines Märchens, so hat das Volksmärchen mal wieder seine Dienste getan.

Das gilt auch für das »schreckliche Märchen« vom kleinen Johannchen:

»Das kleine Johannchen«

›Mutter‹, ruft das kleine Johannchen, ›ich will noch etwas draußen spielen.‹ ›Nein, mein Junge, das Essen ist gleich fertig.‹ ›Och Mutter, lass mich doch noch ein bißchen nach draußen.‹ ›Nun gut, aber wenn die Glocken läuten, kommst du heim.‹

Das kleine Johannchen springt auf die Straße. Es spielt hier und es spielt da. Und als nach einer kleinen Weile die Kirchenglocken zu Abend läuten, denkt das kleine Johannchen nicht an's Nachhausegehen.

Da kommt die Hexe mit ihrem großen Sack. Sie packt das kleine Johannchen am Kragen und stopft es in den Sack. Dann bindet sie den Sack zu, nimmt ihn über den Rücken und wackelt davon. Unterwegs kommt die Hexe an einem Gasthaus vorbei. Da kriegt sie einen großen Durst. Sie sieht einen Mann, der schneidet seine Dornenhecke. Da sagt sie zu dem Mann: ›Kann ich den Sack mal hier stehen lassen?‹ ›Ja Frau‹, sagt der Mann, ›lass ihn stehen!‹ Die Hexe geht ins Wirtshaus und trinkt einen Krug und trinkt noch einen Krug. Der Mann aber schaut auf den Sack. Er sieht, wie darin etwas zippelt und zappelt. Da öffnet er den Sack und das kleine Johannchen streckt seinen Kopf heraus. ›Ja Junge, was machst du denn in dem Sack?‹ – ›Die Hexe hat mich darein gestopft!‹ ›Dann aber schnell heraus mit dir‹, sagt der Mann. Nun stopfen der Mann und klein Johannchen die Dornen in den Sack. Dann binden sie ihn wieder zu. Das kleine Johannchen versteckt sich hinter der Hecke. Nicht lange, da kommt die Hexe aus dem Wirtshaus, nimmt den Sack über den Rücken und wackelt davon. Unterwegs stechen die Dornen. Da ruft die Hexe: ›Klein Johannchen, was stichst du mich?‹ Johannchen antwortet nicht. Die Dornen aber stechen und stechen. Da ruft die Hexe wieder: ›Klein Johannchen, was stichst du mich?‹ Johannchen antwortet nicht. Nun schaut die Hexe in den Sack. Aber da war kein Johannchen mehr drin, bloß lauter Dornen. Da schüttet die Hexe die Dornen aus, läuft und läuft und knapp vor dem Haus fängt sie das kleine Johannchen wieder ein. Sie stopft es in den Sack, bindet den Sack zu, nimmt ihn über den Rücken und wackelt davon. Unterwegs kommt die Hexe an einem anderen Gasthaus vorbei. Da kriegt sie wieder großen Durst. Sie sieht einen Mann, der schippt Schnee. Sie sagt zu dem Mann: ›Kann ich den

Sack hier stehen lassen?‹ Der Mann sagt: ›Ja, lass ihn stehen!‹ Und die Hexe geht in das Wirtshaus und trinkt einen Krug und trinkt noch einen Krug. Der Mann schaut auf den Sack. Er sieht, wie darin etwas zippelt und zappelt. Da öffnet er den Sack und das kleine Johannchen streckt seinen Kopf heraus. ›Ja Junge‹, sagt der Mann, ›was machst du denn in dem Sack?‹ – ›Die Hexe hat mich in den Sack gestopft.‹ ›Dann aber schnell heraus mit dir‹, sagt der Mann. Nun stopfen der Mann und klein Johannchen den Sack voll Schnee und binden ihn wieder zu. Das kleine Johannchen versteckt sich hinter einem Baum. Nicht lange, so kommt die Hexe aus dem Wirtshaus, nimmt den Sack über den Rücken und wackelt davon. Unterwegs fängt der Schnee an zu schmelzen und die Tropfen laufen der Hexe den Rücken herunter. Da ruft sie: ›Klein Johannchen, was bepinkelst du mich?‹ Johannchen antwortet nicht. Der Schnee schmilzt aber immer mehr. Die Hexe ruft wieder: ›Klein Johannchen, was bepinkelst du mich!‹ Johannchen antwortet nicht. Nun schaut die Hexe in den Sack, aber da war kein Johannchen mehr drin, sondern lauter Schnee. Da schüttet die Hexe den Sack aus und läuft und läuft. Das kleine Johannchen aber sitzt schon bei der Mutter zu Hause, löffelt guten Reisbrei, geht dann zu Bett und schläft und schläft, bis die Sonne ihn weckt.[5]

Anmerkungen

Mein besonderer Dank gilt Antonia, Melisande und Samuel, die mir als Interviewpartner meine Fragen zum Smörbukkmärchen beantwortet haben.

1 Nach Asbjörnsen, Peter Christen/Moe, Jörgen: *Samlede Eventyrene.* Oslo 1995, Bd. 1. Übersetzung: Heinrich Dickerhoff.

2 Vgl. Montessori, Maria: *Schule des Kindes.* Freiburg 1976, S. 69 f.

3 Röhrich, Lutz: *Märchen und Wirklichkeit.* Wiesbaden 1979[4], S. 151.

4 Lüthi, Max: *Das europäische Volksmärchen.* Form und Wesen. Tübingen/Basel 1997, S. 8 f., S. 13 f., S. 25 f.

5 Henßen, Gottfried: *Bergische Märchen und Sagen.* Münster 1961.

Angelika-Benedicta Hirsch

Abenteurer und Helden – unsere Stellvertreter

»Das kleine rothaarige Männchen«

Es war einmal ein Bergmann in der Bleimine in Derbyshire, der hatte drei Söhne und war sehr arm. Eines Tages sagte der älteste Sohn, er wolle gehen und sein Glück suchen. Er packte sein Ränzchen, nahm sich etwas zu essen mit und machte sich auf den Weg. Als er schon lange unterwegs war, kam er an einen Wald. Und da er müde war, setzte er sich auf einen großen Stein am Wegrand nieder und begann das Brot und den Käse zu essen, die er sich mitgenommen hatte. Während er so aß, meinte er eine Stimme zu hören. Er sah sich um und erblickte ein kleines rotes Männchen, das kam aus dem Wald und war ganz vom Haar bedeckt und etwa so groß wie neun Kupferpfennige übereinander. Es kam ganz nahe an den ältesten Sohn heran und bat um etwas zu essen. Aber anstatt ihm Essen zu geben, sagte ihm der älteste Sohn, er solle sich wegscheren. Er stieß mit dem Fuß nach dem Männchen und verletzte es, so dass es humpelnd in den Wald zurückging. Dann setzte der älteste Sohn seinen Weg fort – und nach langer Zeit kam er ebenso arm nach Hause zurück, wie er fortgegangen war.

Nachdem der älteste Sohn zurückgekehrt war, sagte der zweite Sohn, er wolle gehen und sein Glück suchen. Als er zu dem Wald kam, setzte er sich nieder und rastete und aß, und während er aß, kam das rote Männchen heraus und bat um etwas zu essen. Aber der zweite Sohn aß immer weiter, bis er fertig war, und warf dem Männchen die Krümel und Reste hin, die übrig waren. Da sagte das Männchen dem zweiten Sohn, er solle gehen und sein Glück in einer Mine suchen, die er in der Mitte des Waldes finden würde.

So ging der zweite Sohn und suchte nach der Mine, und als er sie gefunden hatte, sagte er zu sich selbst: ›Nun, das ist nur eine alte taube Mine und ich werde meine Zeit nicht damit verschwenden.‹ Er setzte seinen Weg fort – und nach langer Zeit kam er so arm nach Hause zurück, wie er fortgegangen war.

Zu dieser Zeit war nun Jack, der jüngste Sohn, herangewachsen. Und als der zweite Sohn zurückkam, sagte er zum Vater: ›Nun will ich gehen und mein Glück suchen.‹ Als er bereit war, geht er also so von zu Hause fort, wie es seine Brüder getan hatten. Als er zu dem Wald kommt und den Stein am Wegrand sieht, setzt er sich auch darauf nieder, zieht Brot und Käse heraus und beginnt zu essen. Nach wenigen Augenblicken hört er, wie jemand sagt: ›Jack, Jack.‹ Er sieht sich um und erblickt das kleine rothaarige Männchen, das seine Brüder auch schon gesehen hatten. Das Männchen sagt: ›Ich bin hungrig, gib mir von deinem Brot und Käse.‹ ›Das will ich gern tun‹, sagt Jack und lädt es ein. Er schneidet ihm also einen ordentlichen Brocken ab und sagt: ›Du kannst noch mehr haben.‹ Da kommt das Männchen ganz nahe an Jack heran und sagt: ›Ich wollte dich nur versuchen und herausfinden, welcher Art du bist.‹ ›Und nun‹, sagt das Männchen, ›will ich dir helfen, dein Glück zu finden, aber du musst tun, was ich dir sage.‹ Es sagt zu Jack: ›Geh zur alten Mine in der Mitte des Waldes.‹ Jack geht also, und als er zu der Mine kommt, ist das Männchen schon vor ihm dort.

Der Eingang zu der Mine ist in einer alten Hütte, und in der Mitte des Bodens, über dem Eingangsloch, ist eine Winde. Das Männchen befiehlt Jack, in die Förderbütte zu steigen, und fängt an, ihn hinunterzulassen. So geht es mit Jack hinunter, hinunter, hinunter, bis er zuletzt am Grunde ist. Da steigt er aus und sieht, dass er in einem schönen Land ist.

Während er sich noch umschaut, steht das Männchen schon wieder neben ihm und gibt ihm ein Schwert und eine Rüstung und sagt ihm, er solle gehen und eine Prinzessin befreien, die in einem Kupferschloss in diesem Land gefangen ist. Dann wirft das Männchen eine kleine kupferne Kugel auf den Boden, die rollt fort, und Jack folgt ihr, bis sie an ein Schloss kommt, das ganz aus Kupfer ist. Dort saust sie gegen das Tor. Da kommt ein Riese aus dem Schloss heraus, und Jack kämpft mit ihm und tötet ihn. Er befreit die Prinzessin, und sie geht in ihre Heimat zurück.

Als Jack zurückkommt, sagt ihm das Männchen, er müsse jetzt zu einem silbernen Schloss gehen und noch eine Prinzessin befreien. Das Männchen wirft also eine silberne Kugel zu Boden, und Jack folgt ihr, bis sie an ein glänzendes silbernes Schloss kommt. Sie stößt so laut gegen das Tor, dass der Riese, der hier wohnt, herauskommt und schaut, was da los ist. Dann kämpft Jack mit ihm, tötet ihn und befreit die Prinzessin.

Kurz nachdem Jack die Prinzessin in dem Silberschloss befreit hat, sagt nun das Männchen: ›Du musst jetzt versuchen, noch eine Prinzessin zu befreien, die lebt in einem goldenen Schloss.‹ Das Männchen wirft eine goldene Kugel zu Boden. Sie beginnt fortzurollen, und Jack folgt ihr, bis ein prächtiges goldenes Schloss in Sicht kommt, und da rollt sie schneller und schneller, bis sie an das Schlosstor stößt. Das lässt den Riesen, der hier wohnt, herauskommen und nachsehen, was los ist. Jack und der Riese kämpfen, und der Riese hätte Jack beinahe getötet, aber schließlich tötet Jack den Riesen. Er geht danach in das Schloss und findet da eine sehr schöne Dame. Jack verliebt sich in sie und bringt sie zum Männchen. Der verheiratet sie und hilft Jack, damit der aus dem goldenen Schloss so viel Gold herausholen kann, wie er will. Danach hilft er Jack und seiner Frau aus der Mine heraus, und sie gehen in Jacks Heimat.

Jack baut ein schönes Haus für sich und ein zweites für Vater und Mutter. Aber seine beiden Brüder sind voll Neid und gehen fort zu der Mine und wollen sehen, ob sie nicht ebenso gut Gold holen könnten wie Jack. Und als sie in die Hütte kommen, streiten sie darum, wer zuerst hinuntergehen solle. Und wie sie in die Bütte steigen wollen und darum raufen, reißt das Seil, und beide stürzen hinunter auf den Boden der Grube. Als sie nicht zurückkommen, gehen Jack und sein Vater und suchen sie. Und als sie zu der Mine kommen, sehen sie, dass die Wände der Grube nachgegeben haben und den Eingang versperren. Und die Hütte ist zusammengefallen und der Platz ist für immer zugeschüttet.[1]

Sie haben eben ein 0-8-15-Märchen gelesen. Wahrscheinlich kannten Sie genau dieses noch nicht, trotzdem werden Sie spätestens nach dem zweiten Satz relativ genau gewusst haben, wie es ausgehen wird. Ich könnte Ihnen auch eine Interpretation dieses englischen Märchens anbieten, die Sie vielleicht mit persönlichem Gewinn hören würden, die aber, jedenfalls den Märchenkennern unter Ihnen, nicht besonders viele Überraschungen bieten würde. Wir sind es gewohnt, die Märchenhelden als unsere Vorbilder, als Symbole des allgemein Menschlichen zu sehen. So wie die Helden (und Heldinnen) tapfer durch Schwierigkeiten gehen, kann es auch jeder einzelne, kann ich selbst es versuchen. Diese Sichtweise hat sehr viel für sich und sie soll hier in keiner Weise relativiert werden und sie ist unbedingt auch für das eben gehörte Märchen sinnvoll. Ich möchte sie viel mehr um eine interessante Variante ergänzen, der man gelegentlich sogar manchmal den Vortritt lassen könnte: Helden mit ihrem Mut, ihrem guten Herzen und ihrer Fähigkeit, Lösungen für die kompliziertesten Situationen zu finden, zeigen uns nicht nur, wie wir uns in ähnlichen Situationen verhalten könnten, nein, manchmal erledigen sie auch etwas Entscheidendes stellvertretend für uns, während wir zu Hause auf dem Sofa bleiben und sie die Drecksarbeit machen lassen dürfen. Diese Behauptung möchte ich am Beispiel des eben erzählten Märchens genauer erläutern und nehme Sie dabei auf einige Umwege mit. Diese Umwege sollen verdeutlichen, dass es für einen derartigen Interpretationsansatz durchaus schlüssige Gründe gibt.

Märchenstruktur – Ritualstruktur

Es ist schon lange von Religionswissenschaftlern, Anthropologen und Historikern bemerkt worden und auch ich habe in der EMG schon häufiger darüber referiert, dass Märchen und Übergangsrituale ihrer Struktur nach eine große Ähnlichkeit haben. Ich möchte das an dieser Stelle aus Mangel an Zeit nicht ausführlich wiederholen, sondern verweise auf die einschlägige Literatur.[2] Hier nur in aller Kürze dieses: Übergangsrituale sind die tradierten Formen einer Gesellschaft, einen krisenhaften Lebensübergang wie Erwachsenwerden, Heiraten oder Sterben rituell zu begleiten und einzubetten. Diese Rituale dienen – kurz gesagt – dazu, die Unsicherheiten des Übergangs, die Angst vor der neuen Lebensstufe und den Verlust der alten zu bewältigen. In unserer Gesellschaft spielen rituelle Vollzüge nur noch eine marginale Rolle. Die Angst vor Neuem und die Übergangsschwierigkeiten hat der moderne Mensch jedoch genauso. Also sucht er sich notgedrungen seine Hilfen, wo er sie finden kann. Eine dieser Hilfen sind Geschichten – ich ziele hier natürlich besonders auf Märchen ab – die von solchen Übergangssituationen erzählen. Statt am eigenen Leib ein Übergangsritual tatsächlich zu durchleben, gehen die Hörer in ihrer Phantasie mit den Helden durch die schwierigen Situationen, finden mit ihnen die Lösungen und sind am Ende, wie die Helden, wenigstens ein kleines bisschen erlöster. Auf diesem Entwicklungsweg gibt es Muster, die sich ständig wiederholen. Das prägendste ist: Die Helden müssen eine Form des Todes erleiden und werden am Ende wiedergeboren oder erstehen auf. Das Hineingehen in den Tod ist oft – wie es das in den tatsächlich vollzogenen Ritualen auch ist – eine Regression. Der große Religionswissenschaftler Mircea Eliade spricht vom *regressus ad uterum*.[3] Oft ist für diesen Regressus das Bild vom Eindringen in den Schoß von Mutter Erde gewählt oder das eines Meerungeheuers oder eines anderen Tieres, das den Helden verschlingt. Eliade sieht auch das Bild der Hütte im Wald, welches uns im Märchen sehr häufig begegnet, in diesem Zusammenhang. Im tatsächlich vollzogenen Ritual ist es so, dass der Jugendliche zum Kleinkind wird, um als Erwachsener wiedergeboren zu werden, oder er stirbt, um aufzuerstehen. Es gibt auch heute noch, beispielsweise in Afrika, große Rituale, bei denen diese Regression sehr dramatisch und mit heiligem Ernst tage- oder wochenlang nachgespielt wird. Im Märchen wird diese Regression häufig ausgedrückt, indem erzählt wird, wie die Helden in die Unterwelt hinabsteigen, zur Hölle gehen, verschlungen werden und damit wie tot sind oder an entscheidenden Stellen einschlafen oder augenscheinlich sterben. Der Sinn dieser Bilder und Inszenierungen ist: Es wird ernst genommen, dass der Abschied vom Alten tatsächlich wie ein Tod ist. Das darf, soll, kann und muss so durchlebt werden und es ist die Erfahrung, dass das wirklich relevante Wissen für die neue Lebensstufe nur im Jenseits gewonnen werden kann, im Bereich der Religion, der Ahnen, der Götter, des Numinosen – wie auch immer wir es nennen wollen. Dort im Jenseits erfolgen nicht nur Prüfungen, sondern auch die für die neue Lebensstufe notwendigen Belehrungen. Eliade[4] betont, dass die Wiedergeburt als Erwachsener nicht natürlich ist, denn sie ist von *übernatürlichen* Wesen eingesetzt. Sie führt den Menschen in die Kultur ein. Das bedeutet, um es noch einmal deutlich zu sagen, dass die kindliche Weltsicht, die kindliche Lebensweise als die natürliche Seinsweise sterben muss, um das Erwachsensein mit seiner »kultürlichen« Seinsweise zu ermöglichen. Mit jedem Schritt auf eine neue Lebensstufe wird der Mensch also mehr und mehr kultiviert.

In allen Gesellschaften gab es Altersklassenrituale, die verbindlich waren.[5] Mindestens der wichtigste Übergang des Lebens, der ins Erwachsensein, war rituell festgelegt. Die meisten Märchen können als Abbilder dieses Übergangs interpretiert werden, denn sie erzählen genau von der Krise des Erwachsenwerdens. Genauso können wir das eingangs gehörte Märchen verstehen: Ein junger Mann an der Schwelle des Erwachsenwerdens zieht aus, wird geprüft, kämpft mit Riesen, erlöst gefangene Frauen und gewinnt am Ende Liebe und Gold. Die älteren Brüder dienen in uns vertrauter Weise als dunkle Folien, um das richtige Handeln nur noch deutlicher zu machen. Der Held steht für jeden jungen Mann an der Schwelle des Erwachsenwerdens, sogar wir Frauen haben keine Schwierigkeiten, für uns aus diesem Märchen Vorbildhaftes abzuleiten.

Die Übergangsrituale oder Initiationen, deren Struktur sich in der Märchenstruktur spiegelt, sind im Prinzip verbindliche Formen für eine ganze Altersstufe gewesen, jeder machte sie durch. Genau diesen Standpunkt nehmen wir beim Hören eines Märchens meistens spontan ein und setzen uns mit den Helden gleich, gehen mit ihnen durch die Krise, bewältigen sie und werden damit bei jedem Hören ein Quäntchen erwachsener, reifer und »kultürlicher«.

Es hat aber immer auch andere Formen von Ritualen oder Initiationen gegeben, die sich von diesen eben kurz skizzierten unterscheiden. Und damit nähern wir uns dem eigentlichen Thema.

Initiationen aufgrund von besonderen Berufungen

Neben den für alle verbindlichen Initiationen gibt es in jeder Gesellschaft auch Formen von herausgehobenen Berufungen wie die von Priestern, Kriegern oder besonderer Bünde. Dann gibt es noch eine Sonderform dieser besonderen Berufungen, das sind mystische Berufungen, wie es beispielsweise die Schamanenberufungen sind. Wie Sie wahrscheinlich wissen, sucht man sich das »Schamane-Sein« nicht aus, wie man sich aussucht, Tischler oder Chemielehrer zu werden. Entweder das Amt ist erblich oder es erfolgt eine ganz besondere Berufung, die sehr häufig unfreiwillig ist, ja sogar heftige Widerstände bei den Betroffenen auslöst. Das ist überhaupt das Wesen von Berufung: Jemand wird von einer höheren Macht gerufen, um eine sehr spezielle

Aufgabe zu übernehmen, *eine Aufgabe für die Gemeinschaft.* Niemand wird für sich selbst berufen, das wäre absurd, Berufung ist Dienst für andere. Manchmal ist das ehrenvoll, oft ist es qualvoll. Verbunden ist die mystische Berufung in aller Regel mit intensiven religiösen Erfahrungen, ob sie gewollt sind oder nicht, spielt keine Rolle. Diese Erfahrungen trennen die Berufenen von der Gesellschaft[6] und machen sie oft in einer besonderen Weise einsam. Auch diese Helden (die Berufenen) müssen während ihrer Initiation meist in den Schoß der chtonischen Mutter eindringen, allerdings ohne zu regredieren – und dies gilt als besonders gefährlich.[7]

Diese Art von Abstieg in die Unterwelt (*descensus ad inferos*) begegnet uns oft im Orient und Mittelmeerraum.[8] 2007 gab es im Berliner Pergamon-Museum eine Ausstellung mit dem Titel *Zur Hölle.* Im Katalog heißt es dazu: »Lebend in die Unterwelt hinabzusteigen und unversehrt ins Diesseits zurückzukehren, gehört quasi zum Pflichtprogramm einer Reihe antiker Heroen.«[9] Aeneas und Herakles steigen erfolgreich hinab, andere, wie Theseus oder Orpheus, scheitern.

Aeneas steigt, wie auch Odysseus, in die Unterwelt hinab, um sein weiteres Schicksal zu erfahren. Er ist in Begleitung der Cumäischen Sibylle, der berühmtesten antiken Prophetin, und wandert durch die ganze schreckliche Schattenwelt bis ins Elysium. Herakles wird vor seinem Abstieg in die Eleusinischen Mysterien eingeweiht, weil er sonst den Weg gar nicht finden würde, um den Kerberos, den Höllenhund, gefangen zu nehmen.[10] Der Sinn dieser Abenteuer ist: Wem solche Heldentat gelingt, der fürchtet den Tod nicht mehr oder erlangt sogar Unsterblichkeit. Ein damit untrennbar verbundener Sinn ist aber auch: Wissen zu erlangen. Am Beispiel von Aeneas oder auch von Herakles wird nochmal eines deutlich, worauf es mir besonders ankommt: Es geht beim Abstieg wirklicher Heroen nicht um private Erkenntnis (wie beispielsweise Odysseus sie sucht, der will nur sein eigenes Schicksal erkunden) oder um das Überwinden der individuellen Todesfurcht. Aeneas muss seine persönlichen Wünsche dem göttlichen Auftrag unterordnen und er kämpft »nach seiner Katabasis ausschließlich für ein zukünftiges Rom«[11]. Auch Herakles hat sich seinen Abstieg in die Hölle nicht selbst ausgesucht. Er gehört zu den Aufgaben, die ihm der König Eurystheus auferlegt hatte. Er begnügt sich nicht damit, sie zu erfüllen, sondern nutzt die Gelegenheit gleich noch, um in der Unterwelt Gefangene, wie den bei seinem Abstieg gescheiterten Theseus, zu befreien. Wenn wir von diesen berühmten Taten lesen, klingen sie für uns eher nach sinnlosem Kräftemessen, so können am Ende weder Eurystheus noch Herakles mit dem Kerberos etwas anfangen und er wird in den Hades zurückgeschafft. Aber in der Antike wurde Herakles wegen seines unerschöpflichen Mutes und seiner Kraft als Mutmacher und Retter verehrt. Er war *das* Vorbild eines Menschen, der sich die Unsterblichkeit durch eigene unermüdliche Leistung verdient.

Das Urmuster des Schmiedes

In unserem europäisch-vorderasiatischen und patriarchal geprägten Kulturkreis sind es also, wie Sie nach diesen beiden Beispielen vielleicht schon ahnen werden, *nicht* die Schamanen, die Träger einer besonderen mystischen Berufung sind. Was sind sie dann, die Berufenen? Reicht »Heros« allein schon als Berufsbezeichnung aus? Nein. Dies wäre noch zu unspezifisch. Von Heroen, Helden unterschiedlichsten Zuschnitts wimmelt es in den europäischen Mythen, Sagen und Märchen ja nur so. Ich glaube, dass die meisten von ihnen, die »normalen« Helden, wiederum die Abbilder eines Urbildes sind. Alle sind Kämpfer, gewandt im Umgang mit Waffen, wir sehen sie vor unserem inneren Auge wahrscheinlich immer mit Schwert und Rüstung. Und hierin liegt der Anknüpfungspunkt, der uns noch weiter zurückbringt. Bei Aeneas und Herakles sprang das noch nicht so ganz ins Auge. Es geht um die ganz besondere Gruppe derer, die die Wunder-Waffen, derer sich unsere Helden im Allgemeinen bedienen, herstellen: die Schmiede. Der herausragenden Bedeutung dieser Handwerker, ihrer besonderen Rolle als Träger einer spezifischen mystischen Berufung und dem mannigfachen Nachhall dieser Vorstellung in unserem Heldenbild soll jetzt nachgegangen werden. Dieses Urmuster hat nicht nur viele mythische Stoffe geprägt, sondern wir können ihm auch im Märchen auf die Spur kommen.

Mit Schmieden sind nicht nur die Kunstschmiede im engeren Sinne gemeint, sondern alle Metallurgen werden hier mit einbezogen. Diese Schmiede sind als Metallgewinner und -verarbeiter unsere Kulturheroen. Wir können es uns in unserer technischen, aufgeklärten und entmystifizierten Welt kaum mehr vorstellen, welche Bedeutung gerade dieser Beruf jahrtausendelang hatte.

Das kleine rothaarige Männchen, das in dem englischen Märchen vorkam, befindet sich in guter Gesellschaft. Von solchen Männchen wimmelt es in unseren Märchen ja nur so. Die Zwerge bei »Sneewittchen« (KHM 53), das Erdmänneken im gleichnamigen Märchen (KHM 91), das Männchen in »Der starke Hans« (KHM 166), der kleine Alte in »Die Bienenkönigin« (KHM 62), der Zwerg in »Das Wasser des Lebens« (KHM 97), das Rumpelstilzchen im gleichnamigen Märchen (KHM 55) und andere. Es sind alles Erdmänner, die in ihrem Verhalten mehr oder weniger ambivalent sind und mehr oder weniger deutlich mit Metallen zu tun haben.

Solche Gestalten gab es schon in der alten, vorpatriarchalen griechischen Mythologie. Der Schmiedegott Hephaistos, der wie Aphrodite eine nichtindogermanische Gottheit ist[12], ist ursprünglich ein Zwerg. Er wurde als einziger Handwerker in der griechischen Mythologie unter die Götter des Olymp aufgenommen. Die Übernahme der Gestalt des Erdmannes durch die Indogermanen dürfte begünstigt worden sein durch die enorme Bedeutung der Metallgewinnung und -verarbeitung gerade in der Zeit, als die Indogermanen überall in Europa und Asien ihre Herrschaft festigten. Die metallischen Epochen und die oft kriegerischen Indogermanen sind nicht voneinander zu trennen.

Der Klassische Philologe Ulrich von Wilamowitz-Moellendorff ordnet den himmlischen Schmied eindeutig der Erde zu, nicht dem Himmel[13], während die anderen griechischen Götter (wie alle indogermanischen Götter) Himmelsgötter sind. Die Begründung liegt, neben den Zeugnissen des Kultes[14], in der seinem ganzen Charakter nach zwingenden Zugehörigkeit zur Gattung der Zwerge.[15] Besonders die »Erzleute«, die Telchinen, waren verbreitet. Sie galten als »kunstreich und tückisch zugleich«.[16] So einer ist auch Hephaistos.

Alle diese Gestalten sind »aus demselben vorgriechischen Urgrunde hervorgewachsen« und haben »viele Eigenschaften miteinander gemeinsam«.[17] In dem Prozess der Vermischung und Übernahme geschieht auch eine zunehmende Differenzierung und Namensgebung. Anknüpfungspunkt für diesen Prozess war die Tatsache, dass es sowohl bei den vor-indogermanischen Kulturen als auch bei den Indogermanen die Vorstellung von gruppenweise auftretenden niederen Gottheiten gab.[18] Es vermischen sich also verschiedene Weltbilder, das vorpatriarchale mit seiner Verehrung vor allem weiblicher Erdgottheiten und das patriarchale mit seiner Verehrung männlicher Himmelsgötter, in den Geschichten um diese Gestalten der Schmiede-Zwerge miteinander.

Dazu dürfte auch beigetragen habe, dass das erste Eisen, das von Menschen bearbeitet wurde, meteoritisches Eisen ist, also Eisen »himmlischen Ursprungs«. Mircea Eliade verweist auf diese Zusammenhänge.[19] So verbinden sich in der Eisenzeit zwei Ursprungsideen ganz natürlich miteinander, die des himmlischen und die des irdischen Ursprungs, und lassen die neue Mythologie der Eisenzeit entstehen.

Der irdische Ursprung des Eisens wird dabei mit »gynäkomorphologischem« Entstehen assoziiert, »die Gleichsetzung der Höhlen und Bergwerke mit der Matrix der Erdmutter« ist besonders hervorzuheben.[20] Matrix heißt übrigens ebenso »Gebärmutter« oder »Muttertier«, wie es der metallurgische Fachbegriff für den zu bearbeitenden Grundstoff und wohl auch für einen Emailleschmelzofen ist.[21] Metalle waren nicht kalte, leblose und willkürlich abzubauende Rohstoffe, sondern sie wurden als etwas Lebendiges, als etwas Wachsendes angesehen. War eine Ader erschöpft, so ließ man sie ruhen, in der Gewissheit, die Schätze würden nachwachsen. Das Gewinnen von irdischem, das heißt eigentlich unterirdischem, Metall verlangte, dass man den als heilig und gleichzeitig als unheimlich empfundenen Schoß von Mutter Erde öffnete und hinabstieg, um das Metall zu gewinnen. Hier haben wir ihn wieder, den *regressus ad uterum*, allerdings eben nicht die eigene Rückverwandlung in Kindliches, sondern den Abstieg des Erwachsenen in diese mütterliche Urwelt. Das war die Aufgabe der Schmiede und Metallarbeiter. Und diese Aufgabe verschaffte ihnen eine ganz besondere Verbundenheit mit der Erde. Die Erde aber war der Bereich der alten, vorindogermanischen, stark weiblich geprägten Kultur.

Die Metallzeitalter, die wir ja auch so benennen – Bronzezeit, Eisenzeit – sind patriarchale Zeitalter. Metallbeherrschung ist Waffenbeherrschung, auch wir denken bei Metall wahrscheinlich immer noch zuerst an Waffen, erst dann an Pflüge. Das Schmelzen und Bearbeiten der Metalle wird mit einer starken sexuellen Symbolik versehen[22], die auch bei Hephaistos und bei den anderen Schmiede-Erddämonen nicht zu übersehen ist. (Ein Echo dieser sexuellen Aufladung finden wir übrigens in unserem unschuldigen »Sneewittchen«. In vielen Varianten dieses Märchens schläft das Mädchen entweder mit allen Zwergen oder Räubern oder doch wenigstens mit dem Anführer.[23] In der Grimm'schen

Variante probiert Sneewittchen immerhin alle Betten aus und wir denken uns weiter nichts dabei!)

Die Bergleute und Metallurgen greifen in den Rhythmus des Wachstumsprozesses der Erze ein.[24] Das Eisen besitzt einen magisch-religiösen Nimbus. Ebenso aufgeladen ist die Herstellung von Werkzeugen und Waffen.[25] Schmiede und Metallurgen haben deshalb eine ganz besondere Verantwortung, ihre Tätigkeit ist durch eine Vielzahl von Riten und Tabus bestimmt.[26] Eliade stellt in einem seiner bekanntesten Bücher die Schmiede und die Alchemisten nebeneinander beziehungsweise leitet den Alchemisten vom Schmied ab.

Alchemie verbinden viele wahrscheinlich zuerst mit den gierigen oder auch grob gaunerischen Versuchen, Gold herzustellen oder wenigstens so zu tun als ob. Aber das ist nur die Perversion eines im Grunde sehr ernsthaften Anliegens: Es ging um die Verwandlung von niedrigerer Materie in höhere und das ging bei den wirklichen Alchemisten immer mit der eigenen Verwandlung einher. Deshalb stellten sie an sich selbst die höchsten moralischen und asketischen Forderungen und sahen in ihrem Forschen den Anteil am göttlichen Tun. Dies gilt auch für die Schmiede.

Aber Schmiede und Eisen behalten ihren ambivalenten Charakter[27], den sie schon im Empfinden der frühen Indogermanen gehabt haben. Sie sind die Verbindung zwischen der alten, weiblich-dunkelunterirdischen Welt und der neuen, männlich-mächtigen-himmlischen Welt. Ihr Tun und Können ist begehrt, gleichzeitig auch unheimlich. (Ganz folgerichtig verbindet dann die christlich-patriarchale Mythologie Schmied und Teufel miteinander.)

Schmiede sind »Macher«, diejenigen, die die vorgestellten natürlichen Wachstumsprozesse der Metalle beschleunigen.[28] Als diese sind sie eng verbunden mit dem »Machen« – *poiein* (ποιειν) heißt das griechische Verb und wir leiten daraus den Poeten ab – von Versen, Liedern, eng verbunden mit Gesang und Tanz.[29] Auch dies ist ja zauberisches Tun. Noch heute reden wir selbstverständlich vom Zauber der Musik oder der Dichtung, ohne uns der wirklichen Bedeutung dieser Begrifflichkeit bewusst zu sein. »Verse schmiedend« begegnen uns auch die Zwerge der germanischen Überlieferung. Sie sind im Besitz des Skaldenmets, wie aus vielen Kenningar hervorgeht.[30] Von frühester Zeit an gibt es einen Zusammenhang zwischen Schmieden und Dichten und Musikmachen. Dichten und Musizieren sind ebenso göttlichen

Ursprungs wie das Schmieden. Im *Kalevala* geht es fortwährend um Singen und Schmieden, zauberisches Singen und zauberisches Schmieden. Väinemöinen sagt über Illmarinen:

Dieser ist ein Schmied, wenn einer,
Ist ein Meister in den Künsten,
Hat den Himmel schon geschmiedet,
Hat der Lüfte Dach gehämmert,
Nirgends sieht man Hammerspuren,
Nirgends eine Spur der Zange. [31]

Alle die eben genannten Charakteristika sind eng mit den Zwergen verbunden, die in den Märchen begegnen, der chthonische (z. B. KHM 91, 166, 53) und der sexuelle (z. B. KHM 53, 196) Bezug, der Metallzusammenhang (z. B. KHM 53, 196, 182), die Vorliebe für Gesang und Tanz (z. B. KHM 55, 182), der ambivalente Charakter (z. B. KHM 91, 53, 55, 39, 182) und ihre Beziehung zu Frauen (z. B. KHM 53, 196, 55, 13).

Dieses Schöpferische der Schmiede, das uns bei den meist verniedlichten Darstellungen der Zwerge in den Märchen nicht mehr so ins Auge springt, ist das Entscheidende. Es ist das Göttliche. »Schöpfer« ist eines unserer gebräuchlichsten Synonyme für Gott. Und so spielen Schmiede auch schon in alten Mythen – und hier wieder vorzugsweise im Orient und ums Mittelmeer herum – oft eine große Rolle bei der Weltschöpfung, sie schmieden Waffen zum Besiegen des urzeitlichen Ungeheuers, so der kanaanäische Gott Kôshar-wa-Hasis im Lied von Baal, der ägyptische Ptah schmiedet für Horus die Waffe, mit der er Seth besiegt, in Indien schmiedet Tvashtri für Indra die Waffen für den Kampf gegen das Unterweltungeheuer Vrtra, Hephaistos schmiedet für Zeus den Blitz, den dieser gegen Typhon schleudert, und die Zwerge schmieden Thor seinen berühmten Hammer Mjöllnir, mit dem er die Midgardschlange zermalmt.[32]

Der *homo faber*, der machende Mensch, der Arbeiter, der Künstler, der Schmied tut es dem göttlichen Schmied gleich. »Faber est suae quisque fortunae« heißt das Sprichwort, »Jeder ist seines Glückes Macher«, nein »Schmied« sagen wir ganz konkret. Das Schwert wird geschmiedet, der Zauberring, das Glück, Verse werden ebenso geschmiedet wie Knaben zu Männern.

Es liegt auf der Hand, dass die mystische Kunst des Schmiedens mit ihren vielen verschiedenen Ebenen eine besondere Berufung verlangt und besondere Anforderungen an den Auserwählten stellt. Im Herstellen von Werkzeugen, im Machen hat der Macher Anteil an der schöpferischen Kraft der Götter. Der Schmied ist der kulturbringende Heros. Deshalb hat er oft auch als Initiationsmeister die Aufgabe, junge Menschen zu formen und auf das Leben vorzubereiten. Der Schmied ist Mittler – er kann mit dem Himmlischen und dem Chtonischen umgehen und gilt den Menschen als Zauberer. Der Schmied (und Alchemist) versteht es, das Unedle in Edles zu verwandeln, und er tut dies keinesfalls aus Gier oder zur Selbstbestätigung, sondern er erfüllt damit eine besondere Berufung, einen Dienst an der Gemeinschaft. Die Gemeinschaft darf ihn in Anspruch nehmen. Der Schmied erfüllt eine Aufgabe, die alle anderen nicht haben.

Metallurgen im Märchen

In unserem Märchen, zu dem wir jetzt endlich wirklich kommen, dreht sich alles um Metall. Der Vater der Söhne arbeitet in einer Bleimine. Blei ist ein unedles Metall, in der Alchemie aber ist es einer der Ausgangsstoffe für die Verwandlung in das edle Gold, denn es ist ähnlich schwer und weich. Dieses Unfertige, aber Hoffnungsträchtige steht also am Anfang des Märchens, ganz nebenbei und zufällig. Aber wir wissen ja, dass die Prozesse, die ein Märchen in der mündlichen Überlieferung zurechtschleifen, vielleicht unbewusst, aber ganz bestimmt nicht zufällig eine Art von chaotisch sind. Das kulturelle Formempfinden weiß, was passt. Also Blei zu Beginn. Die ältesten beiden Söhne, wie gewohnt als dunkle Folie, wollen aktiv *ihr* Glück suchen. Egoistisch, nur auf sich selbst bedacht. Das zeigt sich ganz schnell. Aber auf diese Art bleiben sie natürlich glücklos. Der Jüngste, der Held, geht erst los, als die Zeit reif ist, »als er bereit war«. Darin steckt etwas Weibliches, eine Qualität, die wir mit Gebären und Hervorbringen assoziieren. Dann im Wald die Begegnung mit dem rothaarigen Männchen, die scheinbar simple Prüfung, die aber doch nicht so banal ist. Es geht nicht um Barmherzigkeit, jedenfalls nicht nur. Der Junge muss wieder etwas typisch Weibliches tun, nämlich nähren. Und er muss das Richtige tun. Auch das ist nicht banal. Es gibt eine ganze Reihe von Märchen, die wir gut mit diesem vergleichen können, so »Dat Erdmänneken« (KHM 91) und »Der starke Hans« (KHM 166). In beiden sind die Helden im Waldhaus und müssen für ihre abwesenden Gefährten Nahrung zubereiten. Also auch hier eine für indogermanische Männer reichlich ungewohnte Tätigkeit. In beiden Märchen kommt ebenfalls ein Männchen und prüft die Helden. In »Dat Erdmänneken« besteht der Held die Prüfung, indem er bereitwillig gibt, in »Der starke Hans« jedoch besteht der Held die Prüfung, indem er das unverschämt werdende Männchen tüchtig verprügelt. Ganz so einfach ist es mit dem richtigen Handeln also nicht. Und im Blick auf verwandte Märchen wird auch die Ambivalenz dieser Erdmännchen deutlich. Zurück zu unserer englischen Variante. Der Jüngste besteht den Test, dann folgen weitere. Er muss sich dem Männchen unterwerfen: »Du musst tun, was ich dir sage.« Dem Märchenstil anverwandelt und typisch knapp könnten wir spätestens hier auch sagen: Die Initiation beginnt. Der Held hat seinen Meister gefunden, nun muss sich zeigen, ob er seiner Berufung wirklich gerecht werden wird. Das Männchen kennt sich in dem unterirdischen, metallischen und weiblichen Bereich bestens aus. Es folgt die klassische Unterweltsfahrt, der *regressus ad uterum*, ganz auf bergmännisch mit einer Förderbütte, »hinunter, hinunter, hinunter, bis er zuletzt am Grunde ist.« Auch hier ein wunderbares Bild: Er muss der Sache auf den Grund gehen, ohne selbst dabei zugrunde zu gehen. In einem Mythos würde unser Held jetzt tatsächlich den Fortgang der Abenteuer im Erddunkel erleben. Das Märchen ist da nicht so genau, andererseits doch stimmig. Denn das Land, in das der Held kommt, ist als Bereich, in dem Frauen zu werben sind, natürlich ein schönes Land. »Im Mutterschoß der Erde erwarten den Helden zwei gegensätzliche Erfahrungen, der Tod in Gestalt des Drachens und das Leben in Gestalt junger, schöner, heiratsfähiger Frauen. Das sind zwei Aspekte, die in der alten Religion Europas mit der einen großen Göttin verbunden waren. In einigen Varianten dieser Märchen ist der Unhold, der die Mädchen bewacht, tatsächlich auch weiblich. In den meisten Varianten sind es aber Drachen und Riesen – also Wesen, die wir als männlich kategorisieren.«[33] Ich bin sicher, dass eine weibliche Unholdin die ursprünglichere Gestalt dieser Geschichten ist. In ihr verbirgt sich die Todesgöttin. Das ist ja der Sinn dieses *regressus ad uterum*: Die Helden begegnen dem Weiblichen in seinem erschreckenden und tödlichen Aspekt, aber eben auch dem jungfräulich, fruchtbaren Weiblichen. Wie aus der Todesgöttin ein Riese wurde, ist ein Thema, das hier beiseite gelassen werden muss. Uns interessiert vor allem das Metall. Und das haben wir hier unten zu Hauf. Max Lüthi schreibt die Vorliebe des Märchens für Metalle dem abstrakten Stil zu[34], ich meine, wir können hier auch mehr darin sehen. Der Held arbeitet sich die Stufenleiter der Metalle hinauf, Kupfer, Silber, Gold. Natürlich ist vor dem Gold die schwerste Probe zu bestehen. Der Prozess der Veredelung geht mit dem Prozess der Befreiung einher. Uneigennützig erlöst der Metallurg die gefangene Fruchtbarkeit, Lebendigkeit, das Wachstum, das Versprechen auf Leben, das in den gefangenen Prinzessinnen steckt, aber bisher gebunden war. Er gibt der Welt wieder Zukunft und Hoffnung. Das tun Schmiede, das tun Alchemisten. Sie befreien die Welt mit ihren Waffen von Ungeheuern, sie veredeln das Unedle, sie machen die Welt besser. Das tun Berufene. Denn ein Vergnügen ist es nicht, auch wenn es mit märchenhafter Leichtigkeit heißt: »und der Riese hätte Jack beinahe getötet, aber schließlich tötet Jack den Riesen.«

Dann verliebt sich Jack in die goldene Prinzessin und das Männchen verheiratet sie. Das ist hübsch erzählt und wir haben es natürlich schon vorher gewusst, dass es so kommen wird. Aber es ist nicht nur der gewohnte Märchenschluss, sondern darin schwingt, wenn wir wollen, mehr mit: Von der sexuellen Symbolik und Aufladung des Schmiedens ist vorhin schon die Rede gewesen. Es ist nicht umsonst, dass in der griechischen Mythologie der Schmiedegott Hephaistos, der Hässliche, der Zwerg, mit der Liebesgöttin Aphrodite zusammen ist. Das Dunkle und das Helle, Erde und Himmel. Deren Vereinigung gibt jeder Vereinigung von Mann und Frau eine kosmische Dimension. Das Sexuelle wird damit eingebunden und geheiligt. In der Alchemie steht das Bild der Hochzeit für Neugeburt, für das Werden eines neuen Menschen.[35] So ein neuer Mensch, ein gänzlich Verwandelter ist Jack geworden, er hat so viel Gold, wie er nur will. Und Gold ist hier ganz sicher nicht einfach nur materieller Reichtum, sondern steht für geglücktes, reines, vollkommenes Leben. Um noch einmal klarzumachen, dass das mit einer üblen, egoistischen Gesinnung nicht zu erreichen ist, erzählt das Märchen zum Schluss, wie die beiden Brüder, von Gier verblendet, im gebräuchlichen Sinn des Wortes zugrunde gehen. Der Schoß der Matrix ist von nun an versperrt. Bis der nächste Berufene kommt, für uns hinabsteigt, mit den Ungeheuern kämpft, das Leben befreit und der Welt eine neue Chance gibt. Unsere Aufgabe in dem Fall ist nur, diesen Dienst anzunehmen.

Anmerkungen

1 *Englische Märchen.* Herausgegeben von Katherine Briggs und Ruth Michaelis-Jena. Reinbek bei Hamburg 1991, S. 94 ff. Erzählfassung: Angelika-Benedicta Hirsch.

2 Propp, Vladimir: *Die historischen Wurzeln des Zaubermärchens.* München/Wien 1987; Eliade, Mircea: *Das Mysterium der Wiedergeburt.* Frankfurt a. M. 1988; Hirsch, Angelika-Benedicta: *Märchen als Quellen für die Religionsgeschichte?.* Berlin 1998; Lüthi, Max: *Märchen.* Stuttgart 1990[8], bes. das Kapitel »Aus der Geschichte der Märchenforschung«, S. 62 ff.

3 Vgl. Eliade (wie Anm. 2), S. 95 ff.

4 Vgl. Eliade (wie Anm. 2), S. 17 f.

5 Vgl. Eliade (wie Anm. 2), S. 24.

6 Vgl. Eliade (wie Anm. 2), S. 24.

7 Vgl. Eliade (wie Anm. 2), S. 113.

8 Vgl. Eliade (wie Anm. 2), S. 114.

9 Keller, Nina: *Zur Hölle.* Eine Reise in die antike Unterwelt. Berlin 2007, S. 147.

10 Vgl. Keller (wie Anm. 9), S. 147 ff.

11 Keller (wie Anm. 9), S. 148.

12 Vgl. Nilsson, Martin: *Geschichte der griechischen Religion.* München 1955/1961, S. 528.

13 Wilamowitz-Moellendorff, Ulrich von: »Hephaistos«. In: *Nachrichten von der königlichen Gesellschaft der Wissenschaften zu Göttingen* (1895), S. 238.

14 Wilamowitz-Moellendorff (wie Anm. 13), S. 228 ff. S. a. Burkert, Walter: »Griechische Religion der archaischen und klassischen Epoche«. In: Schröder, Christel Maria (†)/Antes, Peter/Gladigow, Burkhard/Greschat, Martin/Rüpke, Jörg (Hrsg.): *Die Religionen der Menschheit.* 31 Bde. Stuttgart/Berlin/Köln/Mainz seit 1960, Bd. 15 (1977), S. 420 ff.: Der Kabirenkult, besonders auf Lemnos, ist das Zentrum des Hephaistoskultes. Dort begegnen Schmiedebünde, die Initiationsthematik, und es begegnen Votivfiguren mit dem Pilos, dem typischen Spitzhut.

15 Wilamowitz-Moellendorff (wie Anm. 13), S. 240 f.

16 Wilamowitz-Moellendorff (wie Anm. 13), S. 241 f.

17 Hemberg, Bengt: *Die Kabiren.* Uppsala 1950, S. 300.

18 Hemberg (wie Anm. 17), S. 16 f.

[19] Eliade, Mircea: *Schmiede und Alchemisten*. Stuttgart 1980, S. 22 ff.
[20] Eliade (wie Anm. 19), S. 44.
[21] Eliade (wie Anm. 19), S. 42.
[22] Eliade (wie Anm. 19), S. 64.
[23] Vgl. Hirsch (wie Anm. 2), S. 233 f.
[24] Eliade (wie Anm. 19), S. 46, S. 49.
[25] Eliade (wie Anm. 19), S. 31 f.
[26] Eliade (wie Anm. 19), S. 60 ff; S. 101 ff. zu Initiationsriten.
[27] Eliade (wie Anm. 19), S. 31.
[28] Eliade (wie Anm. 19), S. 51.
[29] Eliade (wie Anm. 19), S. 104 f.
[30] Vries, Jan de: *Altgermanische Religionsgeschichte*. 2 Bde. Berlin 1956, Bd. 1, S. 255.
[31] vgl. *Kalevala*, Übertragung von Anton Schiefner und Martin Buber. Leipzig 1984, 7. Rune, S. 57.
[32] Eliade (wie Anm. 19), S. 103 f.
[33] Hirsch, Angelika-Benedicta: *An den Schwellen des Lebens*. München 2004, S. 86.
[34] Lüthi, Max: *Das europäische Volksmärchen*. Tübingen 1988[8], S. 27.
[35] Wehr, Gerhard: *Heilige Hochzeit*. München 1998, S. 117.

Außenseiter im Märchen

Hans-Jörg Uther

»Ein Blinder sieht weiter als der Sehende mit zwei Augen«

Behinderte in Volkserzählungen

Behinderte Menschen sind in ihren Bewegungsmöglichkeiten oder in ihrer Körperhaltung schwer beeinträchtigte Menschen. Die Ursachen liegen in einer Sehbehinderung oder in einer Körperbehinderung infolge fehlender oder missgebildeter Gliedmaßen. Eine solche Behinderung kann angeboren oder durch Unfall oder Kriegsverletzung hervorgerufen sein; seltener liegt eine Selbstverstümmelung oder eine Körperstrafe vor.

In den verschiedenen Kulturen und unter verschiedenen historischen Bedingungen haben Behinderte unterschiedliche Einschätzungen und Behandlungen erfahren – von extremer Ablehnung bis zu höchster Wertschätzung.[1] Seit alters gehörten Verstümmelungen wie das Abhacken einzelner Glieder zu den grausamen Körperstrafen; in manchen islamischen Ländern sind solche Körperstrafen koranische Strafen. Geahndet werden beziehungsweise wurden unter anderem Treuebruch, schwerer Diebstahl oder Wildfrevel.[2] Bis in die Neuzeit sind bewusst herbeigeführte Schädigungen an Leib und Leben in Gesetzbüchern mit Strafen belegt. Es gibt auch die Vorstellung, dass Verkrüppelungen sichtbare Zeichen einer Gottesstrafe seien[3], was wiederum die Aussetzung und Tötung von Kindern mit angeborenen körperlichen Defekten legitimieren sollte – eine bei fast allen Völkern des Altertums bekannte Praxis. Körperlich Gezeichnete stellten eine Störung der ästhetischen Weltharmonie dar, wobei die äußerliche Devianz vom »Normalen« auch mit seelischer Disharmonie in Verbindung gebracht wurde (z. B. als »Verletzung des Ebenmaßes« körperlicher und geistiger Vollkommenheit: Kalokagathie als Bildungsideal im antiken Griechenland). Deutlich wird: Die soziale und rechtliche Stellung Behinderter war in vielen Kulturen eingeschränkt. Zwar gelangten einige von ihnen als Dichter, Musiker und Sänger zu Berühmtheit[4], die meisten jedoch blieben auf die allgemein geduldete Bettelei angewiesen, verdienten sich als sogenannte Schaukrüppel ihr Leben und waren an Höfen als deformierte Schranzen oder Hofnarren zu sehen.[5] Die Begegnung mit ihnen galt als unheilvoll.[6] Diese Einstellung hat sich in zahlreichen Sprichwörtern niedergeschlagen, wenn es etwa heißt: »Hüte dich vor den Gezeichneten«; »Je krümmer, je schlimmer« (oder »je tümmer«); »Vor Hinkern, Schielern und roten Haaren möge mich der Herr bewahren«.[7] Der körperliche Defekt, so wird suggeriert, weist auf einen inneren Mangel hin. Die Abwehr und Diskriminierung des Anormalen trägt gleichzeitig zu einer Eigenstabilisierung bei. Behinderte Menschen wurden aber auch als Glücksbringer angesehen[8] oder als besonders fähige Liebhaber.[9]

Eine positive Einstellung gegenüber Behinderten ließ sich im Zuge der Ausbreitung der großen Weltreligionen beobachten. Dabei ist an die Wunderheilungen von Behinderten zu erinnern, die beispielsweise mit Christus, Buddha und Mohammed in Verbindung gebracht worden sind.[10] In Armenasylen und Pflegeheimen wurde behinderten Menschen geholfen, im Mittelalter übernahmen die Klöster diese Aufgaben. Doch blieb der größte Teil behinderter Menschen auf Bettelei angewiesen und wurde als Almosenempfänger geduldet. Im Gefolge der sozialen und religiösen Krisen des 13. bis 16. Jahrhunderts kam es in Europa zu einer erheblichen Zunahme verkrüppelter (zum Teil simulierender) Bettler, was zu den größten Problemen der rasch wachsenden Städte gehörte, sich nicht selten als Bettlerverachtung in zeitgenössischen Predigten widerspiegelte und Eingang in Vorschriften für die Armenfürsorge fand.[11] In diesem Umfeld entstanden Erzählungen über Menschen mit Behinderungen, die von negativen Einstellungen geprägt sind und dazu beitrugen, dass solche Stereotypen bis heute nachwirken, wobei nicht alle Behinderungen (wie z. B. Blindheit) gleichermaßen betroffen sind.

Seit dem späten 16. Jahrhundert war parallel dazu aber auch ein Meinungswechsel zu beobachten. Behinderte sah man als Individuen, denen das Recht auf Bildung und Ausbildung zugestanden wurde. Diese Einstellung geht aus zahlreichen neuzeitlichen Biographien Behinderter hervor[12], die sich auf Flugblättern und in der Kuriositätenliteratur, also dem Schrifttum von Historien- und Faktensammlungen des 15. bis 18. Jahrhunderts, erhalten haben. Da ist beispielsweise die Rede von dem armlos geborenen Thomas Schweicker (geb. Halle 1580)[13], dessen

Füße die Tätigkeit der Arme übernommen hätten.[14] Dank solcher Begabungen, einem Ausgleich für die Behinderung, könnten Behinderte ihr Leben meistern und zu Erfolg und Ansehen kommen. So sei etwa der einarmige W. Kingston aus der Nähe von Bristol »durch seinen Fleiß [...] ein wohlhabender Pachter geworden«.[15]

Erst seit dem 20. Jahrhundert tritt neben die private und zum Teil öffentliche Hilfe die volle Unterstützung des Staates, die nicht zuletzt unter dem Eindruck der verheerenden Kriege zustande kam, dass Behinderte angemessen versorgt werden müssten. Trotz solcher legislativer Maßnahmen sind behinderte Menschen aber auch erheblichen sozialen Diskriminierungen ausgesetzt, wenn es um die Einstellungen Nichtbehinderter zu Behinderten geht. Danach haben Nichtbehinderte Angst vor Behinderten, empfinden sie als abstoßend und hässlich und reagieren aggressiv, zumal Informationen über Behinderte und deren Lebensweise nicht genügend verbreitet sind.[16]

Die Darstellung Behinderter in Volkserzählungen lässt die ambivalente Einstellung gegenüber Behinderten deutlich erkennen, reicht doch das Spektrum der Erzählungen thematisch von der Ausgleichung des Mangels (Kompensationsgedanke) und der Sympathie für Behinderte – verkörpert vor allem durch das Figurenpaar Lahmer und Blinder – bis zu negativen, zum Teil in die Antike zurückgehenden Vorstellungen und bis zu beißendem Spott. Wie der erzählende Mensch die Rolle Behinderter bewertet, welche religiösen und weltanschaulichen Vorstellungen damit verbunden sind, möchte ich exemplarisch anhand europäischer Volksüberlieferungen aufzeigen.

Ursachen der Behinderung

In populären Überlieferungen spielen alters- oder geburtsbedingte Behinderungen selten eine Rolle. Allerdings weisen übernatürliche Wesen des Mythos und der Sage oft einen körperlichen Defekt auf,[17] der ihre Boshaftigkeit symbolisieren soll oder ihre Besonderheit anzeigt. Dem körperlichen entspricht einerseits ein psychischer Defekt: Das Verhältnis zwischen Gesunden und Behinderten erscheint insofern negativ. Andererseits sind in Mythologien zahlreicher Völker übernatürliche Wesen wie Kulturheroen häufig einäugig oder hinkend gedacht. Gerade aus diesen körperlichen Defekten, so heißt es, resultierten deren außergewöhnliche Fähigkeiten wie übermenschliche Kräfte oder herausragende Sehschärfe des einen Auges: Man denke nur an Odin, den allwissenden einäugigen germanischen obersten Gott des Göttergeschlechts. In diesem Zusammenhang ist die Figur des mythischen Schmieds ebenso von Interesse: Er ist bei vielen Völkern als Hinkender oder Einäugiger dargestellt, zeichnet sich aber durch vortreffliche Schmiedekunst aus.[18] Seine magische Begabung ist der Ausgleich für den körperlichen Defekt. Max Lüthi folgert: Die Kombination von Behinderung und außergewöhnlicher Fähigkeit resultiere sichtbar aus dem Gebrechen, das im Strukturprinzip des Märchens »Auszeichnung, die Andersartigkeit [als] Zeichen einer höheren Möglichkeit«, signalisiere.[19] Carl Gustav Jung geht noch einen Schritt weiter, wenn er Defekt und Kompensation als direkt voneinander abhängig ansieht und die Behinderung gleichsam als Opfer für Mehrwissen und Mehrkönnen betrachtet.[20]

Die Erscheinung jenseitiger Wesen lässt sich allerdings auch als eine groteske Überzeichnung menschlicher Körpermaße auffassen und hebt den Jenseitigen vom Normalen ab. Exemplarisch zeigen dies die Schilderungen über den einäugigen und kannibalistischen Zyklopen Polyphem[21], die seit Homer in Umlauf sind und sich rudimentär über mehrere Zwischenstufen bis in Märchen unserer Zeit erhalten haben.[22] Hässlichkeitsstereotypen für negativ gezeichnete Handlungsträger finden sich gleichermaßen in anderen Erzählgattungen wie Volksbüchern, Comics, in der Science-Fiction-Literatur, im Kriminalroman, in Horrorgeschichten und in der Kinder- und Jugendliteratur.[23] Sie sind zur Verstärkung von Alterstypologien durchaus gebräuchlich und charakterisieren in besonderem Maße auch solche Kinderschreckfiguren wie die Percht oder weihnachtliche Schreckfiguren wie Knecht Ruprecht, die unartige Kinder in einen Sack stecken und entführen.[24]

Körperliche Deformierungen wie Einbeinigkeit, Einäugigkeit oder Verkrüppelungen einzelner Körperteile gelten ferner als Charakteristika von Wesen aus fremden Kulturen, die über die frühen Weltbeschreibungen, Bestiarien, Naturgeschichten, die landeskundliche Literatur und Reiseberichte vermittelt wurden und die Prodigienliteratur besonders des 16./17. Jahrhunderts beeinflussten.[25] Daraus resultierte die geistige Auseinandersetzung mit dem Fremden und Exotischen, die zu Vorstellungen von abnormen Wesen führte, welche sich in der Phantasie des erzählenden Menschen als Halbwesen, Monstren, Hundsköpfige und andere Fabelwesen niederschlugen.[26]

In europäischen Volkserzählungen manifestiert sich die Visualisierung des Andersartigen in Bildern von gebrestenhaften Jenseitswesen. So sind Riesen und Riesinnen unmäßig dick, ihr Ohrenschmalz und Schmer aus der Nase wiegen viele Zentner, ihre Barthaare viele Fuder.[27] Sie sind breiter als lang, wenigstens zwölf Ellen groß oder so groß wie Zedern und so stark wie Eichen, haben Schwierigkeiten in ihrer Fortbewegung, und die Einschränkung ihrer Sehfähigkeit lässt sie unbesonnen handeln. Hexen besitzen einen Buckel; ihre gekrümmte Gestalt in Verbindung mit Schilderungen über ihr dämonisches Aussehen und ihre Zauberkünste dient der Erzeugung von Angst. Der Teufel hat einen Bocks- oder Pferdefuß, er zieht das Bein nach sich, ist also ein hinkender Teufel (*diable boiteux*).[28] Einbeinige Zwerge gelten als Schadenstifter, die Eindringlinge bis zur magischen Grenze zwischen Diesseits- und Jenseitswelt unbarmherzig verfolgen.[29] Ein neckischer Kobold namens »Einfüßle« soll im Nonnenhaus zu Tübingen gewohnt haben[30]; dem bretonischen Mousteric, einem Zwerg in der Gestalt eines kleinen einfüßigen Männleins, wird nachgesagt, die Begegnung mit ihm bringe Unheil.[31]

Die Ursachen körperlicher Behinderungen werden in populären Überlieferungen primär als Strafe angesehen, die Menschen, insbesondere aber auch Jenseitige, für Normverletzungen verhängen. Inhaltlich lassen sich zwei Themenbereiche unterscheiden, die vor allem in Beispielgeschichten und Sagen begegnen.[32] Eine dauerhafte oder zeitweilige Körperbehinderung (oft auch Blendung) als Strafwunder tritt ein: erstens bei Abweichen von allgemein akzeptierten moralischen und ethischen Normen (Amputation eines Beins wegen ungerechter Behandlung der eigenen Mutter) oder der Übertretung von Rechtsprinzipien (z. B. Kirchenraub[33] oder Kultbildfrevel[34]; Verkrüppelung der meineidigen Hand[35]); zweitens bei der Begegnung von Menschen mit Jenseitigen oder der Beobachtung Jenseitiger, was Buckligkeit oder Lähmung zur Folge hat.[36] Hierbei ist vor allem an die Begegnung mit der sogenannten Wilden Jagd zu denken, wenn jemand unerlaubt dem Treiben des Nachtvolks zusieht.

Anders als bei Verbrechen oder Vergehen, die infolge bestehender Gesetze oder mehrheitlich gebilligter Übereinkunft geahndet werden, ist in solchen Erzählungen eher ein Abschreckungsmoment zu sehen, das die Leser oder Hörer solcher Geschichten zu konformem Verhalten anleiten soll. Das Motiv der magischen Behinderung steht – im Unterschied zum optimistischen Märchen – in engem Zusammenhang mit dem repressiven Charakter von Sagen[37]: Der Mensch ist den jenseitigen

Wesen schutz- und hilflos ausgeliefert, wenn er sich nicht wie erwartet verhält. So bezeugen die Jenseitigen ihre Macht über den Menschen – und ihre Menschenfeindlichkeit.

Während Sagen Untugenden wie Habgier extrem bestrafen und charakterlose Menschen den Tod finden oder in ein anderes soziales Milieu absteigen lassen, eröffnen andere Erzählungsgattungen durch Gegenüberstellung von gutem und richtigem Verhalten mit dem Motiv der missglückenden Nachahmung eine harmonische Lösung. Ein sehr bekanntes Zaubermärchen handelt in seiner Grundform beispielsweise von zwei Handwerkern:

> Sie befinden sich auf ihrer Wanderschaft urplötzlich in der Gesellschaft von Zwergen. Einer der beiden hat einen körperlichen Defekt. Sie folgen der Einladung der Zwergenschar zum Tanz. Trotz großer Furcht lassen sie sich obendrein Bart und Haupthaar scheren, füllen sich gehorsam die Taschen mit Kohlen, wie das Haupt der Zwerge sie anweist, und werden dadurch, ohne es zu wissen, mit Gold begabt. Ihr Haupthaar und ihre Barthaare wachsen wieder. Als der habgierige Goldschmied sich erneut zum kleinen Volk aufmacht, kann er den Erhalt der Gaben nicht wiederholen. Sein Reichtum verwandelt sich in Kohle; er verliert seine Haare und erhält zudem einen zweiten Buckel. Doch weil er sein Handeln bereut, nimmt ihn sein Gefährte aus Barmherzigkeit auf.

Das Märchen, das ich hier verkürzt wiedergebe, ist das in unserem Kulturkreis über die *Kinder- und Hausmärchen* der Brüder Grimm[38] bekannte Märchen von den Geschenken des kleinen Volkes (KHM 182, ATU 503).

Sagen und Heldensagen haben körperliche und andere Schädigungen insbesondere als vorbeugende Maßnahmen[39] thematisiert, die Herrscher – vor allem Tyrannen – zur Sicherung von Besitz und Herrschaft in Auftrag geben und die aus Gründen der Ausschaltung von Konkurrenten erfolgen. Die körperlichen Beeinträchtigungen betrafen vor allem Verwandte.[40] In Sagen begegnet das Motiv der Verkrüppelung auch gelegentlich, wenn es sich zum einen um die Darstellung von Künstlerneid (Verstümmelung des Lehrlings aus Eifersucht[41]), zum andern um die Schilderung der Rache des Betroffenen an seinem Peiniger handelt. Am bekanntesten dürfte in unserem Kulturkreis die vorbeugende Behinderung Wielands in der gleichnamigen germanischen Heldensage sein: Der König Nidung befiehlt auf Anraten seiner Frau die körperliche Schädigung des Schmieds, das Durchtrennen der Fußsehnen, um diesen an der Flucht zu hindern und sich die Künste des derart Behinderten für alle Zeiten zu sichern.[42]

Zu körperlichen Schädigungen durch andere tritt die Selbstschädigung, die bei vielen Völkern aus kultischen und religiösen Gründen bekannt ist, um Versuchungen zu entgehen, etwa Ehelosigkeit durch das Opfer der Zeugungsfähigkeit (unter Berufung auf *Matthäus* 18,8 und 19,2) anzustreben. Märtyrerlegenden enthalten eine Fülle von Nachrichten über Mutilationen zur Bewahrung der Keuschheit, wobei drei Arten der Selbstschädigung unterschieden werden können:
1. die Verstümmelung der Hand[43],
2. das Abschneiden von Nase, Ohren, Zunge oder Brüsten[44],
3. die Selbstschädigung der Augen[45].

Der Kompensationsgedanke

Die schon angesprochene Ambivalenz der Einstellungen gegenüber Behinderten manifestiert sich bei vielen Völkern in der Vorstellung, Behinderte besäßen Eigenschaften und Fähigkeiten, die sie in hohem Maße gegenüber Nichtbehinderten qualifizierten: Der Mangel wird gewissermaßen kompensiert. Dabei ist das nicht der Norm Entsprechende oftmals dem »Vollständigen« überlegen, was etwa der überwiegend literarisch verbreitete Schwank vom »Schatz des Blinden« aus dem Kreis der Erzählungen um betrogene Betrüger anschaulich thematisiert. Erzählt wird – zum Teil mit belehrenden Zügen –, wie ein blinder Mann mit List sein gestohlenes Eigentum wiedererlangt.[46]

Zwar ist die Figur des Blinden nicht unbedingt notwendig, der betrogene Betrüger kann auch nichtbehindert sein. Aber gerade die Figur des Blinden sorgt für eine Erhöhung der Anschaulichkeit: Der Blinde demonstriert durch sein schlaues Verhalten seine Überlegenheit gegenüber dem ungetreuen Aufbewahrer seines Schatzes. Der außerordentliche Scharfsinn soll zudem andeuten, dass »in der intellektuellen und moralischen Ordnung sich das Gleichgewicht der Kräfte vollkommen bewahrheitet.«[47]

In Märchen und Tiermärchen sind es oftmals Tiere mit »kleinen Fehlern«, die unerwartete Leistungen vollbringen. Im Märchen vom Eisenhans (KHM 136, ATU 502: *Mann: Der wilde M.*) unterstützt der Held unerkannt einen König in einem Krieg und trägt entscheidend zum Sieg über die Feinde bei. Ausschlaggebend für die Hilfe ist sein altes, aufgrund seiner drei Beine extrem behindertes Pferd, das trotz der Deformierung alle anderen Tiere an Schnelligkeit übertrifft und nur scheinbar in seiner Fortbewegung eingeschränkt ist. Oder: Ein einbeiniges Gespenst kann sich behänder fortbewegen als ein Zweibeiner, ein einbeiniger »Laufer« vermag alle Konkurrenten zu übertreffen. Diesen Eindruck vermitteln Fassungen mit dem Motiv von Wunderhelfern, wie sie beispielsweise in KHM 71, ATU 513A: *Sechse kommen durch die Welt* (so das *EM*-Stichwort, nach dem ich mich ja hier richte) begegnen.

Erzählungen vom Lahmen und Blinden, die ihre Fähigkeiten miteinander kombinieren und sich gegenseitig helfen, haben eine lange literarische Tradition. Zugrunde liegt dabei der Gedanke, die Gebrechen des Lahmen und Blinden könnten gelindert werden, wenn der Blinde den Lahmen trägt und jener dem Blinden den Weg weist. Bei der allgemeinmenschlichen Gültigkeit des Motivs ist man versucht, an eine Ubiquität der Erzählungen vom Lahmen und Blinden zu denken. Die ältesten Zeugnisse liegen vermutlich in griechischen Epigrammen vor.

Grundsätzlich lassen sich zwei unterschiedliche Entwicklungen ausmachen, von denen nach Ansicht des polnischen Erzählforschers Julian Krzyżanowski die erste eine östliche und die zweite eine westliche Gruppe von Erzählungen bestimmt. In der ersten Gruppe hat die Symbiose zweier Krüppel die Form einer erbaulichen Parabel und in der zweiten die Form eines Apologs, zum Teil allerdings auch mit sozialkritischen Untertönen und der Tendenz zur Defektenkomik. Israel Lévi stellt die Erzählung vom Lahmen und Blinden in den größeren Zusammenhang der Geschichten vom Rangstreit der Organe (AaTh/ATU 293: *Magen und Glieder*). Andererseits hat Albert Wesselski darauf hingewiesen, dass im Sāmkhya-System, der ältesten und bedeutenden indischen philosophischen Lehre, die Erzählung von den beiden Gebrechlichen zum Verständnis der wechselseitigen Abhängigkeit von Materie und Geist oder von Geist und Ego dient: Nur in harmonischer Vereinigung könnten beide Sinnvolles erreichen. Möglicherweise ist die indische Tradition früher als die jüdische anzusetzen. In den zeitlich später liegenden jainistischen Prākrit-Texten ist die Geschichte vom Lahmen und Blinden wiederholt erzählt worden.

Arabische Texte (Aussprüche Mohammeds, Weisheitsliteratur, Apokryphen) knüpfen offenkundig an jüdische Überlieferungen an. Trotz mancher Veränderungen bleibt die Form der Parabel gewahrt, beispielsweise in der »Geschichte von dem Blinden und dem Krüppel« aus *Tausendundeine Nacht*.[48] Hier steht die Erzählung ebenso als Exemplum für das Zusammenwirken von Körper und Seele. Im Unterschied zur Talmud-Version sind die beiden Behinderten nicht als Wächter angestellt. Sie kommen auch nicht selbst auf die Idee, wie sie an die Früchte gelangen können, sondern der Aufseher des Gartens gibt ihnen den entscheidenden Tipp, erinnert aber zugleich an das Gebot des Besitzers, in seinem Garten »nichts zu verderben noch auch etwas zu tun, was ihm schaden könnte«. Die Deutung der arabischen Darstellung ist daher weitläufiger: Der Blinde stellt den Körper vor, der Lahme die Seele. Beide können nicht allein existieren. Der Garten ist das Bild der Welt, der Eigentümer des Gartens Gott. Der Wächter steht für die Vernunft; er warnt vor der unredlichen Tat und gebietet das Gute.

Nach Europa kamen Erzählungen vom Lahmen und Blinden etwa im 11./12. Jahrhundert. Parallel mit der Parabel hat sich in Westeuropa eine zweite Form des Motivs von der gegenseitigen Hilfe zweier Gebrechlicher entwickelt. Illustriert wird am Beispiel der Partnerschaft zweier Krüppel der Grundsatz: »Quod fortuna negat, praestat amicitia.« Die erste ausführliche Bearbeitung ist in den *Gesta Romanorum* (Kapitel 71), der weit verbreiteten spätmittelalterlichen Exempelsammlung, enthalten.

> Als der König zu einem Gastmahl einladen lässt, wo jeder Teilnehmer nach Herzenslust speisen können soll und jedem ein Schatz in Aussicht gestellt wird, wehklagt ein Blinder einem Lahmen, wegen ihrer Gebrechen könnten sie der Einladung nicht folgen. Auf Vorschlag des Lahmen gelangen sie in der bekannten Kombination zum Gastmahl.

In der Auslegung überwiegt das Bild der gegenseitigen Hilfe. Während Bearbeitungen des 16./17. Jahrhunderts den christlichen Bezug herausstellen, betonen Fassungen des 18. Jahrhunderts die oben angesprochene Lehre, die wechselseitige Unterstützung zum Nutzen beider, und folgen damit dem im Zeitalter der Aufklärung vorherrschenden Trend zur Säkularisierung älterer Erzählstoffe. Besonders deutlich wird diese Einstellung bei dem Theologen und Dichtungstheoretiker Johann Jacob Breitinger, der die Erzählung vom Lahmen und Blinden in dem Abschnitt seiner *Critischen Dichtkunst* (1740) zitiert, der von den Eigenarten äsopischer Fabeln handelt. In Versform gefasst, begegnet die

Fabel wenig später in Anlehnung an Breitinger in Christian Fürchtegott Gellerts *Fabeln und Erzählungen* (Leipzig 1746), dem populärsten Fabelbuch des 18. Jahrhunderts, dessen Fabeln oft auch in Schul- und Lesebücher bis ins 20. Jahrhundert übernommen worden sind.

»Der Blinde und der Lahme«

Von ungefähr muß einen Blinden
Ein Lahmer auf der Straße finden,
Und jener hofft schon freudenvoll,
Daß ihn der andre leiten soll.

Dir, spricht der Lahme, beizustehen?
Ich armer Mann kann selbst nicht gehen;
Doch scheint's, daß du zu einer Last
Noch sehr gesunde Schultern hast.

Entschließe dich, mich fortzutragen,
So will ich dir die Stege sagen:
So wird dein starker Fuß mein Bein,
Mein helles Auge deines sein.

Der Lahme hängt, mit seinen Krücken,
Sich auf des Blinden breiten Rücken.
Vereint wirkt also dieses Paar,
Was einzeln keinem möglich war.

Du hast das nicht, was andre haben,
Und andern mangeln deine Gaben;
Aus dieser Unvollkommenheit
Entspringet die Geselligkeit.
Wenn jenem nicht die Gabe fehlte,
Die die Natur für mich erwählte,
So würd' er nur für sich allein
Und nicht für mich bekümmert sein.

Beschwer die Götter nicht mit Klagen!
Der Vorteil, den sie dir versagen
Und jenem schenken, wird gemein:
Wir dürfen nur gesellig sein.

Verkürzt lautet Gellerts Maxime, der Mensch solle nicht zum Egoisten werden und sich auch nicht über etwaige Mängel beklagen: Durch Geselligkeit glichen sich Vor- und Nachteile aus. Im 18. Jahrhundert ist der Stoff zum Teil an eine andere Geschichte als moralische Belehrung angehängt, beispielsweise in des Benediktiners Willibald Kobolt *Schertz und Ernst beysammen* (Augsburg 1747):

> Auf der Wanderschaft überredet ein »närrischer« seinen »gescheiden« Bruder, statt eines engen den bequemeren Weg zu nehmen. Sie geraten einer Räuberschar in die Hände und werden ausgeplündert. Einer wirft dem anderen vor, er sei die Ursache ihres Unglücks. Darauf folgt als lehrreiches Beispiel die Geschichte vom lahmen und blinden Bruder.

Der erste Teil der Erzählung ist ein Derivat der weit verbreiteten Beispielgeschichte vom Weisen und Narren, doch fehlt bei Kobolt die dort angehängte *applicatio moralis*: Interessanterweise ist auch hier vom Verhältnis Leib/Seele die Rede, nur dürfe die Seele dem sündigen Leib nicht nachfolgen, obwohl beide zusammengehörten. Die Kombination zweier ursprünglich getrennt überlieferter Erzählungen veranschaulicht einmal mehr die Verwendungsvielfalt von Motiven und ihre unterschiedlichen Funktionen.

Das nachlassende Interesse an moralisierender Fabeldichtung im 19. Jahrhundert ließ solche Themen wie die gegenseitige Hilfe des Lahmen und Blinden jedoch in Vergessenheit geraten. Lediglich als Bestandteil der meisten slawischen Brünhild-Märchen (ATU 519: *The Strong Woman as Bride*), die vor allem im 19. Jahrhundert aufgezeichnet wurden, blieb das Motiv der wechselseitigen Unterstützung bewahrt.[49]

> Der verstümmelte Helfer geht auf Reisen und verbündet sich mit einem Blinden, der ein guter Läufer und Springer ist. Ihre verbliebenen Begabungen kombinierend, überwältigen sie einen Drachen (oder die Baba Jaga) und zwingen ihn (sie), sie zum Lebenswasser zu führen: Sie werden durch Eintauchen von ihren Defekten befreit; einer der beiden erlöst den Zarensohn aus der Erniedrigung. Die Zarentochter bereut (wird vertrieben).

Darüber hinaus ist die Thematik in verschiedenen außereuropäischen Erzählungen aus rezenter Überlieferung vertreten. In einer jakutischen

Erzählung heißt es von einem Blinden und einem Lahmen, die gemeinsam ihr Leben verbracht haben, sie hätten dadurch ein hohes Alter erreicht.[50] Ein afghanisches Märchen erzählt von der gegenseitigen Hilfe eines Blinden und eines Krüppels, denen es gelungen sei, aus der Wüste herauszukommen.[51] In einem koreanischen Märchen heißt es, die Zusammenarbeit zweier behinderter Menschen habe zur Entdeckung eines Schatzes geführt, den die beiden einem Tempel übereignet hätten. Ihre Behinderung sei dann, gewissermaßen als Gegengabe für ihre Uneigennützigkeit, beseitigt worden.[52]

Behinderung und Heilung

Zu den zentralen Themen von Volkserzählungen und insbesondere Märchen gehören Behinderung und magische Heilung sowie gegenseitige Hilfe. Diese Themen entsprechen der Gesamtstruktur: Aufgabe und Lösung und Beseitigung des Mangels.[53]

In Legenden erfolgt die Beseitigung von Defekten durch eine Wunderheilung.[54] So heilt die heilige Katharina von Alexandrien[55] die mit ihrem Gefolge von Heiden verstümmelten Geistlichen Sabinus, Bischof von Mailand, und Theodorus, Abt von Monte Cassino. Von Geburt an Verkrüppelte verlieren ihre Behinderung durch *miracula post mortem* am Grabe von Heiligen (beispielsweise Elisabeth[56], Franz von Assisi[57]). Innerhalb von Märchen lassen sich drei Grundformen unterscheiden.

1. Ein kranker, blinder König erlangt durch eine rettende Substanz seine Sehkraft wieder. Die Schilderung eines kranken und damit die Herrschaft nur bedingt wahrnehmenden Königs zu Beginn vieler Märchen beschreibt den zu behebenden Mangel. Als Gegenleistung verspricht der Betroffene dem Retter das Königreich. In den meisten neuzeitlichen Fassungen des Erzähltyps KHM 97, ATU 551: *Wasser des Lebens*, weniger im verwandten Erzähltyp KHM 57, ATU 550: *Vogel, Pferd und Königstochter*, ist die Blindheit des Königs als konkretes Bild seiner Hilflosigkeit angeführt. Die Söhne ziehen aus, um das fehlende Heilmittel, gewöhnlich Lebenswasser, Lebenskraut, eine Blume oder eine Frucht, zu beschaffen, was nach dem Bestehen gefährlicher Abenteuer auch gelingt. Blindheit und Heilung als die beiden Pole des Märchens sind somit eine thematische Konkretisierung des nur allgemein beschriebenen Krankheitszustandes

und der Wiederherstellung der Gesundheit. Der Erblindete selbst ist bloßes Objekt von Hilfe, die er als Preis für eine versprochene Gegenleistung erfährt oder ohne eine Begründung wie im vor allem in Osteuropa verbreiteten Märchentyp ATU 321: *Augen der Blinden zurückgebracht.* In keinem Fall übernimmt der Behinderte im Handlungsgeschehen eine aktive Rolle.

2. Der Defekt wird als Belohnung für uneigennützige Hilfe beseitigt. Hierzu zählen in erster Linie zwei bekannte märchenartige Erzählungen: zum einen die Geschichte von der Glocke der Gerechtigkeit (ATU 207C), die auch Tiere bedienen dürfen, wenn sie sich ungerecht behandelt fühlen: In Fassungen des Spätmittelalters und der frühen Neuzeit fällt ein Herrscher ein gerechtes Urteil. Als die Schlange läutet und sich über die Kröte beschwert, die ihr das Nest weggenommen habe, befiehlt der Herrscher die Tötung der Kröte. Als er Jahre später erblindet, kann ihm die Schlange ihren Dank abstatten, indem sie mit einem Stein die Augen des Königs bestreicht, worauf er sein Augenlicht wiedererlangt. Zum andern ist eine Blindenheilung als Belohnung für eine verdienstvolle Tat Bestandteil einiger weniger Fassungen der Märchen vom dankbaren Toten (ATU 507). Der Loskauf eines als großer Schuldner Gestorbenen führt zur unerwarteten Unterstützung des barmherzigen Helfers in schwierigen Situationen. Der Tote gewinnt als Begleiter des Helden eine Braut für diesen durch Loskauf aus der Sklaverei, führt einen Turniersieg herbei, befreit eine Prinzessin aus der Unterwelt oder erreicht ihre Erlösung mittels Zweiteilung durch ein Schwert. Gemeinsam ist allen Erzählungen der Eingang, wie ein Mann unter Einsatz seiner Barschaft einen ihm unbekannten Toten loskauft und begräbt. Dieses Kernmotiv, die Bestattung eines Toten als »gute Tat«, ist alt und hängt wahrscheinlich mit der Vorstellung zusammen, dass der Tote oder seine Seele nur dann ins Totenreich eingehen könne, wenn der Leichnam bestattet beziehungsweise in einem Grab vermodert ist. Der Brauch, den Leichnam eines Verschuldeten nicht zu begraben, lässt sich nach Lutz Röhrich »als eine Art transzendentaler Schuldhaft« erklären. Verschiedene Motive aus dem Komplex *Dankbarer Toter* begegnen bereits im apokryphen Buch *Tobit* (ca. 200 v. Chr.). Die geringe Anzahl der Blindenheilungen im Zyklus vom dankbaren Toten liefert die Bestätigung dafür, dass es bei späteren märchenhaften Erzählungen dieser Art um die Verdeutlichung all-

gemeinmenschlicher und nachahmenswerter Verhaltensweisen geht und die Blindenheilung nur eine von mehreren Möglichkeiten der Dankbarkeit sein kann.

Der zweiten Grundform lassen sich noch jene Märchen zuordnen, in denen der körperliche Defekt eingangs nicht vorhanden ist, sondern im Handlungsgeschehen als Selbstschädigung erfolgt, um anderen Hilfe zu gewähren oder sich selbst zu helfen. Die Behinderung ist zeitlich begrenzt, wird wieder aufgehoben und gereicht den betreffenden Personen zum Vorteil.

So muss der Held in bestimmten Fassungen von ATU 301: *Prinzessinnen: Die drei geraubten P.* ein Stück seines Körpers opfern, um damit den Vogel Greif oder ein anderes Fabelwesen zu füttern – Bedingung für den Flug auf dem Vogel von der Unter- in die Oberwelt. Die meisten Versionen von ATU 451: *Mädchen sucht seine Brüder* enthalten wie KHM 25: »Die sieben Raben« das Motiv vom Glasberg, den die Schwester aufschließen muss, um ihre Brüder erlösen zu können. Weil sie aber das Geschenk des Morgensterns, ein Hinkelbeinchen, verloren hat, nimmt sie als Ersatz für den fehlenden Schlüssel »ein Messer, schnitt sich ein kleines Fingerchen ab, steckte es in das Tor und schloß glücklich auf«.

Märchen tolerieren die Eigenschädigungen zu höheren Zwecken. Der sublimierende Stil des Märchens bringt es mit sich, dass eine solche Mutilation zwar erwähnt wird, aber nirgendwo von den bei der Verstümmelung entstehenden Schmerzen oder vom seelischen Zustand der Handlungsträger die Rede ist. Im Übrigen trifft diese Feststellung bedingt auch auf illustrative Gestaltungen zu, die so gut wie gar nicht die Behinderungen oder Abweichungen vom »Normalen« darstellen.

3. Die Behinderung wird durch einen kriminellen Akt verursacht. Held oder Heldin besorgen sich ein Heilmittel oder erhalten Ratschläge zur Heilung. Dieser dritten Grundform kommt die größte Bedeutung zu, weil hier der Erblindete beziehungsweise Verstümmelte im Zentrum steht. Die Schädigung durch andere, die aus Habgier, Neid oder Eifersucht handeln, macht ihn zunächst wehrlos und bremst seine Aktivitäten. So gehört die gewaltsame Augenverletzung neben der Befreiung einer Königstochter zu den konstitutiven Elementen des Erzähltyps von der treulosen Mutter (KHM 121, ATU 590), die ihren Sohn, der ihrer geplanten Heirat

im Wege steht, auf diese Weise wehrlos machen will. Doch erhält der unschuldig Geblendete Hilfe und kann Rache an seiner Mutter und deren Geliebtem nehmen. Eher versöhnlich enden Fassungen des Erzähltyps KHM 107, ATU 613: *Wanderer: Die beiden W.*, wenn der boshafte Gefährte für das Ausstechen der Augen seines Gefährten aus Habgier von diesem aus Barmherzigkeit versorgt wird, nachdem er als Folge der ruchlosen Tat in völlige Armut geraten ist, der blinde Gefährte aber mit Hilfe weisender Tiere das Augenlicht durch Bestreichung mit Wasser (Tau) zurückerhalten hat und zu Reichtum gekommen ist.

Eine aus Habgier motivierte Blendung oder Verstümmelung der Heldin bestimmt auch das Geschehen im Zyklus der Märchen von der unterschobenen Braut, speziell im Märchen KHM 89, ATU 533: *Pferdekopf: Der sprechende P.* Bei slawischen, süd- und westromanischen Völkern sowie in Ungarn, Kleinasien und Griechenland wird die Heldin von der Dienerin nicht nur zum Rollentausch gezwungen, sondern obendrein geblendet oder verstümmelt, erhält aber Hilfe von Jenseitswesen oder von Tieren, welche die ausgestochenen Augen (fehlenden Körperteile) herbeischaffen; in einigen Varianten kann die »richtige Braut« die Augen von der falschen Braut zurückkaufen. Eine solche Schädigung einer unschuldig verfolgten Frau gehört ferner zu den konstitutiven Motiven des Erzähltyps KHM 31, ATU 706: *Mädchen ohne Hände*: Bevor am Ende die Mutilation, welche die Notlage der Heldin ausdrucksvoll symbolisiert, auf wunderbare Weise behoben wird, muss sie nach dem Abhacken der Hände verschiedene Stufen der Erniedrigung durchlaufen.

Behindertenkomik

In schwankhaften Erzählungen dominiert die nicht selten mit Diskriminierung einhergehende Behindertenkomik. Behinderte werden zum manchmal bis ans Frivole reichenden Vergnügen der Zuschauer, Leser oder Zuhörer der Lächerlichkeit und dem Spott preisgegeben.

Behindertenkomik begegnet schon in der klassischen griechisch-römischen Komödie und im antiken Spottepigramm.[58] Die *vitia corporis* wirken allein durch die »Verletzung des Ebenmaßes« (Kontrasttheorie) und spielen daher in einer auf Komik basierenden Handlung eine bedeutende Rolle, was bereits Aristoteles in seiner *Poetik* herausgestellt hatte: Danach ist das Lächerliche ein Teil des Hässlichen und das Hässliche wiederum ein Gegenbild zum Erhabenen. Körperliche Defekte erzeugen Lachen.[59] Diese Funktion veranschaulichten zum Beispiel drastisch die buckligen Stocknarren mit großen, unförmigen Köpfen in den mimischen Zwischenauftritten der klassischen Komödie. In geistlichen Spielen und Fastnachtspielen des 16. Jahrhunderts ist die Gebrestenkomik durch aufgedunsene Bäuche, lange Nasen und/oder durch den Einsatz körperbehinderter Menschen dargestellt. Im Spätmittelalter und in der frühen Neuzeit sind der Bucklige und der Blinde mit seinem Führer beliebte und typische Schwankfiguren. Der taube Alte, die schwerhörige Großmutter oder der stotternde Bote gehören seit jeher zu den Requisiten zahlreicher Lustspiele (Volksschauspiele, Commedia dell'Arte). Die aus den Defekten resultierenden (Sprach-) Missverständnisse können nicht nur einen fehlenden Einfall ersetzen, sondern tragen zur Belebung der Handlung bei. Zu der funktionalen Betrachtung kommt ein weiterer Aspekt hinzu, der für alle jene Genres zutrifft, die irgendwie bei Lesern oder Zuhörern oder Zuschauern Lachen erzeugen wollen. Belacht wird das von der Norm abweichende (deviante) Verhalten. Die Komik wird erzielt auf Kosten einer Minderheit, die als Ventil für Aggressionen herhalten muss, während die sozialen und moralischen Wertvorstellungen der Mehrheit dominieren. Schadenfreude und Spott ersetzen Mitgefühl und nicht selten geht der Spott in Diskriminierung über.

Aus dem großen Spektrum derartiger »lustiger« Geschichten, die sowohl Geschehnisse von Behinderten untereinander karikieren als auch Handlungen zwischen Behinderten und Nichtbehinderten, seien exemplarisch einige angeführt.[60]

Witze, aber auch Sagen und bildliche Darstellungen suggerieren die Vererbbarkeit von körperlichen Gebrechen, eine weithin verbreitete Vorstellung.[61] Auf einem Bilderbogen aus der Mitte des 19. Jahrhunderts ist beispielsweise eine Hebamme zu sehen, die dem frischgebackenen Vater den neugeborenen Sohn präsentiert, der alle körperlichen Gebrechen der Eltern (Holzbein, Einarmigkeit, Gurkennase) aufweist.[62] Flugblätter des 19. Jahrhunderts zeigen, wie ein Ehemann seine Frau beim Ehebruch mit dem Pfarrer, der ein Holzbein hat, ertappt: Sie bringt ein Kind mit einem Holzbein zur Welt.[63]

In der Funktion der Durchbrechung von Tabus nehmen sich Witze über Behinderte, so absurd sie auch sein mögen, gar nicht mehr »komisch« oder »lustig« aus:

> Ein Mann ist Vater geworden. Der Arzt erzählt ihm, es sei nicht alles wunschgemäß verlaufen. Der Vater will sein Kind sehen, der Arzt führt ihn durch mehrere Stationen, in denen Kinder mit körperlichen Defekten liegen. Die Anzahl der Gebrechen wächst von Station zu Station. Schließlich erreichen beide das letzte Bett, in dem nur ein Auge liegt. Der Arzt: ›Das ist ihr Kind.‹ Der Vater gibt sich einen Ruck, beugt sich über das Bettchen, winkt und ruft: ›Trallalala.‹ – ›Das ist sinnlos‹, sagt der Arzt, ›ihr Kind ist blind.‹

Anton C. Zijderveld führt dieses Witzbeispiel an und verweist auf die Durchbrechung mehrerer Tabus des soziokulturellen Gefüges, die dieser Witz verletze.[64] Die Angst des Vaters beziehungsweise der Eltern vor dem Aussehen des Neugeborenen ist ebenso deutlich erkennbar wie die Ablehnung jedes mit körperlichen Defekten behafteten Wesens. Es ist davon auszugehen, dass derartige irreale Behindertenwitze noch weiter verbreitet sind, als sich aus den Veröffentlichungen ergibt, die den Kontrollmechanismen der Medien unterliegen.[65]

Verkrüppelte Handlungsträger begegnen in grotesken Situationen: etwa als Zeugen vor Gericht, wobei sie eine Kette von Missverständnissen auslösen (ATU 1698: *Deaf Persons and Their Foolish Answers*), bei einer panischen Flucht, auf der der einbeinige Pfarrer den zweibeinigen Küster noch überholt und durch den Schreck fortan geheilt ist (ATU 1791: *Küster trägt den Pfarrer*), oder als mutige und tapfere Soldaten[66], die ihr Ersatzbein im Koffer gleich mitgebracht haben.[67] Lügengeschichten thematisieren die Abenteuer dreier Behinderter, die sich gemeinsam auf die Jagd begeben: Der Blinde schießt mit dem Gewehr auf einen Hasen, der Lahme fängt ihn und der Nackte steckt ihn in die Tasche (KHM 138, ATU 1965: *Gesellen: Die drei schadhaften G.*). Solche seit der Antike beliebten Adynata tauchen besonders reichhaltig seit dem Spätmittelalter in der Volksliteratur auf.[68]

Nicht immer ist der Behinderte beißendem Spott ausgesetzt, er weiß sich auch durch Schlagfertigkeit zur Wehr zu setzen. Doch scheinen in den dazugehörigen Erzählungen aus dem Umfeld der *Clever Verbal*

Retorts[69] die Handlungsträger austauschbar. In bestimmten Fassungen zu ATU 1620*: *The Conversation of Two Handicapped Persons* siegt von zwei Behinderten der Redegewandtere[70]:

> Riesenkrach zwischen einem Blinden und einem Einbeinigen. Der Einbeinige wutschnaubend: ›Ich trete dich gleich in den Hintern!‹ Darauf der Blinde: ›Das möcht' ich wirklich sehen!‹

Eine im weitesten Sinn zu verstehende Andersartigkeit bildet das Grundmuster für diese und andere Witze, die auf der Doppelbedeutung von Wörtern beruhen, die derartige Wortwitze ermöglicht.[71] Die wohl bekannteste und ebenso auf Schlagfertigkeit basierende Antwort findet sich bereits als Aphorismus im *Sudelbuch E* (1775/76) von Georg Christoph Lichtenberg und taucht bis heute immer wieder in den populären Medien, auch als Cartoon, auf:

> ›Wie geht's‹, sagte ein blinder zu einem lahmen. ›Wie Sie sehen‹, antwortete der lahme.[72]

Zusammenfassung

Die Darstellung Behinderter in der Erzählüberlieferung orientiert sich an der jeweiligen Erzählungsgattung und unterliegt bestimmten Gesetzmäßigkeiten. Dabei sind Legende, Mirakel und Exempel durch religiöse Grundideen bestimmt, was sich in Einstellungen zu Behinderten (Pflicht zur Barmherzigkeit, Almosen) niederschlägt. Die Heilungen Behinderter durch Heilige erweisen die Macht Gottes und seiner irdischen Vertreter über Mensch und Materie, es handelt sich um sogenannte Bestätigungswunder. Das Erdulden von Martern und von damit verbundenen Verstümmelungen, die freiwillige Mutilation zu höheren Zwecken werden im Dienste der Idee gerechtfertigt.

Sagen hingegen wollen primär Normen bestätigen. Hier dient die Verkrüppelung als Strafwunder der sozialen Kontrolle. Wenn in Märchen Behinderte barmherzig handeln, können magische Helfer sie von ihren Defekten befreien. Wie in Legenden werden Selbstschädigungen aufgehoben, wenn die Mutilation aus ethischen Gründen erfolgt war. Nicht selten erwartet die Behinderten am Ende ein sozialer Aufstieg.

In schwankhaften Erzählungen dominiert die häufig mit Diskriminierung einhergehende Behindertenkomik. Die Figuren agieren in grotesken Situationen, ihre Defekte erscheinen verzerrt und werden oftmals ad absurdum geführt. Nichtbehinderte in der Rolle von Behinderten verschaffen sich Vorteile. Solche Erzählungen sind Indikatoren für Negativstereotypen und spiegeln häufig zeitbedingte und kulturelle Erscheinungen wider. Doch sind in populären Erzählungen der Neuzeit negative Rollen Behinderter weitgehend verschwunden. In Sagen und Märchen kommen eher Mitleid mit Behinderten und Respekt vor ihnen zum Ausdruck. Doch darf diese Bewertung nicht darüber hinwegtäuschen, dass daneben die Defektenkomik, insbesondere der aggressive Witz, virulent ist.

Anmerkungen

1 Zum Folgenden vergleiche besonders Uther, Hans-Jörg: *Behinderte in populären Erzählungen*. Berlin/New York 1981, bes. S. 1-9; Zimmermann, Rosemarie: *Behinderte in der Kinder- und Jugendliteratur*. Berlin 1982; Azaroff, P.: *Health, Illness and Disability*. New York/London 1983; *Der Körperbehinderte in Mythologie und Kunst*. Herausgegeben von Karl-Friedrich Schlegel. Stuttgart/New York 1983; Feucht, Rainer G.: *Krüppel, Behinderte und »Beschädigte« in Medizin, Geschichte, Literatur und Kunst*. Mit einem Essay »Behinderung« von Prof. Dr. Richard Kraemer. Allmendingen 1985 (Bibliographie); Marshall, M. R.: *Handicapped Children and Books*. London 1986; Baumeister, Pilar: *Die literarische Gestalt des Blinden im 19. und 20. Jahrhundert*. Klischees, Vorurteile und realistische Darstellungen des Blindenschicksals. Frankfurt a. M. u. a. 1991; Reidarson, Nina: *Books for Disabled Young People*. An Annotated Bibliography. Hosle 1991; Robertson, Debra E. J.: *Portraying Persons with Disabilities*. New Providence, N. J. 1992 (Bibliographie); Mürner, Christian (Hrsg.): *Das bucklige Männlein*. Behinderte Menschen im Märchen zwischen Verherrlichung und Verniedlichung. Luzern 1997; Uther, Hans-Jörg: »Disability«. In: Haase, Donald (Hrsg.): *The Greenwood Encyclopedia of Folktales and Fairy Tales*. 3 Bde. Westport/London 2007, hier Bd. 1, S. 268-271.

2 Überblick bei Quanter, Rudolf: *Die Leibes- und Lebensstrafen bei allen Völkern und zu allen Zeiten*. Leipzig 1906[2] (Nachdr. Aalen 1970).

3 Lurker, Manfred: *Wörterbuch biblischer Bilder und Symbole*. München 1978[2], S. 145 f.

4 Aufstellung bei Würtz, Hans: *Zerbrecht die Krücken*. Leipzig 1932, S. 76-348.

5 Würtz (wie Anm. 4), S. 38-46, S. 95-97.

6 Stemplinger, Eduard: *Antiker Aberglaube in modernen Ausstrahlungen*. Leipzig 1922, S. 45; Schadewaldt, Hans: »Die Einstellung der Gesellschaft zum Behinderten im Laufe der Geschichte«. In: *Der behinderte Mensch und die Eugenik*. Neuburgweier 1970, S. 29-43.

7 Würtz (wie Anm. 4), S. 357-392; Röhrich, Lutz: *Das große Lexikon der sprichwörtlichen Redensarten*. 3 Bde. Freiburg (Breisgau) u. a. 1991-92, hier Bd. 2, S. 719.

8 *HDA 2* (1930, Nachdr. 2000), Sp. 1148; Büchli, Arnold: *Mythologische Landeskunde von Graubünden*. Bd. 3. Herausgegeben von Ursula Brunold-Bigler. Disentis 1990, S. 673.

9 Paris, Gaston: »Die undankbare Gattin«. In: *Zeitschrift für Volkskunde 13* (1903), S. 1-24, S. 129-150, S. 399-412; vgl. auch *EM 2* (1979), Sp. 1081.

10 Motivkatalog bei Holden, Lynn: *Forms of Deformity*. Sheffield 1991; Gramlich, Richard: *Die Wunder der Freunde Gottes*. Theologien und Erscheinungsformen des islamischen Heiligenwunders. Wiesbaden 1987, bes. S. 307-315.

11 Moser-Rath, Elfriede: *Dem Kirchenvolk die Leviten gelesen*. Stuttgart 1991, S. 94, S. 97.

12 Vgl. Uther 1981 (wie Anm. 1), S. 11 f., S. 42 f.

13 Ulbrich, Martin: *Thomas Schweicker, der Krüppel von Schwäbisch-Hall*. Eisleben 1909.

14 Holländer, Eugen: *Wunder, Wundergeburt und Wundergestalt in Einblattdrucken des 15. bis 18. Jahrhunderts*. Stuttgart 1921, S. 116 f.; vgl. Schenda, Rudolf (unter Mitarbeit von Hans ten Doornkaat): *Sagenerzähler und Sagensammler der Schweiz*. Bern/Stuttgart 1988, S. 15.

15 *Museum des Wundervollen oder Magazin des Außerordentlichen in der Natur, Kunst und im Menschenleben*. Bd. 10,5. Bearbeitet von einer Gesellschaft Gelehrter und herausgegeben von J[ohann] A[dam] Bergk und F[riedrich] G[otthelf] Baumgärtner. Leipzig 1811, S. 378, num. 8.

16 Monbeck, Michael E.: *The Meaning of Blindness*. Attitudes Toward Blindness and Blind People. Bloomington/London 1973 (und öfter).

[17] Birkhahn, Helmut: *Keltische Erzählungen vom Kaiser Arthur*. Bd. 1-2. Essen 1989, hier Bd. 1, Nr. 12 (einbeiniger Waldgeist); Werner, Alice: *Myths and Legends of the Bantu*. London 1933 (Nachdruck 1968), S. 175, S. 178; Schmidt, Sigrid: *Katalog der Khoisan-Volkserzählungen des südlichen Afrikas*. Bd. 1-2. Hamburg 1989, Nr. 5 (Einbeinige verursachen Mondfinsternis); Lewinsky-Sträuli, Marianne: *Japanische Dämonen und Gespenster*. München 1990, S. 42 f.

[18] Beck, Heinrich: »Der kunstfertige Schmied [...]«. In: *Medieval Iconography and Narrative*. Herausgegeben von Flemming G. Andersen u. a. Odense 1980, S. 15-37.

[19] Lüthi, Max: »Gebrechliche und Behinderte im Volksmärchen« [1966]. In: Lüthi, Max: *Volksliteratur und Hochliteratur*. Bern/München 1970, S. 48-62; Uther 1981 (wie Anm. 1).

[20] Jung, Carl Gustav: *Gestalten des Unbewußten*. Mit einem Beitrag von Aniela Jaffé. Zürich 1950, S. 32.

[21] Conrad, Jo Ann: »Polyphemus and Tepegöz Revisited. A Comparison of the Tales of the Blinding of the One-eyed Ogre in Western and Turkish Traditions«. In: *Fabula 40* (1999), S. 278-297.

[22] Siehe das ausgeschiedene Grimm-Märchen KHM 191: »Der Räuber und seine Söhne« (1843, 1850); vergleiche Uther, Hans-Jörg.: *Handbuch zu den »Kinder- und Hausmärchen« der Brüder Grimm*. Entstehung, Wirkung, Interpretation. Berlin/New York 2008, S. 482-484.

[23] *EM 6* (1990), Sp. 1049.

[24] Rumpf, Marianne: »Butzenbercht und Kinderfresser«. In: *Beiträge zur deutschen Volks- und Altertumskunde 19* (1980), S. 57-76.

[25] Beispielsweise Schott, Caspar: *Physica curiosa, sive mirabilia naturae et artis libris XII*. Würzburg 1662.

[26] Wittkower, Rudolf: »Marvels of the East«. In: *Journal of the Warburg and Courtauld Institutes 5* (1942), S. 159-197; Kappler, Claude: *Monstres, démons et merveilles à la fin du Moyen Âge*. Paris 1980; vergleiche auch Robinson, Margaret W.: *Fictitious Beasts*. A Bibliography. London 1961.

[27] Beispiele nach Uther, Hans-Jörg: *Deutsche Märchen und Sagen*. CD-ROM Berlin 2003 (Digitale Bibliothek 80); Uther, Hans-Jörg: *Europäische Märchen und Sagen*. CD-ROM Berlin 2004 (Digitale Bibliothek 110); Uther, Hans-Jörg: *Merkwürdige Literatur*. CD-ROM Berlin 2005 (Digitale Bibliothek 111); Uther, Hans-Jörg: *Märchen der Welt*. CD-ROM Berlin 2006 (Digitale Bibliothek 157).

[28] Sas, Stephan: *Der Hinkende als Symbol*. Zürich 1964.

[29] Haas, Alfred: *Rügensche Sagen und Märchen*. Greifswald 1891, Nr. 79; vgl. auch Bartsch, Karl: *Sagen, Märchen und Gebräuche aus Meklenburg*. Bd. 1. Wien 1879, Nr. 60, Nr. 90; Müllenhoff, Karl: *Sagen, Märchen und Lieder der Herzogtümer Schleswig, Holstein und Lauenburg*. Herausgegeben von Otto Mensing. Schleswig 1921 (Nachdr. Kiel 1975), Nr. 457.

[30] Birlinger, Anton/Buck, Michel R.: *Sagen, Märchen und Aberglauben*. Freiburg (Breisgau) 1861, Nr. 65.

[31] *Revue des traditions populaires 5* (1895), S. 103.

[32] Vgl. auch Uther 1981 (wie Anm. 1), S. 17-40; vgl. auch Elle, Katharina: »Fremde Wesen. Menschen mit Behinderung in den Oberlausitzer Volkssagen«. In: Hose, Susanne (Hrsg.): *Minderheiten und Mehrheiten in der Erzählkultur*. Bautzen 2008, S. 229-243.

[33] Hebenstreit-Wilfert, Hildegard: *Wunder und Legende*. Studien zu Leben und Werk von Laurentius Surius (1522-1578), insbesondere zu einer Sammlung ›De probatis Sanctorum historiis‹. Diss. Tübingen 1975, S. 147.

[34] Kretzenbacher, Leopold: *Das verletzte Kultbild*. München 1977, hier S. 86-105.

[35] Beispielsweise Pauli, Johannes: *Schimpf und Ernst*. Bd. 1-2. Herausgegeben von Johannes Bolte. Berlin 1924 (Nachdruck Hildesheim/New York 1973), Nr. 483-488.

[36] Uther 1981 (wie Anm. 1), S. 24 f.

[37] Röhrich, Lutz: »Tabus in Bräuchen, Sagen und Märchen«. In: Röhrich, Lutz: *Sage und Märchen*. Freiburg/Basel/Wien 1976, S. 125-142.

[38] Im Folgenden zitiert nach Brüder Grimm: *Kinder- und Hausmärchen*. Nach der Großen Ausgabe von 1857, textkritisch revidiert, kommentiert und durch Register erschlossen. Herausgegeben von Hans-Jörg Uther. 4 Bde. München 1996. Weiter zitiert als KHM/Uther.

[39] Beispiele bei Kretschmer, Reinhold: *Geschichte des Blindenwesens vom Altertum bis zum Beginn der allgemeinen Blindenbildung*. Ratibor 1925, S. 109-114.

[40] Quanter (wie Anm. 2), S. 322-324; Browe, Peter: *Zur Geschichte der Entmannung*. Breslau 1936, bes. S. 63-78; Rank, Otto: *Das Inzestmotiv in Dichtung und Sage*. Leipzig 1926, S. 286-291.

[41] Tegethoff, Ernst: *Französische Volksmärchen*. Bd. 2. Jena 1923, Nr. 54.

[42] Betz, Eva-Marie: *Wieland der Schmied*. Erlangen 1973; Nedoma, Robert: *Die bildlichen und schriftlichen Denkmäler der Wielandsage*. Göppingen 1988.

[43] Vgl. zum Folgenden Toldo, Pietro: »Leben und Wunder der Heiligen im Mittelalter«. In: *Studien zur vergleichenden Literaturgeschichte 2* (1902), S. 87-103, S. 304-328; Günter, Heinrich: *Psychologie der Legende*. Studien zu einer wissenschaftlichen Heiligen-Geschichte. Freiburg (Breisgau) 1949, S. 252 f.

[44] Bolte, Johannes: »Die märkische Sage von der keuschen Nonne«. In: *Zeitschrift für Volkskunde 35* (1925), S. 98-103; Rosenfeld, Hellmut: »Die Legende von der keuschen Nonne«. In: *Bayerisches Jahrbuch für Volkskunde* (1953), S. 43-46.

[45] Uther 1981 (wie Anm. 1), S. 36-40.

[46] Uther 1981 (wie Anm. 1), S. 46-50.

[47] Prato, Stanislao: »Zwei Episoden aus zwei tibetanischen Novellen in der orientalischen und occidentalen Überlieferung«. In: *Zeitschrift für Volkskunde 4* (1894), S. 347-373, hier S. 371.

[48] Marzolph, Ulrich/Van Leeuwen, Richard: *The Arabian Nights*. Encyclopedia 1-2. Santa Barbara/Denver/Oxford 2004, hier Bd. 1, S. 127 (Nr. 39).

[49] Scherf, Walter: *Das große Lexikon der Zaubermärchen*. München 1995, S. 973-977, S. 1162-1167, S. 1240-1243; Burkhart, Dagmar: »Heldenjungfrau«. In: *EM 6* (1990), Sp. 745-753.

[50] Ėrgis, G. U. (Hrsg.): *Jakutskie skazki* [Jakutische Märchen]. Bd. 2. Jakutsk 1967, Nr. 321.

[51] *Skazki i stichi Afghanistana* [Märchen und Gedichte aus Afghanistan]. Herausgegeben von Konstantin A. Lebedev. Moskau 1958, S. 169.

[52] Choi, In-hak: *A Type Index of Korean Folktales*. Seoul 1979.

[53] Vgl. für diesen Abschnitt besonders Uther 1981 (wie Anm. 1), S. 105-120.

[54] Speyer, Wolfgang: »Der numinose Mensch als Wundertäter«. In: *Kairos*, Neue Folge 26 (1984), S. 129-153.

[55] Assion, Peter: *Die Mirakel der Hl. Katharina von Alexandrien*. Diss. Heidelberg 1969, S. 234-255.

[56] Maril, Lee (Hrsg.): *Elisabeth von Thüringen*. Einsiedeln/Zürich 1961, S. 156-169.

[57] *EM 5* (1987), Sp. 96.

[58] Vgl. zum Folgenden auch Uther 1981 (wie Anm. 1), S. 65-67.

[59] Aristoteles: *Poetik*. Herausgegeben von Paul Gohlke. Paderborn 1959, S. 62 (5,1449 a).

[60] Zahlreiche Beispiele bei Uther 1981 (wie Anm. 1), S. 65-104.

[61] Pfister, Friedrich.: »Erblichkeit«. In: *HDA 2* (1930, Nachdr. 2000), Sp. 869-874, bes. Sp. 873 f.

[62] *Bilderwelt der kleinen Leute*. Bilderbogen des 18. und 19. Jahrhunderts. Ausstellungskatalog [Münster 1976], Nr. 28.

[63] Wehse, Rainer: *Schwanklied und Flugblatt in Großbritannien*. Frankfurt a. M./Bern/Las Vegas 1979, S. 421, Nr. 351.

[64] Zijderveld, Anton C.: *Humor und Gesellschaft*. Graz/Wien/Köln 1976, S. 32 f.

[65] Lixfeld, Hannjost: »Witz und Aggression«. In: *Zeitschrift für Volkskunde* 74 (1978), S. 1-19, hier S. 2 f.

[66] Ältester Beleg bei Plutarch: *Bioi paralleloi* [zu Agesilaos], vgl. auch Marzolph, Ulrich: *Arabia ridens*. Bd. 1-2. Frankfurt a. M. 1992, hier Bd. 2, Nr. 677; EM-Archiv: *Scheer-Geiger* (1673) 2, S. 47, Nr. 10; *Das Buch der Weisen und Narren* [...]. Leipzig 1705, Nr. 298, 573; Hayduk, Alfons: *Das Hausbuch des schlesischen Humors*. Reinbek 1977, S. 232.

[67] EM-Archiv: *Scheer-Geiger* (1673), S. 138, Nr. 59; *Bienenkorb 1* (1778), S. 73, Nr. 85; [Keyser, Georg A.:] *Antihypochondriakus oder etwas zur Erschütterung des Zwergfells und zur Beförderung der Verdauung*. Erfurt 1782, Nr. 101.

[68] Cocchiara, Giuseppe: *Il mondo alla rovescia*. Torino 1963, bes. S. 149-151.

[69] Thompson, Stith: *Motif-Index of Folk Literature*. Bloomington 1955-58², J1250-J1499.

[70] *Stern 16* (1978), S. 264.

[71] Vgl. Uther 1981 (wie Anm. 1), S. 53-56.

[72] *Georg Christoph Lichtenbergs Aphorismen*. Bd. 3: 1775-1779. Herausgegeben von Albert Leitzmann. Berlin 1906, S. 382.

Barbara Gobrecht

Hexen, Zauberinnen und weise Frauen in europäischen Zaubermärchen

Aufsätze über Hexen beginne ich traditionellerweise mit drei Fragen.

1. Was ist eine Hexe?
2. Was ist eine Zauberin?
3. Was ist eine weise Frau?

Diese sollten einfach zu beantworten sein, denn für Märchenfragen aller Art nehmen Erzählforschende die *Enzyklopädie des Märchens* zur Hand.

Lutz Röhrich und in der Folge Hildegard Gerlach, die Verfasserin des Stichworts »Hexe«, definieren die *Märchen*hexe als »ein übernatürliches Wesen, dem seine Zauberkraft als selbstverständlich gegeben ist«[1]. Mit dieser Definition sind wir auf der sicheren Seite.

Das Stichwort »Zauberer, Zauberin« beginnt mit »Z«. Pech! So weit ist die *Enzyklopädie des Märchens* noch nicht gediehen; derzeit bricht sie mitten im Artikel »Troja-Roman« ab.[2]

Eine »weise Frau« gibt es dort überhaupt nicht. Hingegen ist das Stichwort »Weisheit« vorgesehen, aber eine Definition von Weisheit aus Sicht der Erzählforschung ebenfalls noch nicht abrufbar.[3]

Also stellen wir eine vierte Frage an die *Enzyklopädie des Märchens*:

4. Was ist ein Außenseiter?

Unter diesem Stichwort finden wir jedoch keine Definition, sondern nur Verweise, und zwar auf: →Alte Jungfer, →Aussatz, →Bettler, →Blind(heit), →Buckel/Buckliger, →Henker, →Krüppel, →Lahmer und Blinder, →Prostitution, →Schinder, →Zigeuner(in).[4]

Die Wissenschaft verleiht uns hier keine Flügel. So müssen wir wohl zu Fuß gehen und selbst schauen, wo sich die Hexe, die Zauberin und die weise Frau versteckt haben. Im dunklen deutschen Märchenwald[5] soll ja die bekannteste aller Märchenhexen hausen. Gerade bei den Grimm'schen Beispielen werde ich den Fokus einzig auf die hexenartigen Gestalten und deren Auftritte richten.

Hexe, die erste

Grimms Hänsel und Gretel gelangen im tiefen Wald an ein Häuslein, aus Brot gebaut und mit Kuchen gedeckt, mit Fenstern von hellem Zucker. Hemmungslos brechen die hungrigen Kinder ganze Stücke ab und tun »sich wohl damit«. In den nächsten zwei Abschnitten des Märchens[6] erleben die Geschwister (und wir mit ihnen), wie nah Hölle und Himmel beieinander liegen: zuerst gewaltiges Erschrecken, als eine steinalte Frau, auf eine Krücke gestützt, aus dem leckeren Häuschen herausgeschlichen kommt. Dann wird gutes Essen aufgetragen: Milch und Pfannekuchen mit Zucker, Äpfel[7] und Nüsse. Ferner warten auf sie zwei schöne, weiß gedeckte Bettlein.

Jetzt kommt erst eine Aufklärung für uns Märchenhörer, dann das böse Erwachen für Hänsel und Gretel, das heißt wir erhalten für kurze Zeit folgenden Informationsvorsprung: »Die Alte hatte sich nur so freundlich angestellt, sie war aber eine böse Hexe, die den Kindern auflauerte, und hatte das Brothäuslein bloß gebaut, um sie herbeizulocken. Wenn eins in ihre Gewalt kam, so machte sie es tot, kochte es und aß es [...].« Über ihren Fang lacht sie »boshaft«, während am nächsten Morgen Hänsel schreien wird und Gretel bitterlich weinen. Allein schon die beiden Attribute »steinalt« und ihr boshaftes Lachen werten die Frau als gefährlich.

Diese Hexe soll also eine Menschenfresserin sein. Schlimmer noch: eine Kinderfresserin. Da haben ihre Opfer natürlich unsere volle Sympathie, auch wenn die Hausknabberer so unschuldig nicht sind, wie wir gern meinen. In einigen der unzähligen Nacherzählungen des Grimm'schen Märchens wird die hexische Versuchung, wird auch die Verführbarkeit der Kinder noch deutlicher. Beispielsweise im *Buch der Mährchen* von Johann Andreas Christian Löhr: »Martin und Ilse« gelangen im tiefen, tiefen Wald an ein »artiges Häuschen«, mit allen Grimm'schen Leckereien versehen und dazu mit Fensterrahmen aus Marzipan. »Die hungrigen Kinder fragten nicht lange, wem das Häuschen gehöre und ob sie auch davon eßen [sic!] dürften, sondern weil es sie hungerte, so brachen sie vom Häuschen ab, was losging und aßen [...].«[8]

Hier haben wir ein altes kleines »Mütterchen«, ganz zusammengeschrumpft, welches das Grimm'sche Menü noch mit Reisbrei überbietet – dazu »schönen Wein«. Und diese »böse Hexe« bekommt ein Motiv verpasst: Mit jedem Kind, das sie isst, wird sie um drei Jahre jünger. Wohl tausend Jahre ist sie schon alt. Die Alte kann aber nur solchen Kindern etwas anhaben, welche sie »zu einem Unrecht verführen konnte«. Über die anderen hat sie keine Macht.

Im Klartext: Hexen lauern da, wo wir verführbar sind.

Menschenfresser sind Grenzgänger[9], so auch die (Kinder-) Märchenhexe.[10] Den konkreten Beweis der Kinderfresserei erspart uns das deutsche Märchen. In russischen Varianten hingegen frisst die überlistete Baba Jaga tatsächlich ihr eigenes Kind oder alle ihre Töchter.[11] Baba Jaga, die Muttergestalt? Statt sie zu nähren und zu beschützen, kochen und essen vermeintliche Mütterchen Kinder. Die Verkehrung weiblicher Rollennormen und kultureller Erwartungen an Mutterschaft[12] macht solche Hänsel-und-Gretel-Hexen zu Außenseiterinnen.[13]

Alt, hässlich, böse, haust allein im Wald: soviel zur Kinderhexe.

Hexe, die zweite

Hexen, die Männern gefährlich werden, treffen wir auch im Wald – jedenfalls in Grimms Märchen. Nach vielen Abenteuern hat der Drachentöter, Zwilling Nr. 1 in KHM 60: »Die zwei Brüder«, die erlöste Königstochter geheiratet. »Nun waren der junge König und die junge Königin guter Dinge und lebten vergnügt zusammen.«

»Er zog oft hinaus auf die Jagd, weil das seine Freude war, und die treuen Tiere mussten ihn begleiten.« In einem Zauberwald wird er eines Tages von einer weißen Hirschkuh in die Irre gelockt und entzündet genau unter dem Baum sein Lagerfeuer, auf dem eine Hexe lauert. Sie gibt vor zu frieren, traue sich aber wegen der wilden Tiere nicht ans Feuer. Mit einer herabgeworfenen Rute solle er seine Tiere schlagen – das tut er (aus Höflichkeit? aus Dummheit?) – und genau damit verwandelt er sie in Stein. Nun kann die Alte auch ihn versteinern und in einen Graben werfen. Dort liegen schon viele andere: Kaufleute, Handwerker, Hirten, alles Männer, welche sie in Stein verwandelt hat – ohne Angabe von Motiven, aber sie ist wohl eine Hexe exklusiv für Männer.[14]

Die gleiche Szene im gleichen Erzähltyp, nur 185 Jahre früher, in Basiles »Die beiden Kaufmannssöhne«[15]: Cienzo, der Drachentöter, hat die befreite Königstochter zur Frau bekommen. »Das junge Paar legte sich in ein schönes Bett, mit duftiger Wäsche bezogen, wo Cienzo nach dem ruhmreichen Kampf mit dem Drachen Triumphe feierte auf dem Schlachtfeld der Liebe.« Am nächsten Morgen tritt er beim Ankleiden ans Fenster, erblickt im Haus gegenüber ein junges Mädchen und fragt seine Frau: »›Was ist denn das für ein hübsches Ding da drüben im Hause?‹ – ›Was geht denn das dich an?‹ erwiderte die Frau. ›Was hast du dahin zu sehen? Kommt dich etwa ein böses Lüstchen an? Oder hast du schon genug von meinem Fett? Genügt dir nicht das Fleisch, das du zu Hause hast?‹«

Cienzo stellt sich beschämt, entwischt aus dem Schloss und schlüpft ins Haus des Mädchens, eines auserlesenen Leckerbissens, »zart wie Quark und süß wie Zucker«. Zu ihrer Zauberkraft gehört die Gabe, wann immer sie will, Männer »mit ihren Haaren zu behexen, zu binden, zu fesseln, zu knoten, zu ketten und zu umgarnen«. Haare von so fesselnder Art gehören im Märchen nicht zu hübschen jungen Mädchen, sondern zu Hexen oder Zauberinnen, denn deren Haare haben die Fähigkeit, zu »versteinern, zu binden oder zu verwandeln«[16].

Auf der Stelle ist Cienzo in den »blonden Schlingen« der »schönen Zauberin« gefangen und lahmgelegt. Sein Zwillingsbruder findet ihn verzaubert, wie in tiefem Schlaf. Mit der Verführerin macht er kurzen Prozess, so wie die Grimm'schen Zwillinge mit der Hexe. In beiden Märchen bekommen die jungen Königinnen ihre zeitweilig versteinerten Ehemänner wieder.

Der Drachentöter in Grimms »Die zwei Brüder« legte vor der Hochzeit demonstrativ königliche Kleider an, aber dann hat es den Jungverheirateten wieder auf die Jagd gezogen, bald auch in den Zauberwald, auf die Spuren einer »weißen Hirschkuh«. Das sei ein Rückfall in seine Vorzeit, meint der Märchenerzähler Rudolf Geiger. Er betrete den Wald seiner Selbsterfahrung, aber ohne Gespür für die Gefahren, die dort lauern.[17]

Dass diese Reise gefährlich ist, weiß die junge Frau immer und sie warnt ihn davor, aber er folgt der unbekannten Verlockung, einem Jagdtier, einem Licht oder Feuer; er geht in das Schloss oder Haus, das er schon während der Hochzeitsnacht oder am Morgen danach entdeckt. Dort begegnet dieser hoffnungslos Arglose, der bisher nur den offenen

Kampf kennengelernt hat, der »dunklen«, der listigen, weiblichen »Hexensphäre«, wie es die Jungianerin Hedwig von Beit nennt[18], in Gestalt einer vermeintlich hilflosen alten Frau, einer rachsüchtigen Drachenmutter[19], einer bösen Hexe, die sich stellt, als friere sie und habe Angst vor den Tieren (in ihnen steckt wohl seine Kraft), und die mit ihren Hexenkünsten erst diese, dann ihn in Stein verwandelt. Dass der böse Zauber zuerst seine *Tiere* trifft, interpretieren Jungianer als Lähmung des Instinkts, seine Versteinerung als seelische Verhärtung.[20]

Doch nicht selten tritt der Dämon in Gestalt eines wunderschönen, verführerischen Mädchens auf: siehe Basile mit Cienzo und dessen verärgerter Ehefrau. Hexen sind eben schuld, wenn in der Ehe Probleme auftreten: Sie haben »Unfrieden« ins Ehebett gestopft.[21]

Die langhaarige Zauberin aus Italien ähnelt eher einer Fee. Feen aber sind von Natur aus zweigesichtig, ambivalent.[22] Aus einer jungen, mehr oder weniger »bösen« Verführerin ist bei den Brüdern Grimm dann eine böse, alte Hexe geworden, welche Männer »nur« versteinert. Auch eine junge Frau kann also – je nach Perspektive – zu einer bösen Hexe gemacht werden.[23]

Ich wiederhole: Hexen lauern da, wo wir verführbar sind.

Überhaupt haben es Grimm'sche Hexen erschreckend oft auf Männer abgesehen. Der Frosch alias Königssohn in KHM 1, kaum von der Wand gefallen, an die er »aus allen Kräften« geworfen worden war, erzählt der jüngsten Königstochter, er sei »von einer bösen Hexe verwünscht worden«, verwünscht in einen garstigen Frosch. Von einer Hexe ist aber in der Urfassung und in den Erstdrucken noch keine Rede. Böse, alte Hexen tauchen auch in KHM 127: »Der Eisenofen« und KHM 169: »Das Waldhaus« geradezu aus dem Nichts auf. Wiederum sind es liebenswerte Königssöhne, die in das Innere eines Eisenofens beziehungsweise in einen alten, eisgrauen Mann verwünscht worden sind – von Hexen, deren Motive nicht genannt, die im Weiteren gar nicht erwähnt werden. Das Epitheton »böse« gehört dazu: Hexen sind nun mal böse, jedenfalls aus der Sicht Grimm'scher Königssöhne.

Hexe, die dritte

Natürlich gibt es auch Hexen, die es auf Frauen abgesehen haben. Neidischen Stiefmutter-Hexen sind schöne, junge Mädchen immer

»ein Dorn im Auge«[24]. Voller Missgunst verfolgen sie ihre Stieftöchter sogar noch nach deren Hochzeit. Sobald die Heldin ihr erstes Kind (meist einen Sohn) geboren hat, also zum Zeitpunkt großer Freude und großer Schwäche[25], schlägt die Hexe zu. Etwa im russischen Märchen »Арысь-поле (Arys'-pole)«[26], in dem die böse Stiefmutter die junge Frau in ein Tier verwandelt und in den dichten Wald hinaustreibt. Dann schmückt sie ihre eigene Tochter mit den Kleidern der Stiefschwester und setzt sie an deren Stelle. »Die Hexe« – heißt es bei Afanas'ev weiter – »ging so listig und geschickt zu Werke, dass weder der Ehemann noch andere Menschen den Betrug merkten.«

Schadenzaubernde Hexen wie diese treten häufig als böse Alte, als Stief- oder Schwiegermutter auf. Ihnen werden negative Gefühle (Eifersucht, Hass, Neid oder Rachsucht) und damit auch *Motive* unterstellt. Solche Märchenhexen sind Dämonen in menschlicher Gestalt. Wie Mitgliedern anderer Randgruppen oder Außenseitern – Juden, Zigeunern, Zauberern – werden ihnen destruktive magische Kräfte zugeschrieben.[27]

Mit oder ohne Motiv: Hexen lauern immer auf einen Moment der Schwäche. Ihre Opfer sind: hungrige Kinder, liebeshungrige Männer gleich nach der Hochzeitsnacht, Frauen im Kindbett. Jede Frau, jeder Mann, jedes Kind hat seine eigene »Hexe« – oder »macht« sich seine Hexe. Märchen beziehungsweise Märchenerzähler geben ja die Perspektive des Helden, der Heldin vor. Alles bezieht sich auf die Zentralfigur, ganz besonders die Hexe.

Die Hexe, dieses Symbol für das Böse, ist ein »Problem«. Hexen meinen es todernst. Also ist ihr Tod nötig, denn nur dadurch wird das Problem definitiv gelöst.

Schauen wir, wie sich die Zauberin im Märchen verhält, was sie antreibt, was sie vermag, ob sie gleichfalls als Außenseiterin angelegt ist, ob sie vernichtet wird.

Zauberin, die erste

Wir gehen zurück in den deutschen Märchenwald, zu einer alten Frau, die ganz allein in einem alten Schloss mitten in einem großen, dicken Wald wohnte. »[...], das war eine Erzzauberin. Am Tage machte sie sich zur Katze oder zur Nachteule, des Abends aber wurde sie wieder ordentlich wie ein Mensch gestaltet [...]. Wenn jemand auf hundert Schritte dem Schloß nahe kam, so mußte er stillestehen und konnte sich nicht von der Stelle bewegen, bis sie ihn lossprach; wenn aber eine keusche Jungfrau in diesen Kreis kam, so verwandelte sie dieselbe in einen Vogel und sperrte sie dann in einen Korb ein und trug den Korb in eine Kammer des Schlosses.« [28]

In den Bannkreis dieser Erzzauberin gerät ein junges Liebespaar. Mit »Jorinde und Joringel« (KHM 69) erfahren wir, wie gefährlich auch die Brautzeit sein kann. Ganz ungewöhnlich für ein Volksmärchen ist die Einführung der Gegenspielerin gleich zu Beginn, denn üblicherweise werden zuerst die positiv gezeichneten Figuren vorgestellt. Auch bleibt das weitere Schicksal der Zauberin im Dunkeln. Das widerspricht der gängigen Moral des Märchens, denn dessen ausgleichende »Gerechtigkeit« verlangt nach Bestrafung, wenn nicht Vernichtung des Gegenspielers.

Tatsächlich enthält dieses Märchen alle Beigaben einer Schauergeschichte[29]: das einsame Schloss im großen, dicken Wald, die Erzzauberin mit der Gabe der Verwandlung und dämonischer Ausstrahlungskraft auf alle, die sich ihr nähern, der vorausdeutende Traum Joringels, die magische, blutrote Blume. Der Bannkreis, die Fähigkeit, Menschen festbannen zu können, Loslösung durch Zauberspruch: All das weist die Alte als echte Zauberin aus – und von denen finden wir nicht eben viele in der Sammlung Grimm.

In der Tat ist »Jorinde und Joringel« gar kein echtes Volksmärchen, sondern eine Erzählung aus den autobiographischen Schriften von Jung-Stilling, welche die Brüder Grimm 1812 nahezu wortwörtlich in ihre Sammlung übernahmen und auch für spätere Ausgaben nur minimal bearbeiteten. Für die Frühphase der *KHM* selten genug, bemühten sie eine (stets wünschenswerte) »mündliche« Überlieferung hier erst gar nicht.[30] Vielmehr sahen sie den Stil des Schneidersohnes Johann Heinrich Jung, des späteren Arztes und Dichters Jung-Stilling, als typisch volkstümlich an und übernahmen mit dem Text dessen Charakteristika wie: gläubiges Akzeptieren der Vorbedeutung, Schicksal und Wunder, Verzicht auf Moral, Stimmungsmalerei sowie die schlichte, der Mündlichkeit nachgebildete Sprache.[31] Und die ziemlich hexenhaft wirkende alte Zauberin, mit ihrer Fähigkeit zur Tierverwandlung, mit ihrem Aussehen am Abend: rote Augen[32], krumme Nase, deren Spitze bis ans Kinn reicht. Aber sie frisst keine Menschen und kann am Leben bleiben, nur am Schluss »nichts mehr zaubern«.

Was zeichnet eigentlich einen Zauberer, eine Zauberin aus? Der Zauberer oder Magier ist in allen Kulturen bekannt. Er vermag seinen Geist vom Körper zu trennen, kann ihn in andere Lebewesen senden, Geister und Dämonen rufen und beschwören, bannen und vertreiben. Der Zauberer nimmt auch blitzschnell Tiergestalt an und erprobt im Wettkampf seine Verwandlungskünste.[33]

Sein Zögling, der Zauberlehrling, übt sich in Zaubersprüchen, nicht immer mit dem gewünschten Erfolg. Bei Goethe löst er beinahe eine Katastrophe aus.[34] Kaum anders ergeht es der Mutter des armen Mädchens in KHM 103: »Der süße Brei«. Sie hat die Zauberformel vergessen, die den magischen Topf, das Geschenk der Alten, zum Einhalten bringt: »Töpfchen steh!« Die Alte mit dem magischen Topf und den Zauberformeln heißt bei den Brüdern Grimm aber nicht »Zauberin«. Sie haben diesen Begriff in ihren Märchen nur anfangs verwendet, wenn sie zum Beispiel in »Der gestiefelte Kater« Perraults Oger mit »Zauberer« wiedergaben. Der böse Mädchenmörder mit seinen Zauberkünsten wird in ihrer Fassung, KHM 46: »Fitchers Vogel«, zum Hexenmeister. Und die Zauberin aus »Rapunzel« war ursprünglich und im Handlungsablauf viel logischer eine Fee.

Wo finden wir richtige Zauberinnen? Immerhin sind diese älter als sämtliche christlich konnotierten, schadenzaubernden Hexen. Zauberinnen gab es schon im alten Rom.[35] Wir verlassen die Gefahrenzone »deutscher Märchenwald« mit den rotäugigen, krummnasigen, alleinstehenden alten Frauen und reisen jetzt ans Mittelmeer.

Zauberin, die zweite

»Die Zauberin« heißt ein Märchen aus einem Gebirgsdorf auf der Insel Lesbos, das Marianne Klaar am 7. Oktober 1973 auf Tonband aufgenommen und ins Deutsche übertragen hat. Erzählt hat es ein 16-jähriges Mädchen.[36] Zwei Königssöhne geraten auf offenem Meer in einen Sturm und drohen zu ertrinken. Da erscheint eine Zauberin, eine alte Frau, in einem hölzernen Zuber. »Der Zuber glitt durch den weißen Schaum, denn es war eine Zauberwanne.« Die jungen Männer flehen sie um Hilfe an, bieten ihr auch Geld, aber sie will den dritten Bruder. Die Jungen: »Wir haben gar keinen Bruder, wir sind nur wir beide.« Sie versprechen der Zauberin endlich das Ungeborene; nach neun Monaten wird richtig als drittes Königskind ein sehr schöner Knabe geboren.

Als dieser 16 Jahre alt ist, kommt in mitternächtlichem Sturm die Zauberin daher, um ihn zu holen. Er lacht, aber sie erzählt ihm, dass seine Brüder ihn ihr verkauft hätten. Davon wisse er nichts und das dürften sie nicht. »›Hm, hm‹, macht die Zauberin, ›du kommst also nicht? Bleib nur sitzen, du wirst jetzt sehn, was geschieht.‹ Sie klopft mit ihrer Rute einmal unten auf. Und gleich füllt sich das Gemach mit Schlangen, die zerraufen dem Königssohn die Haare. Sobald er die Schlangen erblickte, packte ihn Furcht. Er läuft hinein, um sich zu verstecken. Wo könnte er aber schon hinlaufen? Dann klopft sie nochmals mit ihrer Rute auf, da wurden Schmetterlinge aus den Schlangen, und die flogen um den Königssohn herum, flogen im Kreis um ihn herum.«

Nun glaubt er ihren Worten. Sie erlaubt ihm nicht, sich von seinen Eltern zu verabschieden. Noch bei Nacht muss er zu ihr in die Zauberwanne steigen. Dann schlägt sie auf den Zuber; der fliegt zur Decke, durchs Dach des Palastes und Richtung Himmel – »wie ein Flugzeug flog er. Der Königssohn hatte das noch nicht gesehen, denn damals waren ja die alten Zeiten, Flugzeuge gab es noch nicht, und so überkam ihn Angst, wie er so durch die Luft flog. Die Zauberin hielt ihn fest… Dabei spricht sie: ›Hab keine Angst, solang ich bei dir bin, brauchst du nicht Angst zu haben.‹«[37]

Nach langem Flug kommen sie in einen einsamen Wald, zu einer alten, ärmlichen Hütte. Die darf der Königssohn nicht verlassen, soll aber schwierige Arbeiten für die Zauberin ausführen, während sie auf ihrem Zuber davonfliegt. Eine sprechende Taube hilft ihm und die Alte lobt die fertige Arbeit mit den Worten: »›Gut so… einen solchen Sohn wollte ich für mich gewinnen. Ich ging nicht fehl damit, ich habe ihn gefunden.‹«

Die Taube ist eine verzauberte Königstochter. Auch sie wurde der Zauberin verkauft, vom eigenen Vater, der als Gegengabe deren Beistand im Krieg erhielt. »›Fliehen können wir nicht‹«, erklärt die schöne Jungfrau dem Königssohn, »›wohin wir auch gehen, die Alte findet uns.‹« Aber sie macht ihm ziemlich unverblümt einen Heiratsantrag: Er solle sie von der Zauberin zur Frau begehren und müsse nur, wenn diese sie in irgendein anderes Tier verwandle, auf ihren Zeh schauen; an den solle er gleich einen Faden binden.

Nun führt die griechische Zauberin noch einmal vor, was sie vermag. Die zur Ehe verlangte Taube wird zu einer Eselin, dann zu einer garstigen Alten, aber der junge Mann erkennt seine Braut jeweils an dem Faden. Als die Zauberin Zauberwasser über das »garstige alte Weib« schüttet, wird dieses zur Jungfrau selber, zur Fünfmalschönen. Während Königssohn und Zauberin um sie streiten, greift das Mädchen nach dem Zauberwasser und gießt es über die Alte – und die wird zur Schlange. Eine Schlange sei sie gewesen, erzählt sie dem erschrockenen jungen Paar, bevor ein Zauberer sie zum Menschen gemacht habe. Durch ihre eigene Unvorsichtigkeit mit dem Zauberwasser überschüttet, könne sie nicht noch einmal Mensch werden. Die mitfühlende Jungfrau möchte ihr helfen, doch die Ex-Zauberin spricht: »›Ich werde mich als Schlange durch mein ganzes Leben schleppen, denn so gebührt es mir. Ich war es nicht wert, ein Mensch zu sein.‹«

Ein merkwürdiges Märchen, ein merkwürdiger Schluss. Diese Zauberin verfügt über weit mehr magische Kräfte als die gewöhnliche Märchenhexe, trägt wohl auch archaisch-griechische, sogar mythologische Züge: seherische Fähigkeiten, Wettermachen, Schlangen in den Haaren des Königssohnes (als mögliches Bildzitat der Gorgone Medusa), Rute alias Zauberstab, Flugzauber, Helferin im Krieg, überhexische Verwandlungskünste à la Kirke, Zauberwasser. Dennoch endet sie überraschend als Schlange, nimmt diese »Strafe« demütig an. Und ihre frühere Macht stammte möglicherweise aus zweiter Hand, denn erst ein (männlicher) Zauberer hatte sie »zum Menschen gemacht«, zu der alten Zauberin.

Zauberin, die dritte

In Sizilien finden wir ein reiches Zauberinnenmärchen. Fast alle Textvorlagen in Laura Gonzenbachs 1870 erschienener Sammlung stammen aus weiblichem Mund. In der Geschichte von »Feledico und Epomata«[38] soll der Titelheld, der heiß ersehnte Thronfolger, 18 Jahre lang mit seiner Amme und einer Hofdame in einem festen Turm eingeschlossen bleiben, um dem prophezeiten, tödlichen Schicksal zu entgehen. Aber in Form einer Stimme ruft ihn sein Schicksal dreimal und er darf früher zu seinen königlichen Eltern. Als 17-Jähriger setzt er sogar einen Jagdausflug durch – und wird prompt in ein schönes großes Schloss entrückt. Dieses »gehörte einer mächtigen Zauberin; ihr Mann aber war ein König der Türken und litt seit vielen Jahren an einem schrecklichen Aussatz. Es war ihm aber prophezeit worden, er könne genesen, wenn er seine Wunden bestreiche mit dem Blute eines Königssohnes, der in derselben Stunde hingerichtet werde, in welcher er achtzehn Jahre alt werde. Darum hatte die Zauberin den armen Feledico durch ihre Macht entführt und wollte ihn an dem Tage, da er achtzehn Jahr alt sein würde, hinrichten lassen.

Die Zauberin aber hatte eine wunderschöne Tochter, die hieß Epomata. Da sie nun den unglücklichen Feledico erblickte, entbrannte sie in heftiger Liebe zu ihm [...]. Weil sie sich aber vor ihrer Mutter fürchtete, so wagte sie es nicht, bei Tage mit ihm zu sprechen, sondern kam nur des Nachts leise in sein Zimmer und riet ihm, was er tun solle.«[39] In der Nacht vor Feledicos 18. Geburtstag stiehlt Epomata ihrer Mutter eines der Zauberbücher, welche diese unter ihrem Kopfkissen versteckt hat – und zwar das weiße, das mächtiger ist als das schwarze. Mit einem Schlaftrunk schaltet sie alle sieben Wachen aus und schmuggelt den verkleideten Feledico aus dem Schloss.

Zornig verfolgt die Zauberin selbst dreimal das Paar auf der magischen Flucht und liest erst nach erfolgloser Rückkehr im schwarzen Zauberbuch, dass Garten und Gärtner, Kirche und Sakristan, Aal und Teich weißmagische Verwandlungsformen ihrer »ungeratenen Tochter« samt Bräutigam waren. In ihrem Ärger schickt sie Epomata den Vergessensfluch hinterher. Natürlich wird Feledico trotz aller Vorsichtsmaßnahmen zu Hause geküsst: während er schläft, von der Hofdame, die im Turm Mutterstelle an ihm vertrat. Und schon hat er seine Braut vergessen.

Die schöne Jungzauberin mietet sich in einem Wirtshaus ein und erregt sogleich das Interesse liebeshungriger Edelmänner. Mittelmeermärchen kennen köstliche Foppereien vergessener Bräute, denen fremde Männer nachstellen: viel Geld für die Heldin, misslungene Liebesnächte und Spott für die Bewerber. Im Gonzenbach-Märchen schlägt Epomata das weiße Zauberbuch auf, spricht einen Zauber über Wasserbecken und Stuhl und legt sich zu Bett. Um das Bett aber halten »Zauberinnen mit entblößten Schwertern Wache«[40]. Während die Heldin schläft, muss der erfolglose Liebhaber seine Füße abwechselnd in kochend heißes Wasser stecken, die ganze Nacht lang. Ihren Ärger über den vergesslichen Liebhaber müssen drei andere Männer ausbaden – und die Zuhörerinnen können lachen.

In einem Grimm-Märchen kämen solche Zaubereien nicht vor – und jetzt vermutlich drei Klagenächte. Aber Feledicos Aufklärung packt die sizilianische Heldin eher zauberisch-elegant als deutsch-anrührend an. Als Epomata hört, dass Feledico heiraten will, nimmt sie wieder ihr Zauberbuch vor und wünscht sich ein Puppenpaar, einen Geige spielenden Knaben und ein singendes Mädchen. Die kommen auf den königlichen Tisch, spielen und singen. Das Puppenmädchen erinnert an die Taten Epomatas und fragt den Jungen: »›Weißt du das noch?‹ ›Nein!‹ antwortete der Knabe, und ›paff!‹ bekam er von dem Mädchen eine tüchtige Ohrfeige. Diese Ohrfeige aber musste Feledico fühlen, als ob *er* sie bekommen hätte, also dass er einen lauten Schrei ausstieß.«[41] Er bekommt noch drei weitere, bis ihm die wahre Braut wieder einund er ihr zu Füßen fällt.

Zur Hochzeit lädt Epomata auch ihre Mutter ein. Die verlangt von Feledico, er solle ihren Körper zerschneiden und die Teile im Zimmer umherstreuen. Das will er nicht, doch Epomata sagt: »›Ach was! Du kannst es nur getrost tun, wenn meine Mutter es dich geheißen hat, denn sie ist eine so mächtige Zauberin, dass ihr nichts zu schaden vermag.‹« Aus dem Kopf der Mutter ist am anderen Morgen eine prächtige goldene Krone geworden, aus Gliedern und Rumpf große Haufen lauteren Goldes und edler Steine: Hochzeitsgeschenk der Zauberin an ihre Tochter.

Hier haben wir gleich zwei Zauberinnen mit höchst eindrucksvollen magischen Fähigkeiten; das Zaubern scheint ihnen auch Spaß zu machen. Außenseiterinnen würde ich Mutter und Tochter nicht nennen. Die Motive ihres Handelns wirken menschlich und logisch, aber Zauberbücher und -sprüche kennzeichnen sie klar als Zauberinnen. Hier werden dann keine bösen alten Frauen verbrannt oder bestraft, doch ist der Held gut beraten, vor der älteren der beiden Zauberfrauen[42] wegzulaufen.

Eine Zauberin hat mehr Macht als die klassische Märchenhexe und sie trägt durchaus auch sympathische Züge. Gerade in Südeuropa tritt sie spielerischer auf, heiterer oder »lockerer« als ihre deutschen Verwandten. Die Erzzauberin in »Jorinde und Joringel« ist unheimlich, ein Wesen der Dämmerung, das sich in Nachttiere verwandelt, murmelt oder mit dumpfer Stimme spricht, einer Hexe auch äußerlich viel ähnlicher als die oft ambivalente Zauberin, die den Feen romanischer Länder nahe steht. Bekanntlich aber wurden alle Feen der Erstauflage von Grimms Märchen zu Zauberinnen oder weisen Frauen.[43]

Weise Frau, die erste

In KHM 181: »Die Nixe im Teich« hilft die Nixe einem verarmten Müller und lässt sich im Gegenzug versprechen, was eben in seinem Haus »jung geworden« ist. Der (natürlich gemeinte) eben geborene Knabe wird vom Mühlenweiher ferngehalten, wird ein tüchtiger Jäger und dann ein glücklicher Ehemann. Doch als er ein Reh erlegt und ausgeweidet hat und sich die blutigen Hände waschen will, steigt die Nixe aus dem Wasser, umschlingt ihn lachend mit ihren nassen Armen und zieht ihn hinab. Seine junge Frau ist allein mit ihrem Unglück, dem ruhigen Spiegel des Wassers und dem halben Gesicht des Mondes darin. Immer wieder umkreist sie den Weiher, wehklagt und wimmert, schilt die Nixe »mit harten Worten«. Diese und die folgende Szene sind mit romantisierenden Naturbeschreibungen stimmungsmalerisch ausgeschmückt.

Als sie vor Erschöpfung einschläft, träumt sie von einer strapaziösen Bergbesteigung und einer idyllischen Anhöhe mit einer Hütte, hinter deren Türe eine Alte mit weißen Haaren sitzt, die ihr freundlich winkt. Die Frau leistet dem Traum Folge und wird von der freundlichen Alten so angesprochen: »›Du mußt ein Unglück erlebt haben, weil du meine einsame Hütte aufsuchst.‹« Sie schüttet ihr Herz aus und erhält von der Alten dreimal Trost und Rat, goldene Zauberdinge, mit denen sie die Nixe jeweils bei Vollmond zum Tausch verlocken kann, und schließlich Hilfe in der größten Not.

Meistens nennen die Grimms diese weißhaarige Ratgeberin und Helferin nur »die Alte«, zwischendurch aber auch »die weise Frau«. Die ausgesprochen anrührende Erzählung basiert auf einem Zaubermärchen aus der Oberlausitz, das der Germanist Moriz Haupt 1842 mitgeteilt hatte.[44] Dort war aber die Rede von einer *Zauberin*, »die ihr ihren Mann wieder zu schaffen versprach«[45]. Bei ihrem ersten Besuch in der Hütte beschenkte die Jägersfrau diese »reichlich«; so steht es bei Haupt.

Ludwig Bechstein, der wenig später (1845) für seine Fassung »Der Müller und die Nixe« die gleiche Vorlage benutzte und nur sehr wenig daran änderte, behielt auch die Zauberin bei. Ende des 20. Jahrhunderts erschien eben dieses Märchen, aus dem Englischen zurück ins Deutsche übersetzt, unter dem Titel »Das Nixlein« als vermeintlich ungarisch im Buch *Zauberfrauen. Märchen aus allen Welten*: mit einer alten *Hexe*, der die Frau des Jägers zum Dank für ihren Rat und den goldenen Kamm ein »großzügiges Geschenk« gibt.[46] Die hilfreiche Zauberin aus der Oberlausitz kann also ebenso zu einer Hexe wie zu einer weisen Frau mutieren.

Eine weise Ratgeberin wie die Grimm'sche Alte nimmt für ihre Hilfe natürlich keinen Lohn. Man könnte sie als positives Gegenstück zur verführerisch schönen, aber berechnenden und unheimlichen Nixe auffassen, so im Kommentar zum »Nixlein«: Das Böse (die falsche Nixe) wird durch das Gute (die gütige Alte) aufgewogen.[47]

Dass aus der Zauberin der Vorlage in Grimms Fassung eine weise Frau wurde, leuchtet ein. Ebenso gehört der (neu formulierte) Schluss der »Nixe im Teich« zum Innigsten, was ihre Sammlung zu bieten hat: Er »erkannte seine liebste Frau, und als sie ihn anschaute und der Mond auf sein Gesicht schien, erkannte sie ihn auch. Sie umarmten und küssten sich, und ob sie glückselig waren, braucht keiner zu fragen.«

Was nicht da steht: Der weisen Frau sei Dank! Weise Frauen sind oft alt, weise und erfahren. Sie erteilen einer unglücklichen Märchenheldin guten Rat, aber sie gehen nicht mit ihr. Ratgeber sind im Normalfall keine Märchenhelfer, sondern Nebenfiguren. Weise Frauen Grimm'scher Prägung verhalten sich meistens ganz unauffällig.[48] Sie sind – wie in »Einäuglein, Zweiäuglein und Dreiäuglein« (KHM 130)[49] – auf einmal da, sagen ihr Sprüchlein (»Zicklein meck/Tischlein deck«) und gehen wieder fort. Sie trösten, raten und schenken selbstlos, aus Mitleid, um dann sang- und klanglos aus dem Märchen zu verschwinden, sprich: vom Erzähler gar nicht mehr beachtet zu werden.

Weise Frau, die zweite

Keine Regel ohne Ausnahme. *Eine* »weise Frau« verhält sich so auffällig, dass jeder erschrickt, wenn sie erscheint. An Dornröschens Wiege haben »elfe ihre Sprüche eben getan«, als plötzlich die dreizehnte hereintritt. Sie will sich dafür rächen, dass sie nicht eingeladen wurde, grüßt nicht, sieht niemanden an, sondern ruft mit lauter Stimme: »›Die

Königstochter soll sich in ihrem funfzehnten [sic!] Jahr an einer Spindel stechen und tot hinfallen.‹«[50]

Verhält sich so eine weise Frau? Nein, so reagieren eher kapriziöse romanische Feen. In Charles Perraults bekannter Vorlage »La belle au bois dormant« sind es denn auch sieben junge Feen, die das Königskind begaben – und eine achte, die beleidigte Alte.

Als Vorläuferinnen der romanischen Feen sah der Erzählforscher Felix Karlinger die griechischen Moiren.[51] Tatsächlich finden wir in »Die schlafende Königstochter«, einer griechischen Variante des Märchens vom hundertjährigen Zauberschlaf, keine weisen Frauen, keine Feen, sondern die drei Schicksalsfrauen, die in der dritten Nacht nach der Geburt kommen, um dem Kind sein Schicksal zuzuteilen.[52]

Nicht die (oft wechselnde) Bezeichnung macht sie zu »weisen Frauen«, auch nicht unbedingt ihr Alter, sondern ihr Handeln, ihr Spruch und danach das Verschwinden.

Weise Frau, die dritte

In KHM 141: »Das Lämmchen und Fischchen« hat eine Stiefmutter, die sich auf Hexenkünste versteht, das Brüderchen in einen Fisch und das Schwesterchen in ein Lamm verwünscht. Schwesterchens Amme vermutet, wer das Lämmchen »sein würde, und ging mit ihm zu einer weisen Frau. Da sprach die weise Frau einen Segen über das Lämmchen und Fischchen, wovon sie ihre menschliche Gestalt wiederbekamen, und danach führte sie beide in einen großen Wald in ein klein Häuschen, wo sie einsam, aber zufrieden und glücklich lebten.«

Kürzer geht es kaum. Aber dieses Märchen zeigt deutlich: Hexe und weise Frau sind *Gegenspielerinnen*. Hexenkunst kontra Segensspruch, böse Kraft kontra Gegenkraft, schwarze gegen weiße Magie. Weiße Magie nutzt den kindlichen Helden und zugleich den Märchenhörern; denn wohlbemerkt, der Erzähler lenkt unsere Rezeption. Es ist klar eine Frage der Perspektive, die eine zauberkundige (also potentiell gefährliche) Frau zu einer »weisen« macht. Und besonders für Grimms Märchen gilt: Wo eine hexenartige Frau wirkt, da hilft auf der anderen Seite eine weise.

Den Begriff »weise Frau« hat die Historikerin Ingrid Ahrendt-Schulte zu definieren versucht, indem sie drei Bereiche von Fähigkeiten unterschied: Weise Frauen kannten erstens die Wirkung von organischen Substanzen zur Heilung und zum Schutz, als Abwehrzauber; sie arbeiteten zweitens mit der Kraft des Wortes, der Gedanken, Zeichen und Gesten und drittens besaßen einige auch seherische Begabung.[53]

Eine solche, doch recht konkrete Definition der »weisen Frau« kann auch für Zauberinnen oder Feen durchlässig sein. Zu einer Verwischung oder sogar Verwässerung der Begriffe haben die beiden deutschen Märchenbrüder selbst nicht wenig beigetragen, als sie aus einer Fee in »Rapunzel« eine Zauberin machten, aus der Fee in »Einäuglein, Zweiäuglein und Dreiäuglein« eine weise Frau und noch eine weise Frau aus der Zauberin in »Die Nixe im Teich«.[54]

Das Problem wird nicht einfacher beim Blick in fremdsprachige Ausgaben und in Übersetzungen. So wurde etwa in der 2006 erschienenen zweisprachigen Sammlung *Märchen aus dem Epirus* ein hübscher junger Prinz aus Rache in einen Drachen[55], in ein hässliches Monster, verzaubert: auf der linken Textseite von einer alten Zauberin (Neugriechisch μάγισσα), rechts (auf Deutsch) von einer alten Hexe.[56]

Um die Verwirrung komplett zu machen: In Teilen Österreichs hat sich der Begriff »Hexe« nicht durchgesetzt; die Quellen sprechen dort von »Unholdin« oder »Zauberin«.[57] Wir sollten folglich in unseren Märchen immer unter die Oberfläche der »Berufsbezeichnung« gehen und zauberkundige Frauengestalten an ihrem *Verhalten* messen.

In dieser Vielfalt von Hexen, Zauberinnen, Feen und weisen Frauen sind Außenseiterinnen jene als böse verstandenen, meist alten Frauen, die abseits der Gesellschaft allein im Walde hausen und mit ihren magischen Kräften Schadenzauber üben oder Menschen fressen – als Hexen bezeichnete Frauen, die ausgegrenzt werden oder sich selbst ausgegrenzt haben.

Anmerkungen

1 *EM 6* (1990), Sp. 963; anders als die in die Gesellschaft integrierte Sagenhexe: siehe Gobrecht, Barbara: »Hexen im Märchen«. In: *Jahrbuch der Brüder Grimm-Gesellschaft VIII* (1998), S. 41-57, hier S. 46.

2 *EM 13*, Lieferung 2 (2009).

3 Man findet zwar allerlei Sekundärliteratur zu Hexen und weisen Frauen, jedoch sind die Definitionen meist schwammig und der Inhalt oft sogar esoterisch.

4 *EM 1* (1977), Sp. 1046.

5 In Deutschland ist die Hexe Teil der Landschaft, die deutsche Hexe »aufs engste mit dem Ort verbunden, der sie definiert«: Daran, Valérie de: »Das Bild der Hexe in der französischen Kinder- und Jugendliteratur. Das Beispiel der Übersetzungen und Adaptationen von ›Hänsel und Gretel‹«. In: *Hexen*. Historische Faktizität und fiktive Bildlichkeit. *Sorcières*. Faits historiques, imagerie et fiction. Herausgegeben von Marion George und Andrea Rudolph. Dettelbach 2004, S. 405-423, hier S. 405.

6 KHM 15 (ATU 327A), nach Brüder Grimm: *Kinder- und Hausmärchen*. Nach der Großen Ausgabe von 1857, textkritisch revidiert, kommentiert und durch Register erschlossen. Herausgegeben von Hans-Jörg Uther. 4 Bde. München 1996. Weiter zitiert als KHM/Uther. Hans-Jörg Uther hat die Märchentexte graphisch unterteilt.

7 »Apfel« bei KHM/Uther, Bd. 1, S. 87; »Äpfel« bei Brüder Grimm: *Kinder- und Hausmärchen*. Ausgabe letzter Hand mit den Originalanmerkungen der Brüder Grimm. Mit einem Anhang sämtlicher, nicht in allen Auflagen veröffentlichter Märchen und Herkunftsnachweisen, herausgegeben von Heinz Rölleke. 3 Bde. Stuttgart 1980, Bd. 1, S. 105. Weiter zitiert als KHM/Rölleke.

8 Im zweiten Band (ca. 1819/20), Nr. 5. Rechtschreibung wie in CD-ROM *Deutsche Märchen und Sagen*. Herausgegeben von Hans-Jörg Uther. Berlin 2003 (Digitale Bibliothek 80).

9 Hauser-Schäublin, Brigitta: »Kannibalismus«. In: *EM 7* (1993), Sp. 939-945, besonders Sp. 943.

10 Zur *hagazussa* siehe Gobrecht, Barbara: »Hexenkraft in Märchen, Sage und Literatur«. In: *Frauenkraft, die bewegt – nicht nur in Märchen, Mythen und Sagen*. Im Auftrag der Schweizerischen Märchengesellschaft herausgegeben von Angela Teufer. Reinach 2009, S. 23 und 36.

11 Zum Beispiel in Afanas'ev Nr. 106 und 112 (ATU 327C, F).

12 Johns, Andreas: *Baba Yaga*. The Ambiguous Mother and Witch of the Russian Folktale. New York 2004, S. 269.

13 Zu Hexen als imaginären Randgruppen siehe Roeck, Bernd: *Außenseiter, Randgruppen, Minderheiten*. Fremde im Deutschland der frühen Neuzeit. Göttingen 1993, S. 8 und 55.

14 Ähnlich in KHM 85. Zu ATU 303 siehe Gobrecht, Barbara: »Zweibrüdermärchen«. In: *Die Kunst des Erzählens*. Festschrift für Walter Scherf. Herausgegeben von Helge Gerndt und Kristin Wardetzky. Potsdam 2002, S. 227-241.

15 Basile, Giambattista: *Das Pentamerone* 1,7; die folgenden Textbeispiele in der Übertragung von Adolf Potthoff. Essen 1981.

16 Kuder, Ulrich: »Haar«. In: *EM 6* (1990), Sp. 337-343, hier Sp. 338.

17 Geiger, Rudolf: *Die zwei Brüder*. Studie zu einem Märchen der Brüder Grimm. Stuttgart 1994, S. 50-54.

18 Beit, Hedwig von: *Symbolik des Märchens*. 2 Bde. Bern/München, 1965[2] (verbesserte Auflage), Bd. 2: *Gegensatz und Erneuerung im Märchen*, S. 331.

19 Zum Beispiel in: Schullerus, Pauline: *Rumänische Volksmärchen aus dem mittleren Harbachtal*. Neuausgabe besorgt von Rolf W. Brednich u. a. Bukarest 1977, Nr. 76: »Zwei Brüder mit goldenen Haaren«.

20 Beit (wie Anm. 18), S. 372.

21 Gerlach, Hildegard: »Hexe«. In: *EM 6* (1990), Sp. 978.

22 Siehe Wolfzettel, Friedrich: »Fee, Feenland«. In: *EM 4* (1984), Sp. 948.

23 Gobrecht, Barbara: »Alt und/oder weise? Hexen im Märchen«. In: *Alter und Weisheit im Märchen*. Herausgegeben von Ursula und Heinz-Albert Heindrichs. München 2000, S. 123-140, hier S. 131-137.

24 Swetlana Geiers freie Übersetzung des Anfangs von Afanas'ev Nr. 266. München 1985. Im Original: »Не возлюбила она падчерицу«.

25 Genaueres siehe Gobrecht, Barbara: »Einleitung«. In: Gobrecht, Barbara: *Märchenfrauen*. Von starken und von schwachen Frauen im Märchen. Freiburg/Basel/Wien 1996, S. 14-16.

26 Afanas'ev Nr. 266 (ATU 409: *Wolfsmädchen*).

27 Schwibbe, Gudrun: »Schadenzauber«. In: *EM 11* (2004), Sp. 1174.

28 *Erz-* (griechisch *archi*) als Verstärkung, einer Zauberin »noch übergeordnet«. Siehe: Meyer, Suzanne: *Die Rezeption des Märchens »Jorinde und Joringel«*. Ein Beitrag zur empirischen Rezeptionsforschung. Lizentiatsarbeit. Zürich 1981, S. 19.

[29] Siehe Uther, Hans-Jörg: »Jorinde und Joringel«. In: *EM* 7 (1993), Sp. 633.

[30] KHM/Uther, Bd. 4, S. 136.

[31] Rölleke, Heinz: »Jung-Stilling, Johann Heinrich«. In: *EM* 7 (1993), Sp. 823-826.

[32] KHM/Uther, Bd. 1, S. 87: »Die Hexen haben rote Augen und können nicht weit sehen, [...].«

[33] Zum Beispiel in ATU 325: *Zauberer und Schüler*. Beschreibung »Zauberer, Zauberin« nach Diederichs, Ulf: *Who's who im Märchen*. München 1995, S. 367.

[34] In Goethes Ballade »Der Zauberlehrling« (1798).

[35] *Historisch-kritisches Wörterbuch des Feminismus*. Herausgegeben von Frigga Haug. Hamburg 2003, Bd. 1, Sp. 665.

[36] *Die Pantöffelchen der Nereïde*. Griechische Märchen von der Insel Lesbos. Gesammelt, übersetzt und herausgegeben von Marianne Klaar. Kassel 1987, Nr. 12.

[37] Klaar (wie Anm. 36), S. 119-120.

[38] Gonzenbach, Laura: *Sicilianische Märchen*. Hildesheim/New York 1976, Nr. 55; ins Italienische rückübersetzt in: Gonzenbach, Laura: *Fiabe siciliane*. A cura di Luisa Rubini. Rom 1999.

[39] Gonzenbach (wie Anm. 38), S. 354 (Orthographie modernisiert).

[40] Gonzenbach (wie Anm. 38), S. 360.

[41] Gonzenbach (wie Anm. 38), S. 363.

[42] Den Ausdruck »Zauberfrau« bevorzugen Bandini, Ditte und Giovanni in: *Kleines Lexikon des Hexenwesens*. München, 2000^2, S. 226-228; Schreier, Cornelia: *Die Zauberfrau in den Volksmärchen bei Wilhelm und Jakob* [sic!] *Grimm und Ludwig Bechstein*. Lizentiatsarbeit, Zürich 1986; Harmening, Dieter: »Hexenbilder – Alte und neue Einfärbungen«. In: *Hexen heute*. Magische Traditionen und neue Zutaten. Herausgegeben von Dieter Harmening. Würzburg 1991, S. 9.

[43] Brüder Grimm: *Kinder- und Hausmärchen*. Nach der zweiten vermehrten und verbesserten Auflage von 1819, herausgegeben von Heinz Rölleke. München 1982, Bd. 2, S. 577. Zu Jacob Grimms Begriff von »weisen Frauen« siehe seine *Deutsche Mythologie*. Bd. 1, Kapitel XVI.

[44] KHM/Rölleke, Bd. 3, S. 510.

[45] Rölleke, Heinz: *Grimms Märchen und ihre Quellen*. Die literarischen Vorlagen der Grimm'schen Märchen, synoptisch vorgestellt und kommentiert. Trier 1998, S. 410 und 412.

[46] *Zauberfrauen*. Märchen aus allen Welten. Herausgegeben von Scharuk Husain. Zürich 1995, S. 22.

[47] Husain (wie Anm. 46), S. 276.

[48] Beispielsweise in KHM 49, 56, 122.

[49] Keine weise Frau, sondern eine *Fee* in Grimms Vorlage: Theodor Peschek (*Die Geschichte vom Einäuglein, Zweiäuglein und Dreiäuglein*, ein oberlausitzisches Kindermärchen) in Johann Gustav Büschings *Wöchentliche Nachrichten für Freunde der Geschichte, Kunst und Gelahrtheit des Mittelalters*, 1816.

[50] KHM/Uther, Bd. 1, S. 249.

[51] Karlinger, Felix: »Nüancen [sic!] in der Typisierung romanischer Feengestalten«. In: *Studien zur Stoff- und Motivgeschichte der Volkserzählung*. Herausgegeben von Leander Petzoldt, Siegfried de Rachewiltz und Petra Streng. Frankfurt a. M. 1995, S. 17-23, hier S. 17-18.

[52] *Griechische Volksmärchen*. Gesammelt und herausgegeben von Georgios A. Megas. München 1998, Nr. 46.

[53] Ahrendt-Schulte, Ingrid: *Weise Frauen – böse Weiber*. Die Geschichte der Hexen in der Frühen Neuzeit. Freiburg/Basel/Wien 1994, S. 85.

[54] Zudem identifizierte *Jacob* Grimm die Zauberinnen weitgehend mit Hexen: Rölleke, Heinz: »Zauber-Märchen – Märchen-Zauber. Vom Zauber im Volks- und Kunstmärchen«. In: *Zauber Märchen*. Herausgegeben von Ursula und Heinz-Albert Heindrichs. München 1998, S. 15. Zur sprachlichen Nähe von »Saga« oder »kluge Frau« und *Feen* siehe Staschen, Heidi/Hauschild, Thomas: *Hexen*. Krummwisch 2001, S. 33 (nach Michelet).

[55] Griechisch: δράκος.

[56] Herausgegeben von Thede Kahl und Andreas Karzis. Köln/Thessaloniki, S. 148 und 149. Im Wort μάγισσα steckt »Magierin«.

[57] Harmening, Dieter: »Zauberinnen und Hexen. Vom Wandel des Zaubereibegriffs im späten Mittelalter«. In: *Ketzer, Zauberer, Hexen*. Die Anfänge der europäischen Hexenverfolgungen. Herausgegeben von Andreas Blauert. Frankfurt a. M. 1990, S. 74.

Renate Vogt

»...weil he nig recht van de Weld was.«

Vom Dummling im Zaubermärchen

Die Welt weiß kaum etwas vom Dummling, aber die Märchen wissen viel von ihm. Das Wort »Dummling« suchen wir bis heute nahezu vergeblich in allgemeinen Wörterbüchern – Ausnahme: 20. aktualisierte Auflage der 24-bändigen *Brockhaus-Enzyklopädie*[1]. Nur so viel – oder so wenig – zum wissenschaftlichen Gebrauch des Ausdrucks »Dummling«: Die Brüder Grimm haben ihn in Text und Erläuterungen der *Kinder- und Hausmärchen* gebraucht und dadurch gewissermaßen eingeführt, obwohl sie ihn nicht in ihr *Deutsches Wörterbuch* aufnahmen. Aufbauend auf den Ansätzen der Brüder Grimm, schlug der Schweizer Literaturwissenschaftler Max Lüthi eine Unterscheidung zwischen »Dummkopf« und »Dummling« vor. Sie hat sich in der Märchenforschung durchgesetzt. Seine Gedanken sind in seinen beiden Artikeln »Dummheit« und »Dümmling, Dummling« im dritten Band der *Enzyklopädie des Märchens*[2] zusammengefasst.

Der *Dummkopf* bleibt unabänderlich dumm und ist der Held der Schwänke und Schwankmärchen. Der *Dummling* scheint nur dumm, besonders am Märchenanfang, und ist der Held der glückhaft endenden Zaubermärchen. Er ist, wie Lüthi sagt, nur »in Dummheit verpuppt«. In der Puppe reift ja das Kostbare heran. Wie die Larve, die sich zum Schmetterling entwickelt, überwindet der Dummling das Puppenstadium.

Als das wichtigste Wesensmerkmal des Dummlings nennt Lüthi seine *Doppelpoligkeit*. Einerseits wirkt er dumm auf seine Umgebung, andererseits meistert allein er die schier unüberwindlichen Schwierigkeiten und wird in der Regel König oder zumindest Kronprinz. Er ist eine besondere Ausprägung des unterschätzten, verkannten Helden.

An Lüthis Charakterisierung und auch an dem großartigen Charakterbild, das uns Franz Vonessen geschenkt hat in seiner Abhandlung *Der Dummling als Liebhaber*[3], fällt mir auf, wie schwierig solche Charakterisierungsversuche bei dieser Gestalt sind. Bei Lüthi lesen wir zum Beispiel: »Der Du. ist ein Mißachteter oder tatsächlich ein Mangelwesen [...].«[4] Auch Franz Vonessen formuliert tastend, bevor er seinen Katalog von zehn Eigenschaften des Dummlings vorstellt: »Im einzelnen hat der Dummling folgende Züge, von denen allerdings zu betonen ist, daß sie durchaus nicht vollständig vorhanden sein müssen; das Märchen setzt den Akzent, wie es will. Wohl aber kann man umgekehrt sagen: sofern ein Märchenheld mehrere dieser Züge besitzt, ist er irgendwie zum Typus des Dummlings zu rechnen.«[5]

Nach meinem Eindruck zeichnet gerade die mangelnde Eindeutigkeit den Dummling aus. Sie irritiert und fasziniert uns zugleich. Der Dummling ist für mich eine spezielle Ausprägung des *Paradoxes*, das zum menschlichen Leben gehört. Dieser Märchenfigur nachzuforschen kann uns vielleicht etwas aus unseren gewohnten Denkbahnen herauslocken. Mit dem Dummling eröffnen sich uns Denkmöglichkeiten, die (ich zitiere noch einmal Lüthi), »so absurd sie scheinen, doch irgendwie zukunftsträchtig sein können«[6].

Warum, so fragen wir uns schließlich, kann gerade diese aus allen Normen herausfallende Gestalt König werden?

Aus der Fülle dessen, was uns die Zaubermärchen vom Dummling erzählen, greife ich einiges mir Wichtige heraus, das uns einer Antwort auf diese Frage möglichst nahe bringen soll. Dabei berücksichtige ich seine *Familiensituation*, vor allem am Märchenanfang, seine vorherrschenden *Eigenschaften*, besonders aufschlussreiche seiner *Aufgaben* und werfe einen kurzen Blick auf seine *Helfer* und den *Märchenschluss*.

Familiensituation

In der erdrückenden Mehrzahl der Texte steht der Dummling am Anfang nicht so allein wie der »kleine, schiefe, buckelichte Bursch« Hans Dumm in der Erstausgabe der KHM von 1812/1815[7], sondern ist der oft verlachte Außenseiter in einer Familie. Bei den Geschwistern herrscht die Gleichgeschlechtlichkeit vor: Ein Dummling hat in aller Regel Brüder, eine weibliche Naive hat Schwestern. Die Gleichgeschlechtlichkeit unterstreicht, zumal in den zahlreichen Drei-Brüder-Märchen, den Kontrast zwischen dem Dummling und den »Normalen«, die der Norm entsprechen, aber der außergewöhnlichen Situation nicht gewachsen sind. Erst der dritte Ansatz überwindet die Stagnation der unangemessenen Lösungsversuche der beiden Brüder, die rational und konventionell denken. Er enthält das schöpferische Element, aus dem Zukunft geboren wird.

Auf die Gefährdungen des Dummlings durch seine Familie kann ich hier nicht näher eingehen. Wichtig aber erscheint mir: Ein Dummling rächt sich nicht entsprechend hart an seinen Blutsverwandten. Nur seine Schwäger, die sein Verderben betrieben haben, trickst er in ihr Verderben, so in dem lettischen Märchen »Wie das Dummerchen die sieben verzauberten Brüder errettete«[8]. All die gefühlsmäßigen Wechselbäder, denen er durch seine Umwelt ausgesetzt ist, fechten ihn innerlich nicht wirklich an, auch wenn er äußerlich vor den Drangsalierungen fliehen, ja sein Leben retten muss. Diese Unerschütterlichkeit führt uns zu seinen *Eigenschaften*.

Eigenschaften

Franz Vonessen stellt in seiner erwähnten Abhandlung zehn Eigenschaften des Dummlings vor. Kurz aufgezählt, lauten sie:

1. naiv, einfältig
2. ungeschickt, hilflos
3. weltfremd
4. aufrichtig, ohne Berechnung
5. arglos (überlistbar von Weltklugen)
6. sanft, mitleidig
7. unansehnlich, verunstaltet
8. taub (leichtsinnig)
9. blind (verträumt)
10. lahm (antriebsschwach)

Die ersten sechs fasst Vonessen selbst enger zusammen als »Eigenschaften, die fest wie die sechs Seiten eines Würfels erscheinen, das heißt: sich gegenseitig tragen und stützen«[9]. Ich habe festgestellt, dass tatsächlich nur diese sechs auch bei weiblichen Naiven zu finden sind, nicht jedoch die letzten vier, die seine Weltabgewandtheit, sein sich selbst ausgrenzendes Gebaren kennzeichnen.

In der ersten Gruppe ergeben sich das zweite bis fünfte Merkmal aus dem ersten: naiv – lat. *nativus*, das heißt: (neu-) geboren, also unerfahren, unkundig wie ein gerade geborenes Kind. Allesamt sind sie Ausdruck der jugendlichen, zuweilen kindlichen Unerfahrenheit, oft Unbekümmertheit des Dummlings. Eine ehemalige Schülerin von mir formulierte einmal: »Der Dummling hat eine ganz junge Seele.« Das sechste Merkmal »sanft, mitleidig« bezeugen besonders die Szenen, in denen er Geschöpfe, zumal Tiere, schont. Es fügt sich zu den zuvor genannten, denn es ist Ausdruck seines guten, reinen Herzens, das dem Dummling oft zugeschrieben wird.

Besonders einprägsam und phantasievoll werden *Hilflosigkeit* und *Weltfremdheit* im niederdeutschen Märchen »Dat Erdmänneken«[10] gestaltet. Von den drei Jägerburschen, die ausziehen, um die entschwundenen Königstöchter zu suchen, können die zwei älteren den jüngsten nicht leiden. Sie nennen ihn den »dummen Hans«, »weil he nig recht van de Weld was«, das heißt, ihm fehlt die Weltklugheit, und das macht ihn hilflos. Zwar kann er durch seine Beherztheit die drei Königstöchter aus den drei jeweils von einem Drachen bewachten Kammern, hundert Klafter tief unter der Erde, erlösen und von den beiden anderen Jägerburschen in einem Korb hinaufziehen lassen »in die lichte Welt«, wie es russische Märchen ausdrücken, nicht aber kann er sich selbst befreien; denn die heimtückischen Gesellen missgönnen ihm den Erfolg und die schönste Königstochter und lassen den Korb in Mordabsicht beim vierten Mal wieder in die Tiefe sausen. Zum Glück hat der vorgewarnte Dummling diesmal nur einen schweren Stein in den Korb gelegt. Jedoch wie soll er aus dem unterirdischen Gefängnis herauskommen? Da »geit de jungeste Jägerbursche ganz bedröwet in den drei Kammern herummer un denket, dat he nu wull sterwen möste, [...]. He geit so mannigmal up un af spatzeren, dat de Erdboden davon glat werd.« Schließlich aber entdeckt er eine Flöte, die an der Wand hängt: »[...] da nümmet he de Fleutenpipen van der Wand un blest en Stücksken, up eenmahl kummet da so viele Erdmännekens, bie jeden Don, den he däht, kummt eint mehr; da blest he so lange dat Stücksken, bis det Zimmer stopte vull is [...], da fatten sie ünne alle an, an jeden Spir (Faden) Haar, wat he up sinen Koppe hadde, un sau fleiget se mit ünne herupper bis up de E[e]re.«

Eine litauische Variante von »Der goldene Vogel« (KHM 57): »Vom Dummbart und dem Wolf, der sein Freund war«[11] stellt die *Aufrichtigkeit* des Dummlings und die mit ihr zusammenhängende und ihn immer wieder in Schwierigkeiten bringende *Arglosigkeit* erfrischend humorvoll dar. Beim Versuch, den goldenen Vogel zu stehlen, wird er vom Schlossherrn ertappt. Der ruft ihm zu: »›He, was machst du hier?‹« »›Ei ich stehle Vögel.‹«

Ich will nun aus der nur den männlichen Dummling betreffenden Gruppe der Vonessen'schen Kriterien zwei etwas veranschaulichen.

Zum siebenten Kriterium *unansehnlich, verunstaltet* hat uns Basiles Erzählkunst ein unvergessliches Beispiel beschert in seinem Dummling »Pervonto«[12]. Er hat ein »Fratzengesicht«, »einen struppigen Kopf, triefige Augen, eine Papageinase und ein gewaltiges Maul« und erscheint bei Hofe auch noch »barfuß und [...] zerlumpt [...]«.

An der letzten, also der zehnten Eigenschaft aus dem Vonessen'schen Katalog: *lahm (antriebsschwach)* kann deutlich werden, was es mit dem sonderbaren Verhalten des Dummlings auf sich hat. Ich will das an einem geradezu exemplarischen russischen Dummlingsmärchen etwas erläutern: »Der dumme Jemelja« [13]. Ich habe es im *Märchenspiegel*[14] genauer vorzustellen versucht. Jemelja ist geradezu aufreizend untätig, er hat nicht den Arbeitsdrang der Deutschen. Das russische Wort hierfür klingt nicht abwertend wie unser Wort »faul«! Jemeljas Platz ist auf dem Ofen. (Wie sollte es anders sein!) Abgewandt von den aktiven Brüdern und den fleißigen Schwägerinnen, ruht er dort gewissermaßen in sich selbst. Wie in der verpuppten Larve etwas Kostbares heranreift, so reift in Jemelja die Fähigkeit zum Kontakt mit dem Tier aus der unbewussten Tiefe heran, dem Hecht im Brunnen, zu dem ihn seine Schwägerinnen zum Wasserholen schicken. Das gemeinhin stumme Tier spricht zu ihm, und er hört auf seine Worte und probiert den scheinbaren Unsinn »auf des Hechtes Geheiß« aus: »›[...] geht nach Hause, ihr Eimer, und stellt euch auf euren Platz!‹« Die Eimer gehorchen. Durch sein Vertrauen in die Möglichkeit des scheinbar Unmöglichen gewinnt er (wie auch andere Dummlinge, zum Beispiel Basiles Pervonto) die *Wünschkraft*, für mich ein Märchenbild für die schöpferische Erneuerungskraft, die sich aus der unbewussten Tiefe speist.[15]

Ich halte das hier offenbar werdende *akausale Denken und Handeln* des Dummlings, das sogar über die als unumstößlich geltenden

Kausalgesetze hinweggeht, für *die wichtigste Quelle des schöpferischen Potentials*, das sich im Dummling verkörpert. Für mich gehören der Kontakt des Dummlings mit dem Unbewussten, sein akausales Denken und Handeln und seine Offenheit und Hilfsbereitschaft gegenüber Jenseitswesen zu seinen herausragenden Zügen und den Voraussetzungen für seinen Erfolg. Außerdem ist es für ihn bezeichnend, dass er trotz seines verlachten Außenseitertums völlig mit sich im Reinen ist und dass er, sobald er aus seiner »Verpuppung« erwacht ist, seine Chance erkennt und ergreift und sein Ziel nun meist mit ungeahnter Zielstrebigkeit verfolgt. Überrascht hat es mich, dass er dabei sogar zum *Trickster* werden kann mit zuweilen übelsten Tricks, allerdings meist gegenüber den im jeweiligen Märchen das Böse repräsentierenden, das heißt: lebens- und zukunftsfeindlichen Figuren, zum Beispiel Menschen tötenden Riesen.

Der Dummling wirkt *ambivalent,* und seine gelegentliche Nähe zu dem, was wir in der realen Welt Kriminalität nennen, lässt sich nicht leugnen. Schon die Märchen vom goldenen Vogel geben davon hinreichend Zeugnis. Doch er selbst empfindet sein Tun nicht als Unrecht. Der Weg eines Helden, der wissentlich Unrecht tut, würde im Märchen nicht zu einem guten Ende führen.

Aus den vorgestellten Eigenschaften und Fähigkeiten des Dummlings erkennen wir ihn als *Absonderlichen* und zugleich *Besonderen* (wieder die Ambivalenz). Ein solcher hat auch besondere *Aufgaben*, ein umfangreiches Thema, das ich nur exemplarisch angehe. Doch eine allgemeine Bemerkung vorweg: So alltäglich Aufträge scheinen mögen, bei einem Dummling nehmen sie eine Wendung ins Wunderbare – wie Jemeljas Gang zum Brunnen.

Aufgaben

Ich wähle hier nur wenige Aufgaben aus, die uns sein Wesen und seine Wirksamkeit noch besser verstehen lassen und anhand deren ich seinen meist schweren Entwicklungsweg in die drei Richtungen nachgehen möchte, in die er führen kann:

- in die Tiefe (in die Bereiche des Unbewussten)
- in die Welt (an den Königshof)
- in die Höhe (auf den Glasberg)

Eine häufige Aufgabe, die den Dummling *in die Tiefe* führt, bestimmt auch die Handlung des erwähnten Märchens »Dat Erdmänneken«. Es gehört zu einem variantenreichen Märchentyp.[16] Drei unter die Erde verbannte – verwünschte oder geraubte – Prinzessinnen müssen aus ihren unterirdischen Palästen (oder hier Kammern) wieder ans Tageslicht gebracht werden. Dabei gilt es zudem, jeweils den sie bewachenden Drachen zu töten. Der Dummling hat das Urvertrauen, ist bereit, sein Leben einzusetzen und sich in dem Korb durch den Brunnenschacht oder das Erdloch hinunter in die unbekannten Gefilde zu wagen. Nur der Weg durch solche Gefilde führt zu den dort eingeschlossenen Prinzessinnen. Sie helfen nun ihrem Befreier mit Krafttrunk, Schwert oder gutem Rat und lausen die Köpfe des schlafenden und damit wehrlosen Drachen in ihrem Schoß. Bezeichnenderweise kann ein Dummling einen Drachen im Schlaf töten; er hat ihn dort unten aufgespürt. Ein klassischer Drachenkämpfer muss warten, bis das Ungeheuer aus seiner dunklen Höhle ans Tageslicht tritt, und sich in den offenen Kampf auf Leben und Tod wagen.

Eine ebenfalls häufige in die Tiefe führende Aufgabe löst fast ausnahmslos nur der Dummling. Sie stellt der Vater seinen drei Söhnen zur Ermittlung des würdigsten Nachfolgers. Dass es am Ende drei Aufgaben werden, liegt meist an der Eifersucht und Arroganz der älteren Brüder. Der einsame Weg des Dummlings führt hier zu den erlösungsbedürftigen Tierbräuten[17] unter die Erde: »Die drei Federn«[18], ins Unterwasserschloss der Kröte: »Dümmling«, dieses von Wilhelm Grimm aufgezeichnete keimhafte Kurzmärchen[19], oder ins Schloss im dichten Wald, zum Beispiel zum Kalbskopf in der Wiege. – Gibt es ein stärkeres Bild für weibliche Unreife? – So in dem mecklenburgischen Märchen »Hans und der Kalbskopf«[20]. Ein Sachverhalt erscheint mir hier für das Bild des Dummlings besonders aufschlussreich:

Ich habe mich immer gefragt, warum die meisten Tierbräute so klein sind: Kröte, Frosch, Maus; und ihre Geschenke stecken zuweilen in einer unvorstellbar winzigen Hülle. Im Märchen »Das Schiff, das auf dem trockenen Lande geht«[21] erhält der Dummling von dem weißen Kätzchen eine Haselnuss, die er hier seiner königlichen Mutter geben soll. Beim Öffnen der Nuss findet sich in ihr ein Gerstenkorn, und erst aus diesem winzigen Gebilde kommt die erwünschte Stiege feiner Leinwand hervor, für mich ein Bild des Lebensgewebes wie in anderen Märchen der Teppich. Der Dummling holt das kostbare Große aus der unscheinbaren, winzigen Hülle. Mit Hilfe der Tierbraut überwindet er diesen Gegensatz. Spiegelt sich hierin auch etwas von seiner eigenen Entwicklung? Solche Märchenbilder veranschaulichen seine wunderbare *Fähigkeit zur Gegensatzüberwindung, zur Synthese*, aus der Neues entstehen kann.

Ich komme zum Weg des Dummlings *in die Welt*, einem besonders humorvollen Weg zur Prinzessin. Es gilt, eine *Königstochter zum Lachen zu bringen*, die dann den heiratet, dem das gelingt.[22]

Was geht hier vor, wenn der Dummling dreimal, anstatt vom väterlichen Geld Kälber auf dem Markt zu kaufen, so fasziniert ist vom Spiel einer Fee mit einem possierlichen Tierchen, dass er ihr dieses Tierchen abkauft? So Nardiello, der leichtlebige Sohn eines reichen Vaters in Basiles Märchen »Der Mistkäfer, die Maus und das Heimchen«[23]: Er lässt die Tierchen musizieren, tanzen und singen vor der Prinzessin, der unter dem starren väterlich-königlichen Regelzwang »das Lachen vergangen ist«, wie Walter Scherf formuliert hat. Dadurch, dass der Dummling hier die *»kleinen Tiere«* das tun lässt, was bei Hofe sonst nur die *»großen Tiere«* tun dürfen, durchbricht er die höfische Etikette und löst in der Prinzessin das befreiende Lachen aus.

Von einer anderen Möglichkeit, die Prinzessin zum Lachen zu bringen, erzählt ein bekanntes Märchen, das scheinbar unlösliche Zusatzaufgaben enthält: »Die goldene Gans«[24].

Die dritte dieser Zusatzaufgaben, die der alte König dem unerwünschten Freier seiner Tochter stellt, um ihn loszuwerden, ist einem Dummling besonders gemäß. Er soll *ein zu Land und zu Wasser fahrendes Schiff* herbeischaffen. Ich will hier nicht auf die historischen Versuche eingehen, diesen uralten Menschheitstraum zu verwirklichen, der die technische Entwicklung fraglos beflügelt hat. Wichtig erscheint mir in unserem Zusammenhang, dass dieses Bild, das oft als Ausdruck für die Fähigkeit des Dummlings angesehen wird, sich sowohl auf dem Boden der Realität als auch auf den Wogen des Unbewussten bewegen zu können, eigentlich ein Bild für die Aufhebung dieses Gegensatzes ist, eine noch intensivere als die bei den Tierbrautmärchen erwähnte Veranschaulichung der Gegensatzüberwindung, weil sie in ein einziges Bild gefasst ist, vielleicht das einprägsamste Bild seiner außergewöhnlichen, alles übertreffenden *Synthesefähigkeit*, wie sie ein zwar verkannter, aber hochbegabter Außenseiter mit seiner Verbindung zur schöpferischen Tiefe erwerben kann.

Der dritte Weg des Dummlings, der Weg *in die Höhe*, führt allermeist auf den *Glasberg*.[25]

Ines Köhler-Zülchs Artikel »Prinzessin auf dem Glasberg«[26] weist besonders sorgfältig die weltweite Verbreitung dieses variantenreichen Märchentyps[27] nach, der nicht unbedingt einen Dummling als Glasbergbezwinger verlangt; im Grimm'schen Märchen »Die Rabe«[28] zum Beispiel ist der Erlöser der in eine Rabenkrähe verwünschten Prinzessin kein Dummling. Doch auf den folgenden Satz aus dem Fazit zur geographischen Verteilung von Dummling und Nicht-Dummling als Glasbergreiter muss ich am Schluss meiner Ausführungen noch einmal zurückkommen: »Die relevanten europ. Var.n hingegen stellen ein ausgesprochenes Dummlingsmärchen mit der jeweils für die Region spezifischen Figur des Aschensitzers, Ofenhockers oder Dummhans als Protagonist dar.«[29]

Die Märchen vom Glasbergritt eines Dummlings erzählen besonders phantasiereich von dem für einen Dummling bezeichnenden Wechselspiel von *Schein und Sein*.[30] Das beginnt schon mit den beiden charakteristischen Einleitungsmotiven: entweder der *Aufklärung eines wiederholten nächtlichen Diebstahls*, zum Beispiel von kostbaren oder lebensnotwendigen Baum- beziehungsweise Feldfrüchten, oder der *nächtlichen Wache am Grab oder Sarg des Vaters*.

Dass der Dummling der einzig Erfolgreiche der drei Brüder bei der *Aufklärung des nächtlichen Diebstahls* ist, bezeugen Märchen wie »Die weiße Taube«[31] oder »Der goldene Vogel«[32]. Im Gegensatz zu seinen erfolglosen Brüdern erfindet er unangenehme Schlafverhinderungsmethoden; er setzt sich zum Beispiel vor eine Flachshechel oder einen Schlehenbusch, die ihn schmerzhaft vor dem Einschlafen bewahren. Er unternimmt also eine gewaltige Erkenntnisanstrengung. Gelingt sie ihm, dann stellt er sich furchtlos dem nächtigen Geschehen. Er verfolgt zum Beispiel ein gefährliches, ungeheuerliches Tier.[33] Durch seine Furchtlosigkeit kann er dem Sog der dunklen Kräfte aus dem Unbewussten widerstehen, die das, was reif geworden ist und Lebenskraft spenden sollte, in ihre Sphäre hinabziehen und dort anhäufen, wo es nicht wirksam werden kann. Nur er hat sich auf den beschwerlichen und gefährlichen Weg bis zu ihnen hinab gewagt und erweist sich dort ihnen gegenüber als mächtig, während er den Menschen droben lächerlich und verächtlich erscheint. Durch seine Beherztheit gewinnt er den Räubern das von ihnen gehütete Rüstzeug für den Glasbergritt ab: die drei Pferde und die entsprechenden Ritterrüstungen, deren in der Regel nach ihrem Wert steigernd angeordnete Farben meist auf die Metalle Kupfer, Silber und Gold verweisen, aus denen mythologisch oft die drei Glasbergstufen bestehen.

Dieses Rüstzeug verstehen wir besser im Zusammenhang mit dem zweiten Einleitungsmotiv, der *Grabwache*. Sie erfordert nahezu immer den Dummling.

Was widerfährt ihm bei seinen drei Wachen am Grab oder Sarg des Vaters, zweimal anstelle seiner feigen und bequemen Brüder und einmal für sich? Die nächtige Atmosphäre und der Dialog mit dem Toten, der sich um Mitternacht aus dem Grab beziehungsweise Sarg erhebt, weisen wiederum auf einen intensiven Tiefenkontakt des Helden, durch den er jetzt sogar die Grenze zwischen Lebenden und Toten überschreiten kann. Die Furchtüberwindung, die dazu nötig ist, deutet bereits den Initiations-Charakter einer solchen Szene an. Er wird unterstrichen durch die dreimalige ritualartig verlaufende Begegnung des Dummlings mit dem nun aus dem Jenseits sprechenden und wirkenden Vater: »›Nun, mein ältester Sohn, bist du es?‹ ›Nein, ich bin dein Jüngster, das Dummerchen.‹ ›Warum ist denn mein Ältester nicht gekommen?‹ ›Er hat Angst.‹ [...] ›Nun, mein mittlerer Sohn, bist du es?‹ ›Nein, ich bin das Dummerchen.‹ [...] ›Nun, mein Jüngster, bist du es?‹ ›Ja, ich bin dein Jüngster, das Dummerchen.‹«[34] Die magischen Gaben des Vaters, zum Beispiel drei anzusengende Rosshaare, eine silberne, goldene und diamantene Flöte oder ein silberner, goldener und diamantener Apfel, befähigen den Dummling, seinen Initiationsweg zu vollenden. Mit einer solchen Gabe ruft der Dummling zum gegebenen Zeitpunkt das passende Pferd »auf den Plan«, das ihn auf den Glasberg trägt, ein für alle anderen unerreichbares Ziel, das er nach einer solchen Grenzerfahrung meist beim dritten Ansatz, manchmal direkt mit Höchstgeschwindigkeit erreicht. Die nach ihrem Wert steigernd angeordneten Gaben – silbern, golden und diamanten – deuten dabei ebenso wie die Farben der drei Pferde und Ritterrüstungen auf die stufenweise Höherentwicklung des Dummlings.

Das eigentliche Ziel des Glasbergreiters ist die Prinzessin auf dem Glasberg. Der Dummling holt sie vom Glasberg herunter beziehungsweise sie kommt herunter und sucht den Sieger, nachdem der dritte Ritt zum Höhepunkt des Geschehens geführt hat, zum leibhaftigen – wenn auch noch »flüchtigen« – Kontakt der beiden. Der Dummling »erdet« die Prinzessin gewissermaßen, holt sie aus der reinen, klaren, aber auch eisigen Atmosphäre hoher, überhöhter Geistigkeit (Glasberg – *glacier* – Gletscher) ins blutvolle Leben herein, sodass sie zukunftsfähig wird.

Seine dreimalige Flucht vor Identifizierung mag noch das Mysterium eines so gewaltigen Reifungsgeschehens andeuten, die mächtige Wirkung der ersten großen Liebesbegegnung. Der Held will von der Prinzessin noch nicht und doch dringlich erkannt werden (wieder die Ambivalenz). Das Erkennen gelingt, weil die Prinzessin ihn auf dem Höhepunkt ihrer Begegnung mit einem Erkennungszeichen versehen hat, das ihrer beider Zusammengehörigkeit »besiegelt«, zum Beispiel einem silbernen Stern auf der Stirn. Dieses Zeichen beendet das Wechselspiel von Schein und Sein.

Die hier vorgetragenen Gedanken sollen den Schleier des Geheimnisses über dem Weg des Dummlings zum Glasberg nicht zerreißen; vielleicht aber helfen sie, den Blick für die Vielschichtigkeit der Märchensymbole zu schärfen, ohne vor ihnen zu kapitulieren, vielmehr ihre Unauslotbarkeit staunend und demütig anzuerkennen.

Alle drei skizzierten Wege des Dummlings, in die Tiefe, in die Welt und in die Höhe, führen letztlich immer zur *Erlösung* der ihm zugeordneten Partnerin, der Prinzessin. Auf dem ersten Weg erlöst er sie aus einem tief unbewussten Zustand (Tiergestalt, unterirdischer Palast, Unterwasserschloss, schier unweckbarer Schlaf), auf dem zweiten aus gesellschaftlicher Verklemmtheit, auf dem dritten aus überhöhter, überbetonter Geistigkeit, vielleicht »Verstiegenheit«, »Überheblichkeit«.

Solche Erlösung ist zugleich Selbsterlösung. Das vermittelt uns besonders deutlich das Motiv der Verbannung in das mit Teer abgedichtete Fass, wohin der erzürnte königliche Vater seine Tochter, den Dummling und – gegebenenfalls – auch ihr Kind »verdrängt« und damit den Meereswogen preisgegeben hat. Erlösung ist immer Erlösung zur Ganzheit. (Vater, Mutter und Kind stecken in dem Fass.) Es ist Erlösung zur souveränen Königsherrschaft über sich selbst und die Welt, der beide nach überstandener Gefahr vorstehen.

Die Teerfass-Szene, zum Beispiel im »Jemelja«-Märchen, zeigt aber auch, dass diese Erlösung die Hilfe der Partnerin braucht. Ohne ihren ständigen Anstoß würde der Dummling seine Wünschkraft gar nicht zu ihrer Rettung einsetzen, denn er fühlt sich wohl auf den Meereswogen, den Wogen des Unbewussten. Die Frau erkennt die Lebensgefahr rechtzeitig und übernimmt die Führung: »›Mach, dass wir ans Ufer kommen.‹« Auch Basiles Pervonto muss gelenkt werden: »›Gib mir

Feigen und Rosinen, so will ich dir dienen‹«, diese Worte wiederholt er geradezu formelhaft, bis der Mundvorrat im Teerfass aufgezehrt ist, die Prinzessin ihn aber auch veranlasst hat, all das herbeizuwünschen, was zu einem königlichen Dasein gehört. Die Frau weiß die schöpferische Kraft des Dummlings sinnvoll zu lenken. Es bewegt mich, dass sogar die selber noch im Unbewussten befangene Tierbraut den Dummling zielsicher auf den rechten Weg bringt.

Blicken wir noch ganz kurz auf andere Helfer-Figuren.

Helfer

Abgesehen von den dummlingshaften norwegischen »Aschensitzern«, brauchen die meisten Dummlinge Helfer.

Alle seine *jenseitigen Helfer* gewinnt der Dummling durch seine Offenheit und seine Hilfsbereitschaft: zum Beispiel dankbare Tote, Feen, alte, weise Frauen und Männer, graue Männchen, jedoch keine weiblichen Diminutiv-Entsprechungen, wohl aus Ehrfurcht vor den Erdmutter-Gestalten; sodann *abenteuerliche Figuren* wie gewaltiger Esser, »Saufaus«, wie Swetlana Geier ihn nennt, Läufer, Lauscher, Scharfschütze und Wettermacher, die sogenannten »wunderlichen Gefährten« und unentbehrlichen Helfer des Dummlings bei der Lösung der schier unlösbaren Aufgaben; sogar ein Menschenfresser[35] kann zu seinem Helfer werden – nur der Teufel nicht. Er wendet sich vornehmlich an den Intellekt und der ist nicht des Dummlings Stärke. Einem Glückskind kann der Teufel mit den drei goldenen Haaren[36] durch die List seiner »Ellermutter« hilfreich werden, nicht jedoch einem Dummling in dem verwandten Grimm'schen Märchen. Dort muss der Vogel Greif[37] an seine Stelle treten. Darauf, dass zu den Helfern auch viele *Tiere* gehören, kann ich hier nur hinweisen. Damit wird das *Wunder* wichtig für das glückliche Ende vieler Dummlingsmärchen.

Märchenschluss

Zum Märchenschluss ist anzumerken: Gut drei Viertel der von mir gelesenen Märchen enden mit dem Bild der erreichten Souveränität und Ganzheit, der Hochzeit, knapp 60 Prozent zusätzlich mit dem Gewinn der Königsherrschaft oder zumindest der Anwartschaft auf sie. Einige lassen den Dummling eine andere Erfüllung finden, zum Beispiel das Grimm'sche Märchen »Die drei Sprachen«[38], in dem der tiersprachenkundige Dummling Papst wird. In knapp einem Fünftel der Texte aber erlangt der Dummling lediglich materielle lebenslange Fülle beziehungsweise Genüge. In einzelnen Märchen wird er sogar trotz Erfüllung der schier unlösbaren Zusatzaufgaben mit materiellem Reichtum abgefunden. Der Vater der Prinzessin missgönnt dem »Emporkömmling« das Königsglück; aber er verarmt bedrohlich mit seinem ganzen Land bei der Entschädigung des Dummlings mit Gold, und zwar durch die Tricks der »wunderlichen Gefährten«. Basiles Dummling Moscione[39] teilt den Goldgewinn mit diesen Gefährten. Darauf verabschieden sie sich höchst befriedigt, er aber bleibt bei seinem Vater zurück »so reich wie ein Krösus und gleich einem goldbeladenen Esel«.

Gibt es weibliche Dummlingsgestalten?

Im Zusammenhang mit der Rolle der Frau in den Dummlingsmärchen taucht immer wieder die Frage auf: »Gibt es auch weibliche Dummlingsgestalten, ›Dummlinginnen‹«? Ganz vereinzelt: ja, aber diese Märchen sind offensichtlich spätere Analogiebildungen einfühlsamer Erzähler, zum Beispiel Bechstein: »Das Dukaten-Angele«[40] oder das finnische Märchen »Aschenputtel«[41], ein Märchen ohne Stiefmutter, in dem das Aschenputtel, die jüngste von drei Schwestern, als Dummlingin dargestellt ist. In ursprungsnahen Texten habe ich keine Dummlinginnen gefunden.

In der Tat steht das Aschenputtel unter den Märchenheldinnen dem Dummling am nächsten, doch zwischen ihm und dem klassischen Aschenputtel besteht ein entscheidender Unterschied. Dieses setzt ganz bewusst und gezielt für sein Lebensglück das Mittel ein, das ihm den hilfreichen Tiefenkontakt zur verstorbenen Mutter ermöglicht. Wilhelm Grimm spricht hier einfühlsam vom »Haselreis«[42]. Die biegsamen Zweige der Hasel dienen auch als Wünschelrute. Das Haselreis könnte den Kontakt Aschenputtels mit den Lebensadern der unbewussten Tiefe andeuten.

Auch eine naive Märchenheldin wie das arme Hütemädchen, das den Königssohn von England heiratet, zum Beispiel im dänischen Märchen

»Klein Mette«[43], weiß von Anfang an um ihre Bestimmung. Zielsicher und unbeirrt sitzt Klein Mette am Wegrand bei ihren Schafen und »erwartet« sich ihr Glück. Viermal weist der Prinz ihre Prophezeiung, sie werde ihn heiraten, zurück, und beharrlich entgegnet sie seinen Worten mit ihrem »Doch, das wird wohl sein!« Bei der fünften Begegnung der beiden erfüllt sich ihre Prophezeiung.

Ein Dummling kennt seine Bestimmung nicht, er fragt auch gar nicht danach. Vielmehr muss er unter Einsatz seines Lebens einen langen, gefährlichen, leidvollen Weg zum Glück gehen.

Zusammenfassung

Ich fasse zusammen: Der Reifungsweg des Dummlings wird ermöglicht durch seine Nähe zum Unbewussten. Aus ihr erwachsen sein akausales Denken, seine Fähigkeit zur Überwindung von bisher unüberwindlichen Gegensätzen, zur Synthese, sein ganzes schöpferisches Potential, durch das er zum Erneuerer wird, der schier Unmögliches möglich macht.

Wird aber dieses schöpferische Potential unkontrolliert angewendet, so kann es Leben zerstören. Jemeljas ohne Pferde durch die Stadt dahinsausender Schlitten fährt »so viel Volk über den Haufen, dass es nicht zu zählen war«. Erst seine bewusstseinsnähere Partnerin bringt ihn dazu, seine Wünschkraft lebenserhaltend einzusetzen.

Frage: Ist nach der Schöpfungsordnung urschöpferische Erneuerung dem Männlichen zugeordnet und muss die Kultivierung der neuen Möglichkeiten vom Weiblichen ausgehen? (Ich spreche nicht von Mann und Frau, sondern vom Männlichen und Weiblichen, das wir alle in uns haben.) Das Jemelja-Märchen erzählt es uns so. Es führt aus der gefahrvollen dunklen Tiefe des Teerfasses zum Palast aus Marmor gegenüber dem Palast des alten Königs oben am See, also auf das »neue Ufer«. Durch das Zusammenwirken beider wird für »alle zusammen« das neue, andere Ufer – ein anderer Bewusstseinszustand – erreicht.

Die Dummlingsthematik ist für mich eine Bewusstseinsthematik. Bei ihr drängt sich mir nach der Lektüre all der Märchen eine letzte Frage auf, die schon einmal angeklungen ist und die meines Wissens in der Forschung noch nicht hinreichend Beachtung gefunden hat:

Ist der Dummling ursprünglich ein europäisches Phänomen?

Eine Gestalt wie »Faust« zeigt, wie wichtig die Überlieferung von der Vertreibung aus dem Paradies gerade für die Entwicklung des europäischen Bewusstseins wurde. Ist der Dummling als Gegenpol zu Faust denkbar? In meinem oben erwähnten Aufsatz im *Märchenspiegel*: »Dem Dummling auf der Spur« bin ich auf die Frage der Herkunft des Dummlings eingegangen. Hier erinnere ich nur noch einmal an den Satz aus Ines Köhler-Zülchs Artikel »Prinzessin auf dem Glasberg« im zehnten Band der *Enzyklopädie des Märchens*: »Die relevanten europ. Var.n [...] stellen ein ausgesprochenes Dummlingsmärchen [...] dar.« Kurz zuvor heißt es: »Der dumme mißachtete Jüngste findet sich [...] kaum bzw. gar nicht in den vorliegenden (im Göttinger Archiv) zentralasiatischen Fassungen.« Es wäre wohl zu früh, die Frage nach der europäischen Heimat des Dummlings eindeutig mit einem Ja zu beantworten. Doch warum verhelfen die wunderlichen Gefährten in einem Südseemärchen, »Der Häuptling mit den wunderbaren Dienern«[44], einem Häuptling und nicht einem Dummling zur Heirat mit einer Königin? Wäre unserem von Europa ausgegangenen, mittlerweile weltweit verbreiteten Denken, das so stark auf Gesetzmäßigkeiten und die sogenannten Tatsachen gerichtet ist, nicht ein Dummling hilfreich zur Befreiung gerade unserer schöpferischen Kräfte, unserer Anstrengungen in Forschung und Entwicklung aus eingefahrenen Bahnen?

Ich kann solche Fragen letztlich nur an die Märchenfreunde weitergeben und eine »europäische« Märchengesellschaft bitten zu erwägen, ob es sich nicht lohne, zur Erforschung der kulturellen Wurzeln eines eindeutig in Europa am häufigsten bezeugten Phänomens auch den außereuropäischen Märchen noch mehr Aufmerksamkeit zu schenken.

Anhang

Artikel »*Dummling*«. In: 24-bändige *Brockhaus-Enzyklopädie*. Leipzig/Mannheim 1997 (20. überarbeitete und aktualisierte Auflage), Bd. 6, S. 15: »›Dummling‹, auch ›Dümmling‹, charakterist. Gestalt des Volksmärchens: ein missachteter und unterschätzter Held, häufig der jüngste von drei Brüdern. Beim D. kann es sich um einen in Wirklichkeit klugen Helden wie auch um einen Narren handeln, der durch seine naive Logik[45] oder durch fremde Hilfe Erfolg hat. Der D. ist kein Dummkopf oder Tölpel; vielmehr wirkt er sympathisch in seiner kindl. Einfalt oder wegen seiner Gewitztheit im Umgang mit übermächtigen Gegenspielern.«

Anmerkungen

1 20. Auflage der 24-bändigen *Brockhaus-Enzyklopädie*, Bd. 6 (1997), S. 15, s. Anhang.

2 Lüthi, Max: »Dummheit«. In: *EM 3* (1981), Sp. 927-937 und Lüthi, Max: »Dümmling, Dummling«. In: *EM 3* (1981), Sp. 937-946.

3 Vonessen, Franz: »Der Dummling als Liebhaber«. In: Janning, Jürgen/Gobyn, Luc (Hrsg.): *Liebe und Eros im Märchen*. Kassel 1988, S. 131-157.

4 Lüthi (wie Anm. 2), Sp. 939.

5 Vonessen (wie Anm. 3), S. 138.

6 Lüthi (wie Anm. 2), Sp. 935.

7 *Die Kinder- und Hausmärchen der Brüder Grimm*. Urfassung 1812/1814 [sic!]. 2 Bde. Herausgegeben von Peter Dettmering. Lindau o. J., Bd. 1, Nr. 54, S. 163-165. Weiter zitiert als KHM/Dettmering.

8 *Lettische Volksmärchen*. Herausgegeben von Ojars Ambainis. München 1989, Nr. 84, S. 316-325.

9 Vonessen (wie Anm. 3), S. 139.

10 KHM 91, ATU 301: *The Three Stolen Princesses*. Text nach Brüder Grimm: *Kinder- und Hausmärchen*. Ausgabe letzter Hand mit den Originalanmerkungen der Brüder Grimm. Mit einem Anhang sämtlicher, nicht in allen Auflagen veröffentlichter Märchen und Herkunftsnachweisen, herausgegeben von Heinz Rölleke. 3 Bde. Stuttgart 1980, Bd. 2, S. 39-44; bes. S. 43.

[11] *Litauische Volkslieder und Märchen.* Herausgegeben von August Leskien und Karl Brugman. Straßburg 1882, Nr. 6. Text nach Uther, Hans-Jörg: *Europäische Märchen und Sagen.* CD-ROM Berlin 2004 (Digitale Bibliothek 110), Sp. 13301-13313. ATU 550: *Bird, Horse and Princess.*

[12] Basile, Giambattista: *Das Märchen aller Märchen ›Der Pentamerone‹.* Herausgegeben und mit einem Nachwort versehen von Walter Boehlich. 5 Bde. Frankfurt a. M. 1982, Bd. 1 (Erster Tag), 3. Märchen, S. 51-63. Zitat S. 58. Weiter zitiert als Pentamerone/Boehlich.

[13] Afanasjew, Alexander N.: *Russische Volksmärchen.* In neuer Übertragung von Swetlana Geier. 2 Bde. München 1985, Bd. 1, Nr. 166, S. 359-362.

[14] Vogt, Renate: »Dem Dummling auf der Spur«. In: *Märchenspiegel* (2007), Heft 4, S. 29-41.

[15] ATU 675: *The Lazy Boy.*

[16] ATU 301: *The Three Stolen Princesses* (vgl. Anm. 10).

[17] ATU 402: *The Animal Bride.*

[18] KHM 63.

[19] *Die wahren Märchen der Brüder Grimm.* Herausgegeben von Heinz Rölleke. Frankfurt a. M. 1989, Nr. 11, S. 33.

[20] *Sagen, Märchen und Gebräuche aus Meklenburg.* Herausgegeben von Karl Bartsch. 2 Bde. Wien 1879/80, Bd. 1, Nr. 8. Text nach Uther (wie Anm. 11), Sp. 3398-3401.

[21] *Kinder- und Volksmärchen.* Herausgegeben von Heinrich Pröhle. Leipzig 1853, Nr. 76. Text nach Uther (wie Anm. 11), Sp. 38624-38628.

[22] ATU 559: *Dungbeetle* (Mistkäfer) beziehungsweise ATU 571: *All Stick Together* (Klebezauber).

[23] Pentamerone/Boehlich, (wie Anm. 12), Bd. 3 (Dritter Tag), 5. Märchen, S. 66-80.

[24] KHM 64.

[25] ATU 530: *The Princess on the Glass Mountain.*

[26] Köhler-Zülch, Ines: »Prinzessin auf dem Glasberg«. In: *EM 10* (2002), Sp. 1343-1351.

[27] ATU 530: *The Princess on the Glass Mountain.*

[28] KHM 93.

[29] Köhler-Zülch (wie Anm. 26), Sp. 1347.

[30] Siehe Gerndt, Helge: »Schein und Sein«. In: *EM 11* (2004), Sp. 1311; Horn, Katalin: *Der aktive und der passive Märchenheld*. Schweizerische Gesellschaft für Volkskunde. Basel 1983, S. 41 f.; Lüthi (wie Anm. 2), Sp. 939.

[31] KHM/Dettmering (wie Anm. 7), Bd. 1, Nr. 64, S. 191-192.

[32] KHM 57.

[33] Afanasjew (wie Anm. 13), Bd. 1, Nr. 132 »Das Tier Noerz«, S. 184-190.

[34] »Die Prinzessin auf dem gläsernen Berg«. In: Ambainis (wie Anm. 8), Nr. 77, S. 294-298, insbes. S. 295.

[35] »Die drei Zaubergaben«. In: *Italienische Volksmärchen*. Herausgegeben von Felix Karlinger. München 1973, S. 96-104.

[36] »Der Teufel mit den drei goldenen Haaren«, KHM 29.

[37] »Der Vogel Greif«, KHM 165.

[38] KHM 33.

[39] »Der Dummling«. In: Pentamerone/Boehlich, (wie Anm. 12), Bd. 3 (Dritter Tag), 8. Märchen, S. 100-110, insbes. S. 110.

[40] Bechstein, Ludwig: *Neues deutsches Märchenbuch*. Wien 1856, Nr. 50. Text nach Uther (wie Anm. 11), Sp. 7354-7365.

[41] *Finnische und Estnische Märchen*. Herausgegeben von August von Löwis of Menar. Jena 1922, Nr. 27. Text nach Uther (wie Anm. 11), Sp. 4884-4887.

[42] »Aschenputtel«, KHM 21.

[43] *Dänische Volksmärchen*. Herausgegeben von Laurits Bødker. Düsseldorf/Köln 1964, Nr. 27, S. 186-190.

[44] »Der Häuptling mit den wunderbaren Dienern«. In: *Südseemärchen*. Herausgegeben von Paul Hambruch. München 1979, Nr. 56, S. 194-197.

[45] Nach Lüthi, Max: »Dümmling«: Held, der sich nicht ändern muss. Er gewinnt die Prinzessin zum Beispiel dadurch, dass er mit seiner skurrilen Logik und den auf seinem Weg zum Schloss aufgelesenen Kuriositäten im Redewettkampf mit ihr immer das letzte Wort behält (ATU 853: *The Hero Catches the Princess with Her Own Words*).

Ulrich Freund

»Die kluge Else«

oder: Wie Außenseiter gemacht werden

Im folgenden Beitrag habe ich mich vor allem darum bemüht, die Person der klugen Else, so wie sie uns im Märchen entgegentritt, zu würdigen und ihr gerecht zu werden. Da sie eine Außenseiterin ist, fand dieser besondere Aspekt gleichermaßen Beachtung.

Während des Schreibens ist mir aufgefallen, wie sehr doch das triviale Vermeidungsverhalten der Else meinem eigenen ähnelt. Ich vermute, dass es dem Leser ähnlich ergehen wird wie mir. Die Else konfrontiert uns alle mit Schattenseiten unseres Selbst; und wenn Märchen uns nicht ganz zielgerichtet zu uns selbst führen würden, dann würden sie der Kraft entbehren, die wir so sehr an ihnen schätzen. »›Schneid ich ehr, oder schlaf ich ehr?‹« – Schreib ich ehr, oder schlaf ich ehr? Die beiden Sätze sind nicht nur vom Klang her sehr, sehr ähnlich!

Um Abstand zu gewinnen, möchte ich mit der Frage beginnen: Was ist Norm, wer ist Außenseiter und wie wird ein Mensch zum Außenseiter? Davon wird im Märchen ausführlich erzählt, aber es wird da nichts definiert. Dass die Else Außenseiterin wird, ist offensichtlich. Warum das aber so sein muss, ist nur im Rückschluss einfühlbar. Niemand hat die Intention, sie zur Außenseiterin zu machen, und doch geschieht es.

Außenseiter sind Randfiguren. Norm ist erstmal all das, was keiner mehr hinterfragt. *Cosi fan tutte*, so machen's doch alle.

Um einer Klärung näher zu kommen, bitte ich Sie, mir kurz zu dem Mathematiker Galton zu folgen. Ich beschreibe das sogenannte Galton'sche Brett, ein System zur experimentellen Darstellung der statistischen Normalverteilung. Kugeln fallen aus einem Schacht auf untereinander so angeordnete Nagelreihen, dass jede Kugel von Reihe zu Reihe immer nur zwei Möglichkeiten weiterzufallen hat: nach links oder nach rechts. Unter der letzten Reihe sind Schächte zum Auffangen der Kugeln angebracht. Statistisch gesehen, landen die meisten Kugeln im mittleren Schacht, der genau unterhalb des Einfüllschachts liegt. Die Mitte bildet also die Norm. Die Ausnahme ist, dass eine Kugel immer nur nach links oder immer nur nach rechts springt und damit im äußersten linken beziehungsweise äußersten rechten Schacht landet. Das genau sind die Außenseiter! Die Existenzen am Rande. Am Galton'schen Brett aber sieht man: Es gibt links *und* rechts Außenseiter, also auf beiden Seiten.

Wenn wir alltäglich von Außenseitern sprechen, dann meinen wir nur die, die durch das soziale Netz (sagen wir: nach links) fallen. Aber was sind dann die anderen, die nach rechts fallen? Die sind auch Außenseiter. Das können nur die Könige, die Prinzen und Prinzessinnen sein oder auch die Ackermanns und die Paris Hiltons. Die werden durch das Netz nach oben geschoben. Es gibt also tatsächlich sowohl Außenseiter, die nach oben, als auch solche, die nach unten gewandert sind. In der Tat: Ein Bettler am unteren Rand der Gesellschaft ist ein Außenseiter und jeder nennt ihn auch so. Jetzt sehen wir aber: Ein König am oberen Rande der Gesellschaft ist ebenfalls Außenseiter, nur nennt ihn niemand so. Ich aber möchte ihn so nennen. Auch ein König ist ein Außenseiter! In der Realität gibt es Könige, die haben unter ihrer Außenseiterrolle so sehr gelitten, dass sie auf ihre Krone verzichteten. Das allerdings ist ausschließlich das Privileg der Könige. Auf den Bettelstab kann zwar keiner verzichten, aber den wiederum kann man wählen, wie uns die Heiligenlegenden lehren.

Und das bedingt, dass ich neben dem Märchen von der klugen Else (KHM 34) auch andere Märchen in meine Betrachtung vergleichend einbeziehen möchte. Wie die Else aus der Mitte der Gesellschaft nach unten absinkt, so steigt das Hirtenbüblein (KHM 152) kraft eigener Weisheit zum Königssohn auf und die Heldin aus »Die drei Spinnerinnen« (KHM 14) bekommt den Königssohn, weil sie einfach Glück hat! Oder die Gunst der Nornen?

Den ersten Satz eines Märchens nenne ich gerne den An-Satz. Dieser An-Satz zeigt oft genug schon den Schlüssel zum Verständnis des Ganzen. Der erste Satz der klugen Else heißt: »Es war ein Mann, der hatte eine Tochter, die hieß die kluge Else.« Es ist der Satz, der uns vom Verhältnis eines Vaters zu seinem Kind erzählt. Aber! Es ist weder von einem Vater noch von einem Kind die Rede, sondern von einem Mann und einer Tochter. Weder Herzlichkeit noch Fürsorglichkeit schwingen da mit. Den Vater scheint an dieser Tochter vor allem die Klugheit zu interessieren. Wer sonst, außer ihm, hätte ihr den Namen »kluge Else« denn geben können. Klugheit ist nicht das, was man im Allgemeinen von Kindern erwartet. Allzu leicht werden sie dadurch altklug, frühreif, überangepasst und überspringen ganze Entwicklungsstufen. Dieser Vater, scheint mir, ist stolz auf seine ungeheuer kluge Tochter, eine Tochter, mit deren Klugheit er sich schmücken kann. Das hat Hintergrund. Der implizite Auftrag lautet wohl: »Sei so, wie ich selbst gerne gewesen wäre. Ich hab es nicht weit genug geschafft, schaff du's.« Er verhindert dadurch aber das Entstehen ihres eigenen Seins. Er ist nicht der einzige Vater, der seine eigenen Mängelgefühle in den Kindern zu kompensieren versucht und sie nötigt, seinem vorgefertigten Bild zu entsprechen. Die lebenspraktische Klugheit, wie sie uns im Märchen von der klugen Bauerntochter (KHM 94) so überzeugend dargestellt wird, ist das Gegenteil. Von dieser Tochter wird keine Klugheit erwartet, nein. Die Tochter *weiß* einfach um die Goldgier von Königen. Der Vater aber ist bieder und eher dümmlich, ein Bauer eben. Seine Dummheit evoziert das umsichtige kluge Handeln der Tochter.

Ganz anders im Falle der Else, da muss sich nach den vorgegebenen Umständen ein väterliches »Du« in ihr entwickeln, das neben sich ein eigenes kindliches »Ich« nicht zur Entwicklung kommen lässt. So wird sie Spielball und Außenseiterin, denn sie bleibt ohne Zugang zu sich selbst. So landet sie am Ende im Unglück und nicht an der Seite eines Königssohns.

Aber es wäre falsch anzunehmen, dass solche Väter zwangsläufig das Unglück ihrer Töchter sein müssen. Wir können es am Beispiel »Rumpelstilzchen« (KHM 55) sehen. Müller ist ein »unehrlicher« Beruf, das hat Gründe. Hören wir wieder den An-satz des Märchens, der lautet: »Es war einmal ein Müller, der war arm, aber er hatte eine schöne Tochter.« Und wie Sie wissen, nutzt er die Schönheit der Tochter, um sich ein »Ansehen« beim König zu verschaffen, das er als Müller nicht hat. Was dabei aus der Tochter wird, ist ihm offenkundig herzlich gleichgültig. Ihr bleibt nichts, als sich selbst dem Teufel zu verschreiben. Doch das Teufelchen mit dem Namen Rumpelstilzchen wird sich am Ende selbst zerreißen. Sie aber bleibt Königin. Die Müllerstochter, erst Außenseiterin am unteren Rande, wird Königin am oberen Rande der

Gesellschaft. Und dass der Müller, ihr Vater, ein Aufschneider ist, genau das ist die Chance der Tochter.

So viel Glück hat die Else leider nicht. Sie gerät nicht an einen König, sondern an den Hans. Auch die Eheschließung geschieht, wie früher üblich, nicht selbstbestimmt. Der Vater will sie »heiraten lassen«; und die Mutter setzt hinzu: »[...] wenn nur einer käme, der sie haben wollte.« Eine gewisse Lebensuntüchtigkeit ist den Eltern aufgegangen und nun wollen sie sich der Else entledigen. Hans glaubt, dass er leichtes Spiel mit der Else hat. Er heiratet sie und nun gibt er ihr den Auftrag, das Korn zu schneiden. Die Else aber orientiert sich an ihren primären Bedürfnissen und der Hans ist ein gnadenloser Vollstrecker dessen, was der Vater der Else schon vorgegeben hat. Als er die Else schlafend im Korn findet, wirft er ihr das Schellengarn der Narren über, geht wieder nach Hause und schließt die Tür zu. Als er bemerkt, dass die Else möglicherweise zwar klug, aber doch recht alltags-untauglich ist, ist er entschlossen, koste es, was es wolle, sie wieder loszuwerden. Er tut es wortlos und eiskalt. Die Kosten seines Irrtums trägt allein die Else.

Als nun die Else aufwachte, »erschrak sie, ward irre, ob sie auch wirklich die kluge Else wäre, und sprach: ›Bin ich's, oder bin ich's nicht?‹ Sie wußte aber nicht, was sie darauf antworten sollte [...].« Ein Mensch, dem statt eines eigenen »Ich« ein pseudokluges »Du« eingepflanzt worden ist, kann die Frage nach der eigenen Identität nicht beantworten. Notwendigerweise wird er die Antwort im »Du«, also bei den anderen suchen. So auch die Else. Weil sie abhängig von der Außenbestätigung ist, läuft sie nach Hause, um zu fragen, denn »die werden's ja wissen«, sagt sie sich. Da die Haustür verschlossen ist, klopft sie ans Fenster und ruft: »›Hans, ist die Else drinnen?‹« Und jetzt kommt die folgenschwere Antwort: »›Ja‹, antwortete der Hans, ›sie ist drinnen.‹ Da erschrak sie und sprach: ›Ach Gott, dann bin ich's nicht‹ [...].« Die nicht erfolgte Außenbestätigung macht sie handlungsunfähig. Sie kann sich des Schellengarns ebenso wenig entledigen, wie sie die Kreuzhacke entfernen konnte.

Nun ist für die Else die eigene Nichtexistenz ratifiziert. Für sich selbst ist sie eine Nicht-Person. Dieser völlige Ich-Verlust ist wohl die schlimmste psychische Störung, von der ein Mensch getroffen werden kann.

Um nicht missverstanden zu werden: Mir ist sehr wichtig, darauf hinzuweisen, dass Märchen keine psychiatrischen Krankengeschichten sind. Lutz Röhrich hat in einem Vortrag, den er bereits im März

1951 auf dem Allgemeinen Volkskundlichen Kongress in Jugenheim gehalten hat, darauf aufmerksam gemacht, dass es einerseits zwar unendlich viel Trennendes zwischen Märchenhelden und psychotischen Menschen gibt, andererseits aber auch viele Parallelen; und er schließt seinen Vortrag mit dem Satz: »Im Gebiet der Märchenforschung müssen sich Seelenheilkunde und Volkskunde als Teile einer allgemeinen Anthropologie bei der Gesamtbetrachtung des Menschen treffen.«[1] Ein Wunsch, der als Anforderung an uns alle noch immer im Raum steht. Diesen Satz hat Röhrich geschrieben, als von Neuroleptika noch keine Rede sein konnte.

Erzählt hat den Grimms das *Else*-Märchen die wohl berühmteste unter allen Gewährsleuten, die Hugenottin Dorothea Viehmann. Sie hat sich erspart, das schreckliche Ende der klugen Else im Einzelnen zu schildern. Es heißt da nur: »Da lief sie fort zum Dorfe hinaus, und niemand hat sie wiedergesehen.« Mit diesem »End-Satz« schließt sich der Kreis zum »An-Satz«. Ein Mann »hatte eine Tochter, die hieß die *kluge Else.*« Sie lief davon, war niemals Kind, niemals hatte sie einen Vater und auch keinen Ehepartner.

Ist das tatsächlich, wie in der Literatur durchgängig behauptet wird, ein Schwank-Märchen?

Wie alle Narren hat sie sicher viel getan, was Anlass zum Lachen für andere Menschen war. Dorothea Viehmann wusste, was solchen Schwankmärchen auch eigen ist, nämlich dies: Es bleibt einem am Ende oft genug das Lachen im Halse stecken. Die Erkenntnis ist nicht gerade neu, dass Komik und Tragik recht nah beieinander liegen. Mitleid und Gefühlskälte sind offensichtlich auch nicht immer weit voneinander entfernt. Und sie ging von einer Tür zur anderen, »als aber die Leute das Klingeln der Schellen hörten, wollten sie nicht aufmachen, und sie konnte nirgend unterkommen.« Das Märchen schildert das Herausfallen aus jeglicher Gemeinschaft, aus jeder Art von »Normalität«. Wer nicht weiß, dass er ist und wer er ist, der kann sich auch nicht an anderen orientieren. Die Else steht nun draußen vor der Tür, von allen anderen ausgeschlossen und in sich selbst eingeschlossen. Von Vater und Ehemann verraten, wird sie von nun an einem ungewissen Schicksal und dem Wohlwollen oder dem Gespött wildfremder Menschen überlassen. Ein wahrhaft bitteres Ende.

Ein kleines bürgerliches Glück in der Mitte der Gesellschaft, das ist der Else versperrt. Die Sperre, das ist die Forderung des Vaters. Er will sie ganz oben an der Spitze sehen. Die Tochter will es dem Vater recht machen und bemerkt nicht, dass der Vater, auf dem Weg nach oben, sie nach ganz unten in die Randständigkeit getrieben hat.

Zum Vergleich: Ein Blick auf das Rumpelstilzchen (KHM 55): Ob der König, nachdem das Männlein sich zerrissen hat, eine Müllerstochter in der Tat als Königin akzeptiert, wird nicht berichtet. Für ihn wird sie wohl Müllerstochter bleiben, Außenseiterin nach unten und oben zugleich.

Im Märchen »Die drei Spinnerinnen« (KHM 14) soll das Mädchen vor allem fleißig sein. Sie soll das Ideal der Mutter leben. Aber, wie wir wissen, haben die Nornen Besseres mit ihr vor. Auch sie wird zur Außenseiterin am oberen Rand der Gesellschaft, und das gerade, weil sie faul ist und gar nicht spinnen kann. Dass die eigene Mutter in ihrer Eitelkeit durch eine Lüge gegenüber der Königin dazu beiträgt, ist nicht ihre Intention. Wenn man keine Idealtochter hat, dann erlügt man sich eben eine. Das Schicksal und die Nornen wollen es so. Und in der Gestalt der drei Spinnerinnen kommen sie dem Mädchen nachhaltig direkt zu Hilfe. Und da von der Faulheit des Mädchens niemand weiß, genügt – wie so oft – die Schönheit. So gibt es für sie im königlichen Schloss keine Akzeptanzprobleme.

Lassen Sie mich noch eine weitere Märchenfigur, nämlich das Hirtenbüblein (KHM 152), mit der klugen Else vergleichen. Der erste Satz, der An-Satz, heißt: »Es war einmal ein Hirtenbübchen, das war wegen seiner weisen Antworten [...] weit und breit berühmt.« Da ist also ein Junge, von seinen Eltern hören wir nichts, und dieser Junge wird im Gegensatz zur Else nicht als klug, sondern als *weise* bezeichnet. Im Laufe des Märchens wird uns erläutert, was denn »weise« ist. Weisheit ist nicht so dumm, zu glauben, dass Klugheit allein weiterhilft. Das Bübchen weiß, dass es die Fragen des Königs, seine Prüfungsaufgaben, nicht lösen kann. Also, so heißt es im Text, wird es sie nicht lösen, sondern *auf*lösen. Das ist Weisheit. Klugheit dagegen würde versuchen, sie zu lösen, und scheitern. Am Ende soll der König kein Interesse an der Beantwortung der Fragen mehr haben. Und da der König zu Anfang versprochen hat, dass er das Büblein, so es ihm Antwort geben könne, zum Königssohn machen werde, wird dies genau am Ende des Märchens zur Wirklichkeit. Kein magischer Helfer und auch keine Prinzessin, die er heiraten könnte, bringen ihm das Königreich, sondern allein die Tatsache, dass er weise genug ist, den König mit ebenso wenig erfüllbaren Gegenforderungen zu konfrontieren.

Die Weisheit, die aus dem Umgang mit dem König spricht, kommt aus einem ganz starken Ich. Man ist versucht zu fragen, ob das Bübchen dieses Ich entwickeln konnte, obwohl es keine Eltern hat oder weil es keine Eltern hat.

Das Hirtenbübchen ist, nicht anders als die kluge Else, eine Ausnahmeerscheinung. Außergewöhnlich sind sie doch alle, ob am oberen oder am unteren Rande der Gesellschaft. Lägen sie im Schnitt, es gäbe nichts über sie zu berichten und das Märchen hätte keine Helden.

Noch einmal zurück zur Frage: Ist »Die kluge Else« ein Schwankmärchen?

Ich erzähle »Die kluge Else« verhältnismäßig häufig im Rahmen der Fortbildung von Psychotherapeuten. Wenn ich die Passage von der seltsamen Entstehung der Familienskulptur im Keller vor dem Fass erzähle, die ich jetzt vorstellen will, dann ist dies Grund für eine allgemeine Heiterkeit. Wenn aber klar wird, dass diese Skulptur, die zwischen dem Verlöbnis von Hans und Else und der Hochzeit entsteht, letztlich der Grund ist, dass der Außenseiterin am Ende des Märchens niemand mehr die Tür öffnet, dass sie also von einer Außenseiterin zur Ausgestoßenen geworden ist, dann ist das kein Grund mehr für Heiterkeit, sondern für Betroffenheit. Wahrlich kein Schwank!

Nun zu Mutter und Vater: Die Mutter ist es, die dem Hans gegenüber äußert, dass die Else »den Wind auf der Gasse laufen« sieht und »die Fliegen husten« hört; und der Vater brüstet sich: »›Oh, [...], die hat Zwirn im Kopf [...]‹« – Zwirn statt Hirn also. In den Augen des Vaters ist der Flachs im Kopf der Else schon gesponnen im doppelten Sinne des Wortes. Damit ist für uns der Beiname »klug« zwar Ironie, wirkt aber trotzdem als fatale Verhaltensvorschrift, die die Else als sittsame Tochter zu befolgen hat. Es gibt keinen Ausweg.

»Klug« im Sinne des Vaters heißt »voraussehend«. Sie soll gar Seherin der Zukunft sein. Aber Seherinnen warnen, sie handeln nicht selbst. Vielleicht wäre es die Aufgabe der Mutter, aus dem, was die Else sieht, ein konkretes Handlungskonzept abzuleiten. Sie könnte auf den Schemel steigen und die Kreuzhacke herunterholen und zur Tochter sagen: So macht man das! Dann würde sie Weisungen für ein lebenstüchtiges Verhalten geben. Aber wir werden sehen: Wie alle anderen in der Familie steht sie im Banne der erklärten Klugheit der Else. Die ist aber auf das drohende Unheil fixiert. Ihr ganzes Fühlen und Denken nimmt in der Kreuzhacke Gestalt an und das drohende Unheil wird in ihrem Kopf zur bereits erlebten Gegenwart. Es kommt – wie bei allen Seherinnen – zu einer hypnotischen Zeitverzerrung, die imaginativ zukünftige Katastrophe bestimmt den augenblicklichen psychophysiologischen Zustand. Da sitzt sie nun vor dem Fass in der Falle.

Die Else nimmt also den Krug von der Wand und, damit ihr die Zeit nicht lang werde, klappert sie mit dem Deckel. Unten angekommen, holt sie den Hocker vor das Fass, damit ihr der Rücken nicht Schaden nehme, dann öffnet sie den Hahn und lässt das Bier in den Krug laufen. Und damit ihr die Zeit nicht lange werde, lässt sie die Augen im Keller herumwandern und dann kommt der alles entscheidende Augenblick: Sie erblickt den Aufmerksamkeitsanker, der sie »augenblicklich« in die Zukunft führt und die Gegenwart vergessen lässt, die Kreuzhacke. Das Bier mag weiterlaufen, keiner schließt den Hahn.

Gegenwärtig ist die Angst vor der Zukunft, und die Else ist wahrhaft fasziniert von der Vision, dass die Kreuzhacke das Kind, das sie haben würde, wenn sie den Hans geheiratet hätte und das Kind zum Bierholen geschickt hätte, erschlagen würde.

Die Reaktion der Familie gleicht einer Litanei. Und so entsteht nun eine Gestalt, die sichtbar macht, dass sie alle die Zukunftsphantasie der Else wie eine Prophezeiung mittragen. Die Else ist eben für sie die Kluge. Und die kluge Else hat recht. Das vorausgesagte Unglück ist für sie alle so unabwendbar, als sei es eine Prophezeiung der Kassandra. So entsteht eine kollektive Angst, die die ganze Familie in einem pathologischen Ritual zur Skulptur erstarren lässt. Ich bin versucht, das Ganze paradox als ein Aktionsbündnis fürs Nichttun zu bezeichnen. Denn es kann für alle nicht anders sein, als dass die kluge Else die Zukunft zutreffend sieht. Sie ist erklärtermaßen die Überkluge, die Ausnahme, die Außenseiterin!

Da sitzt sie nun, fängt beim Anblick der Kreuzhacke an zu weinen und sagt: »›Wenn ich den Hans kriege und wir kriegen ein Kind, und das ist groß, und wir schicken das Kind in den Keller, daß es hier soll Bier zapfen, so fällt ihm die Kreuzhacke auf den Kopf und schlägt's tot.‹« Während die Else diesen Satz im Präsens sagt, spricht der Erzähler des Märchens vom *bevorstehenden* Unglück, über das sie »aus Leibeskräften« »schrie«. Er spricht vom Unglück im Futur.

Nun schickt die Frau die Magd hinunter, und als die die Else vor dem Fass sitzend und laut schreiend antrifft und den Grund dafür erfragt, finden wir in den Worten der Else einen Zweifel: Sie sagt, dass »*vielleicht* die Kreuzhacke auf den Kopf« fallen könne. Sie bemerkt, dass wohl irgendetwas nicht stimmt. Wäre die Magd Helferfigur, so könnte sie das Wort »vielleicht« als Anker nutzen, könnte die Else aus dem zukünftigen Sehen ins gegenwärtige Handeln führen, aber die Magd steht selbst unter dem Bann.

Und so muss dann das Schicksal seinen Lauf nehmen. Also beginnt die Litanei, die die Entstehung der Familienskulptur begleitet. »Da sprach die Magd: ›Was haben wir für eine kluge Else!‹, setzte sich zu ihr und fing auch an, über das Unglück zu weinen.« Als nun der Knecht in den Keller geschickt wird und der auch vom bevorstehenden Unglück erfährt, da heißt es ohne alle Zweifel, da »fällt« dem Kind »die Kreuzhacke auf den Kopf und schlägt's tot.« Die Zukunft ist Gegenwart. Nun geht die »Frau«, so wird die Mutter der Else genannt, hinunter und der Erzähler beginnt hier mit der indirekten Rede. Er *berichtet* nur noch, was die Else sagt: »[...] da erzählte ihr die Else auch, daß ihr zukünftiges Kind wohl würde von der Kreuzhacke totgeschlagen werden, wenn es erst groß wäre und Bier zapfen sollte und die Kreuzhacke fiele herab.« Die Mutter antwortet: »›Ach, was haben wir für eine kluge Else!‹«, setzt sich hin und weint mit. Die Mutter könnte als Mutter den Bann brechen, aber die setzt die Litanei fort. Schließlich kommt der Vater, der auch hier wieder als »Mann« bezeichnet wird, in den Keller und was nun folgt, möchte ich zitieren, weil die sprachlichen Feinheiten dieser Passage Auskunft über den Inhalt geben. Es heißt da: Und als »er die Ursache hörte, daß das Kind der Else schuld wäre, das sie vielleicht einmal zur Welt brächte, und von der Kreuzhacke könnte totgeschlagen werden, wenn es gerade zur Zeit, wo sie herabfiele, daruntersäße, Bier zu zapfen, da rief er: ›Was für eine kluge Else!‹, setzte sich und weinte auch mit.« Dieser lange, gewundene Satz, in dem sich ein Konjunktiv an den anderen reiht, spiegelt auch im Sprachlichen die Irrealität der Gesamtsituation im Keller wider. Mit ihm, dem Vater, ist die Familienskulptur vollendet. Er weint zwar, aber er ist der einzige, der nicht sagt: »›Was *haben wir* für eine kluge Else!‹«, sondern er sagt knapp: »›Was für eine kluge Else!‹« Die Distanzierung des Vaters von seiner Tochter drückt sich im Unterschied zu den Antworten aller anderen im familiären Großverband dadurch aus, dass er nicht sagt »wir haben« eine Else, sondern »was für eine kluge Else«.

Was macht dieser Vater? Das Wort »klug« im Gegensatz zu dem Wort »lieb« ist erneut der Versuch, sich emotional zu distanzieren. Erneut bringt er sein Bedürfnis nach Abstand zur Tochter, seine Unfähigkeit, sie als die Seinige zu sehen, sie sein Kind zu nennen, zum Ausdruck.

In einem früheren Vortrag über die Väter im Märchen[2] habe ich schon einmal darauf hingewiesen, dass es Väter mit ihren Töchtern nicht leicht haben. Lieben sie ihre Töchter allzu sehr, sind sie gar verliebt in die Tochter, wird ihnen das zu Recht zum Vorwurf gemacht. Verhalten sie sich aber wie der Vater der Else und suchen emotionalen Sicherheitsabstand zur Tochter, so wird ihnen ihre Lieblosigkeit vorgeworfen. Und der Grat dazwischen ist sehr, sehr schmal. Auch das müssen wir bedenken, wenn wir die Figur des Vaters im *Else*-Märchen bewerten wollen. Mag sein, dass das, was er sagt und tut, nichts anderes ist als der Ausdruck des Kampfes, den der Vaterteil mit dem Liebhaberteil in seinem Inneren führt. Wenn wir das so sehen, rückt uns auch der *Else*-Vater menschlich ein bisschen näher.

Der Hans ist es, der nun in den Keller herunterkommt; und als der dann hört, was die Ursache ist, weswegen alle weinen, da löst er zwar die Familienskulptur in ihrer pathologischen Gestalt auf, aber die Art und Weise, wie er das tut, zeigt, dass seine Realitätswahrnehmung ebenso eingetrübt ist wie die der anderen. Doch der Hans ist kein Seher, sondern ein Mann, der sich möglichst viel Nutzen von seiner zukünftigen Frau verspricht. Der Satz »mehr Verstand ist für meinen Haushalt nicht nötig« zeigt, dass er in die Skulptur der Familienpathologie gut hineinpassen würde. Und er heiratet Else, wie er sagt, »weil du so eine kluge Else bist«. Mit dieser Hochzeit wird das Unglück der Else unumstößlich, denn der Hans will nichts anderes als der Vater: eine Ausnahmeerscheinung im Positiven, jedoch nicht zum Nachteil für sich selbst. Als ihm gegen Ende des Märchens bewusst wird, welcher Fehleinschätzung er mit den Worten vom Verstand und vom Haushalt aufgesessen ist, da will er Else nur noch schnell loswerden, so wie der Vater sie heiraten lassen wollte. Der Hans geht noch weiter, er erklärt sie zu einer Nicht-Vorhandenen. Er erklärt sie zum Nichts, er löst sie auf! Die Else ist nicht mehr existent! Die, die sie war, ist jetzt eine Imaginative und die sitzt beim Hans im Haus!

Schlussfolgerung ist: Wer ein Nichts ist, kann nicht einmal Außenseiter sein.

Es ist das eine, sich selbst von einem Märchen durchdringen zu lassen, und es ist das andere, das Märchen »mit in den Alltag zu nehmen«, wie es Rudolf Geiger formulierte. Eine ganz andere Frage aber ist: Wem erzähle ich als Erzähler (oder auch als Therapeut) dieses Märchen? Und dieser kritischen Frage begegne ich immer wieder, wenn ich Psychotherapeuten in die Arbeit mit Märchen einführe. In dieser Diskussion ist die Else oft ganz exemplarisch und die Frage nach der gezielten Anwendung wird ebenso gezielt gestellt. Ich zitiere dann meist Max Lüthi. Er schreibt zu diesem Thema: »Entwicklungspsychologen so [...] Josephine Bilz, [...], Graf Wittgenstein sehen im Märchen Entwicklungsvorgänge, *Reifungsprozesse* vorgebildet; Märchen helfen dem Kind die eigenen Entwicklungsschwierigkeiten bewältigen und stärken die ›kindliche Bereitschaft, sich dem Übermächtigen zu stellen‹ (Bilz).«[3] Lüthi zitiert in diesem Zusammenhang auch Wittgenstein: »Märchen sind nicht grausam, sondern sie bereiten auf das Grausame im Leben vor.« »Kinder, die dem Märchen [und damit dem Grausamen im Märchen, U. F.] nicht begegnet sind, trifft das Grausame im Leben unvorbereitet.«[4] Ich glaube, dass dieser entwicklungspsychologische Ansatz hilfreich ist, wenn es um die Entscheidung geht, wem erzähle ich »Die kluge Else« und wem nicht.

Ein solcher Ansatz erlaubt entweder die Betrachtung eines Märchens auf der Objektstufe oder auf der Subjektstufe. Ich möchte in unserem Zusammenhang der letzteren Betrachtungsweise noch etwas Aufmerksamkeit schenken:

In der humanistischen Psychologie geht man oft von der Vorstellung aus, dass ein Mensch nicht nur eine Einheit ist, sondern eben innerhalb der Einheit auch aus Teilen besteht, die miteinander in einer friedvollen Beziehung stehen können, aber auch mitunter konfliktgeladen gegeneinander kämpfen. Wenn beides wechselnd oder gar gleichzeitig auftritt, dann spricht man von Ambivalenzen. Das bedeutet für die Arbeit mit Märchen, dass wir ihren Handlungsablauf, ihre Geschichte, auch, und ich betone *auch*, als ein Bühnengeschehen sehen können, das jeweilige Märchen also auch als Bühne für innerseelische Vorgänge verstehen dürfen. Innere Vorgänge drücken sich metaphorisch in den äußeren Figuren und deren Handlungen im Märchen aus. Im Märchen äußert sich die innere Dynamik eines Menschen. Komponenten der

Seele, Repräsentanzen von Gefühlen kommen zum Ausdruck. »Schneid ich ehr, oder eß ich ehr?«, »Schneid ich ehr, oder schlaf ich ehr?« sind solche Ambivalenzen, die ich eingangs schon benannt hatte. Derartige konfliktbeladene Ambivalenzen drängen auf Veränderung.

Hören wir nun das Märchen von der klugen Else mit den Ohren dessen, der, wie Walter Scherf sagt, »seine Konflikte unbewusst zu verarbeiten sucht«[5]. Ein solcher Mensch arbeitet (auch ohne Therapeuten) im Stillen, indem er oder sie dem Erzähler, der Erzählerin lauscht und sich während des Lauschens oftmals Veränderungen in seinem Selbstbild einstellen. Er nutzt das Märchen, das er hört, für Interaktionen seiner eigenen Persönlichkeitsanteile. Wenn ihm das Märchen »nichts sagt«, wenn er also keine Antworten auf seine konfliktbesetzten Lebensfragen findet, wird er zum nächsten Märchen weitergehen. Dringt aber das Märchen in seine Seele ein, kommt es zu einem »Nachgespräch«; will der Patient von der unbewussten Konfliktlösung am Beispiel des Märchens in die bewusste Problemlösung wechseln, sollten auch Erzähler aufmerksam zuhören und nicht nur Therapeuten. Es ist dies immer eine Situation des Voneinander-Lernens.

Wenn ich über Märchen, besser über ein bestimmtes Märchen nachdenke und schreibe, dann kommt mir oft ein ganz realer Mensch in den Sinn, von dem ich gelesen habe oder dem ich irgendwann begegnet bin. Damit eröffnet sich mir ebenfalls ein Weg des Lernens.

So ist es mir auch bei der Beschäftigung mit dem *Else*-Märchen gegangen. Gelernt habe ich von Ruth Maier.[6] Sie war ein junges jüdisches Mädchen und ihr ist nach dem Einmarsch der Deutschen in Wien die Flucht nach Norwegen geglückt. Aber das Unglück folgte ihr auf dem Fuß.

Die Deutschen besetzen Norwegen. Ruth Maier wird verhaftet und tritt im Schiff und im dunklen Güterwagen die Reise nach Auschwitz an. Ihr Tagebuch, das sie unverdrossen führte, ist jetzt aufgefunden worden und es zeigt, dass es an Bedeutung dem Tagebuch der Anne Frank oder dem Buch von Ruth Klüger *Weiter leben. Eine Jugend* in nichts nachsteht. Auch Ruth Maier ist altersprogrediert. Der Ernst der Lage bringt es mit sich, dass sie als Jugendliche schon eine gereifte Erwachsene sein muss. Da gleicht sie der Else. Der Untergang ist den beiden gleichermaßen trotz aller Unterschiede sicher!

Ich möchte einige Sätze zitieren, um aufzuzeigen, wie nahe Ruth Maier der Klugheit der Else und *zugleich* der Weisheit des Hirtenbübchens ist. Im Januar 1940, da ist sie 19 Jahre alt und schreibt an ihre Schwester Zeilen, die sie, wie ich meine, der Else so sehr nahe bringen: »Du lächelst, lachst, sprichst, aber [...] nur auf der Oberfläche, dadurch kommt etwas doppeltes in dein Tun [...] und dabei zerbrichst du dir den Kopf: ›Bin ich es, der [...] das sagt [...]?‹ Manchmal bin ich auf der Straße gegangen, hab mich gefragt: ›Na wer geht denn da? das Fräulein Ruth!‹« Und die Else sagt: »›Bin ich's, oder bin ich's nicht?‹« Und ein Zitat aus einem Brief an ihre norwegische Freundin vom 26. November 1942, dem letzten Brief, der noch vom Schiff geschmuggelt wird: »Ich glaube, dass es so gut ist, wie es gekommen ist. Warum sollen wir nicht leiden, wenn soviel Leid ist. Sorg dich nicht um mich, ich möchte vielleicht nicht mit dir tauschen.« Auf dem Weg ins KZ sehen wir ihre Weltverbundenheit, die den Märchenhelden ähnlich ist: Die Weisheit des Hirtenbübchens und zugleich die hilflose Klugheit der Else.

Schließlich möchte ich noch von einem ganz anderen Weg, mich dem Märchen von der klugen Else zu nähern, berichten. Der Weg führt über 500 Jahre zurück, er verfolgt den Weg der »Madonna aus der Kälte«. Rose-Marie Grob hat ihr diesen Namen gegeben. Sie zeigt mit diesem Namen, wie sehr mangelnde Einfühlsamkeit den Weg dieser Skulptur durch die Jahrhunderte geprägt hat.[7] Und Frank Matthias Kammel[8] berichtet über sie sinngmäß: »Es ist ein Frühwerk von Tilman Riemenschneider, etwa um 1490 entstanden. Ein unfassbar beschädigender Weg liegt hinter ihr. Seit einiger Zeit hat sie nun ihren Platz in der Johanniterhalle in Schwäbisch Hall, die die Sammlung des Unternehmers Reinhold Würth beherbergt. Für eine Kirche in Franken ist sie wohl in Auftrag gegeben worden. Und irgendwo mag sie dort gestanden haben, ehe sie all die Übergriffe erdulden musste. Sie bekam eine neue Farbfassung. Die geschnitzten Haare des Knaben, Schleier und Krone von Jungfrau und Kind wurden weggenommen, um sie, der veränderten Mode gemäß, mit Metallkronen ausstatten zu können. Sie wurde in Stoffgewänder gekleidet. Danach als Hausfigur an eine Fassade gehängt. Die Schäden durch Regen, Hitze und Frost versuchte man zu beheben, indem man den beschädigten Sockel absägte und eine gelöste Falte des Gewandes wieder annagelte. Dann wurde sie einfarbig überstrichen, um vorzutäuschen, dass sie aus Stein wäre. Endlich galt sie als eine solche Ruine, dass man sie auf den Dachboden eines Wohnhauses in Bad Königshofen verräumt hat. Dort wurde sie in den 70er Jahren entdeckt. Keiner wollte sie haben! Dann hat dieses Fragment der Unternehmer Reinhold Würth für seine Sammlung erworben. Jetzt hängt sie in Schwäbisch Hall.«

Doch sie lässt keinen, der ihr dort begegnet, in ihrer Versehrtheit und in ihrer Würde unberührt. Was immer ihr im Laufe der vergangenen Jahre angetan wurde: Ihre substanzielle Leichtigkeit und die Anmut, die ihr der Meister mitgegeben hat, sind offensichtlich unzerstörbar.

Und was auch immer der klugen Else angetan wurde, das Liebenswürdige und ebenso das Bedauernswerte, all das scheint mir an dieser Märchengestalt ebenso unzerstörbar zu sein. Es sind schon viele Jahre, dass die Else mit mir durch mein Leben geht. Ich bin sicher, sie wird es auch weiterhin tun!

Anmerkungen

1 Röhrich, Lutz: »Märchen und Psychiatrie«. In: *Bericht über den Allgemeinen Volkskundlichen Kongress des Verbandes deutscher Vereine für Volkskunde* (in Jugenheim 28.-31. März 1951), (7. Deutscher Volkskundetag). Stuttgart 1952, S. 44-45.

2 Freund, Ulrich: »Der Vater als König, der König als Vater«. In: Lox, Harlinda/Lutkat, Sabine/Schmidt, Werner: *Der Vater in Märchen, Mythos und Morderne/Burg und Schloss, Tor und Turm im Märchen.* Forschungsbeiträge aus der Welt der Märchen. Krummwisch 2008, S. 46-55.

3 Lüthi, Max: *Märchen*. Stuttgart 2004[10], S. 106.

4 Wittgenstein, Ottokar: *Märchen, Träume, Schicksale*. Düsseldorf/Köln 1965, S. 146, 285, zitiert nach Lüthi (wie Anm. 3), S. 106.

5 Scherf, Walter: »Das Märchenpublikum«. In: *Das selbstverständliche Wunder*. Herausgegeben von Wilhelm Solms in Verbindung mit Charlotte Oberfeld. Marburg 1986, S. 190.

6 Maier, Ruth: *»Das Leben könnte gut sein«*. Tagebücher 1933 bis 1942. Herausgegeben von Jan Erik Vold. München 2008, S. 268 und 525.

7 Grob, Rose-Marie: »Die Madonna aus der Kälte«. In: *FAZ* vom 24.12.2008, S. 35.

8 Kammel, Frank Matthias: »Muttergottes mit Kind um 1490«. In: *Ergänzungsband* zu: *Alte Meister in der Sammlung Würth*. Herausgegeben von Carmen Sylvia Weber. Künzelsau 2004.

Dirk Nowakowski

Bettler in Märchen und Sagen

Einerseits wurden die Bettler verachtet, verspottet und verjagt, andererseits als hinzunehmender Teil der Gesellschaft oder gar als Teil des göttlichen Weltenplans gesehen; durch Abgabe von Almosen an sie konnte für das eigene Seelenheil gesorgt werden.

Seit einigen Jahren gehören Bettler wieder zum Erscheinungsbild der Städte. Sie beunruhigen mit ihrer Hilfsbedürftigkeit und lösen Unverständnis, Ablehnung, Ängste, aber auch Mitgefühl aus. Findet diese ambivalente Haltung in den Volkserzählungen eine Entsprechung? Welche Rolle haben dort die Bettler? In diesem Beitrag werden hauptsächlich Märchen der Brüder Grimm und Sagen aus dem deutschsprachigen Raum betrachtet.

Zu den Außenseitern der heutigen Gesellschaft gehören die Bettler. Alle 50 bis 100 Meter treffen wir in den Einkaufsstraßen der Städte auf bettelnde Menschen. Es sind Frauen, manchmal mit Kindern, Männer, Junge und Alte. Mit der täglichen Post, am Bankschalter und an Infoständen wird gebettelt – »um eine Spende gebeten«, bargeldlos oder mit einem Überweisungsauftrag. Opferstock und Klingelbeutel warten in der Kirche auf eine Spende. Gebettelt und gespendet wird für Menschen, Tiere und Sachen.

Professionelles Spendensammeln oder Betteln bezeichnen einige heute neudeutsch als »Fundraising«. So betitelt Burens sein 1996 erschienenes Buch: *Die Kunst des Bettelns – Tips für erfolgreiches Fundraising.*[1]

Es besteht jedoch ein großer Unterschied darin, ob in der Begegnung mit einem bettelnden Menschen die Geldbörse geöffnet wird, Kleingeld aus der Tasche gezogen und das Geld in gebückter Haltung in eine Schale oder einen Becher gelegt oder ob ein Überweisungsformular ausgefüllt wird.

Als Bettler bezeichnen wir die Menschen, die ihren Lebensunterhalt ganz oder teilweise aus Almosen, milden Gaben anderer, bestreiten. Betteln ist »[...] eine aktive Unternehmung. Sie muss geplant, detailliert organisiert und individuell oder kollektiv durchgeführt werden!«[2]

Die Konfrontation mit bettelnden Menschen löst in uns verschiedene Reaktionen und Empfindungen aus: Mitleid, Trauer, Verachtung, Ekel, Wut, Schuld. Stimmen werden laut, wie: »Selber schuld, heute muss keiner mehr betteln, soll er doch arbeiten gehen, arbeitsscheues Gesindel, der macht doch nur auf ›Mitleid‹, der versäuft das Geld sowieso.«

Besonders die Körperhaltungen und Behinderungen der Bettler vorwiegend aus Ländern Osteuropas, die in großer Anzahl vor den hell erleuchteten Konsumpalästen lagern, erinnern an die Bettler in der darstellenden Kunst des Mittelalters und der Frühen Neuzeit, die unser Bild vom Bettler geprägt hat. Kniende mit flehendem oder gesenktem Blick und vorgestreckter, offener Hand, mit oder ohne Bettlerschale, kennen wir unter anderem aus den Bildern Hieronymus Boschs und Pieter Bruegels d. Ä.

Die ältesten Darstellungen bettelnder Menschen finden wir in romanischen Kirchen und byzantinischen Buchmalereien, die das christliche Heilsgeschehen vergegenwärtigen sollten, beispielsweise »Jesus heilt den Blindgeborenen« (Codex Egberti, um 970, Trier, Stadtbibliothek, Cod 24, fol. 50 r) oder »Gleichnis vom reichen Prasser und vom armen Lazarus« (Echternacher Codex, Mitte 10. Jh., Goldenes Evangeliar: Germ. Nationalmuseum Nürnberg, Codex Aureus Epternacensis). In der mittelalterlichen Kunst waren die Bettler oft nur kanonische Attribute der Heiligen. Den heiligen Martin oder die heilige Elisabeth hätte man ohne Bettler schwerlich erkannt. So wie »das gute Herz« des Märchenhelden ohne die hilfsbedürftigen, bettelnden Menschen und Tiere nicht zur Geltung käme.

Die Menschen, die betteln, sind arm

Bis heute gibt es keinen einheitlichen allgemein akzeptierten Armutsbegriff. Ernst-Ulrich Huster definiert Armut als »einen Zustand am unteren Ende der sozialen Hierarchie, in dem der einzelne nicht mehr imstande ist, aus eigener Kraft heraus an den sozialen Austauschbeziehungen in einem Maße teilzunehmen, das in der jeweiligen Gesellschaft als existenzminimal angesehen wird«[3].

Gemäß der Definition des Rates der Europäischen Union sind diejenigen als arm zu bezeichnen, »die über so geringe materielle, kulturelle und soziale Mittel verfügen, dass sie von der Lebensweise ausgeschlossen sind, die in dem Mitgliedsstaat, in dem sie leben, als Minimum annehmbar ist«[4].

In der vorgeschichtlichen Gesellschaft war die Gemeinschaft für ihre Mitglieder zuständig. Gegenseitige Hilfe war für das Überleben notwendig und selbstverständlich. War die Gemeinschaft arm, waren alle Mitglieder arm. So auch in der germanischen Zeit, wo jeder Mensch Teil der Sippe war, die eine Schutzgemeinschaft für ihn bildete. Das Betteln wurde durch die altgermanische Ständeverfassung verhindert, die beinhaltete, dass Kinder der Familien, die über keinerlei Vermögen verfügten, Knechte wurden. Sie waren Eigentum ihrer Herren und mussten von ihnen versorgt werden. Die Knechte und die Mägde durften nicht ohne Genehmigung ihres Herrn das Land verlassen. »Der längere Aufenthalt von Fremden an einem Ort war streng reglementiert, so dass umherziehende Bettler nicht toleriert wurden.«[5]

Die Menschen in der antiken Gesellschaft waren in Freie und Unfreie aufgeteilt. Die Sklaven wurden von ihren Besitzern ernährt. Aufs Betteln angewiesen waren hauptsächlich Menschen, die durch eine Notlage arm geworden waren und keine Verwandten hatten, die sie unterstützten. Eine öffentliche Armenfürsorge gab es nicht, jedoch hatten in vielen antiken Republiken die armen Stadtbewohner Bürgerrechte und politisches Gewicht.

Als das Christentum an Einfluss gewann, vergrößerte sich die Zahl der Bettler. Die christliche Lehre von der Gleichheit der Menschen führte zur Ablehnung der Sklaverei. Freigelassene Sklaven wurden nicht mehr von ihren Besitzern unterstützt, ihren Lebensunterhalt mussten sie nun zum Teil durch Betteln erringen.

Die ersten rechtlichen Regelungen des Bettelns, die die Kaiser Gratian, Valentinian II. und Theodosius I. erließen, zeigen, dass das Betteln in den Städten schon damals zu einem sozialen Problem geworden war. Ein Dekret vom 20. 6. 382 n. Chr. bestimmte, »[...] dass derjenige, welcher einen arbeitsfähigen bettelnden Sklaven aufspürte, ihn behalten durfte«[6]. 528 n. Chr. wurde die Regelung »[...] um den Grundsatz erweitert, dass sich jede Stadt um ihre eigenen Bedürftigen kümmern musste. Sofern diese arbeitsfähig waren, sollten sie in öffentlichen Unternehmungen arbeiten«[7].

Die Zunahme der Armut durch Kriege, Hungersnöte und Krankheiten und die Belästigung durch umherziehende Bettler führte schon im frühen Mittelalter dazu, dass das Betteln von Fremden, Auswärtigen sowie das Spenden von Almosen an arbeitsscheue Bettler untersagt wurde. In den Städten, die nun überall entstanden, wurde die Fürsorgepflicht der Sippe ab dem 12. Jahrhundert von den Gilden und Zünften mit ihrer Invaliden- und Altersversorgung übernommen.

Als »arm« wurden im Früh- bis Hochmittelalter zunächst die Menschen bezeichnet, denen es in der Ständegesellschaft an politischen Rechten fehlte.[8] Es war die große Masse der Land- und Stadtbewohner, die Knechte, Mägde, Tagelöhner, Altgesellen und Kleinhändler, die sehr arm und dem Zugriff der Mächtigen ausgesetzt waren.

Das Leben der Menschen im Mittelalter war beherrscht von der Vorstellung einer schicksals- oder gottbestimmten Gesellschaft, einem nach Macht und Rang geordneten Gesellschaftssystem. Man wurde in einen Stand hineingeboren oder gehörte aufgrund seines Berufes dazu. Mit jedem Stand waren ganz bestimmte Rechte, Verhaltensvorschriften, Erwartungen und häufig sogar eine eigene Kultur verbunden. In den Abzählreimen unserer Kindertage hat sich diese mittelalterliche Ständegesellschaft erhalten: »Kaiser, König, Edelmann/Bürger, Bauer, Bettelmann« oder wenn die Kinderzahl größer war: »Kaiser, König, Edelmann/Bürger, Bauer, Bettelmann/Schuster, Schneider, Leineweber/Tischler, Bettler, Totengräber«; oder im Ruhrgebiet, wegen des Reims ein wenig durcheinander gewürfelt, hieß es: »Kaiser, König, Bur, Pastor/Edelmann, Bettelmann, Klüngelmajor« (vorwurfsvolle höchste Auszeichnung fürs Trödeln, Drömmeln, Bummeln, Schlendern).

In der Ständelehre (1008-1012) des Burchard von Worms, der das gültige deutsche Kirchenrecht zusammenstellte, heißt es: »Wegen der Sünde des ersten Menschen ist dem Menschengeschlecht durch göttliche Fügung Strafe der Knechtschaft auferlegt worden, so dass [Gott] denen, für die [...] die Freiheit nicht passt, in großer Barmherzigkeit die Knechtschaft auferlegt. Und obgleich die Erbsünde durch die Gnade in der Taufe allen Gläubigen genommen ist, hat der gerechte Gott das Leben der Menschen so unterschieden, indem er die einen zu Knechten, die anderen zu Herren einsetzte, damit die Möglichkeit zu freveln für die Knechte durch die Macht der Herren eingeschränkt würde.«[9]

Wie es zu dieser Ständegesellschaft gekommen ist, wissen wir aus dem Märchen »Die ungleichen Kinder Evas«. In der fünften Auflage von 1843 wurde es als KHM 180 nach einer Hans Sachs-Vorlage von 1558 in die Märchensammlung aufgenommen. Die Kinder, die Eva nach der Vertreibung aus dem Paradies bekam, waren ungleich, einige schön, andere hässlich. Als Gott seinen Besuch durch einen Engel ankündigte, versteckte Eva die »hässlichen Kinder« »unter das Heu, [...] unter das Dach, [...] in das Stroh, [...] in den Ofen« und so weiter. Als Gott zu Besuch kam, segnete er die »schönen Kinder« und bestimmte: »›Du sollst ein gewaltiger König werden.‹ [...]: ›Du ein Fürst‹, [...]: ›Du ein Graf‹, [...]: ›Du ein Ritter‹, [...]: ›Du ein Edelmann‹ [...]«, beim sechsten Kind fuhr er fort: »›Du ein Bürger‹«; dann folgten noch »Kaufmann« und »gelehrter Mann« (bei Sachs endet dies mit »›[...] du sei ein burger reich‹«). »Als Eva sah, dass der Herr so mild und gnädig war, dachte sie: ›Ich will meine ungestalten Kinder herbeiholen, vielleicht, dass er ihnen auch seinen Segen gibt.‹ [...] Da kam die ganze grobe, schmutzige, grindige und russige Schar«, bei Sachs heißt es: »[...] ein gestrobelt unlustig grindig und lausige rot, schwarz und verschmort, fast den zigeunern gleich.«[10] Gott lächelte und segnete auch diese. »›Du sollst werden ein Bauer‹, [...]: ›Du ein Fischer‹, [...]: ›Du ein Schmied‹, [...]: ›Du ein Lohgerber‹, [...]: ›Du ein Weber‹, [...]: ›Du ein Schuhmacher‹, [...]: ›Du ein Töpfer‹, [...]: ›Du ein Karrenführer‹, [...]: ›Du ein Schiffer‹, [...]: ›Du ein Bote‹, zu dem zwölften: ›Du ein Hausknecht dein lebelang.‹«

Auf den Einwand Evas: »›Herr, wie teilst du deinen Segen so ungleich!‹«, antwortete Gott: »›Eva, das verstehst du nicht [...]: wenn sie alle Fürsten und Herren wären, wer sollte Korn bauen, dreschen [...]? Jeder soll seinen Stand vertreten, dass einer den anderen erhalte und alle ernährt werden, wie am Leib die Glieder.‹«

Johannes Bolte und Georg Polívka weisen in den *Anmerkungen zu den Kinder- und Hausmärchen* der Brüder Grimm darauf hin, dass der Karmelitermönch Baptista Spagnuoli 1470 schon in seinen Hirtengesprächen von der Ungleichheit der Stände erzählt. Dort heißt es, als Gott die versteckten Kinder Evas findet: »›[...] einige aber will ich in die Städte setzen als Wurstmacher, Fleischer, Weinschenker, Bäcker und andere dergleichen, die immerdar im Schmutze leben und für die Vornehmen schwitzen und dienen.‹ Der allmächtige Gott sprachs und schritt von dannen zum Himmel.« Spagnuoli macht hier eine Anleihe bei damals bekannten Volksmärchen und Schwänken, in denen die versteckten Kinder Evas auch zu Affen, Fröschen und Kröten werden.[11]

In einer Sage aus der Steiermark mit demselben Titel »Die ungleichen Kinder Adams und Eva's [sic!]« schämt sich Eva, »[...] Gott einzugestehen, daß sie Mutter so vieler Kinder sei; sie nahm ihre neunhundert Kinder, verbarg fünfhundert derselben und zeigte Gott nur die anderen vierhundert. Er befahl ihr, auch die verborgenen Kinder vorzuführen und verhieß den vierhundert, welche ihm Eva gezeigt hatte, daß ihre Nachkommen reich, wohlhabend und glücklich werden sollten; die fünfhundert anderen Kinder sollten die Eltern der armen und unglücklichen Menschen werden.«[12]

»Arm und unglücklich« werden hier auf eine Stufe gestellt. Die vermeintlich »gottgegebene« Ordnung unterscheidet zwischen reichen, in Amt und Würde stehenden Personen und den armen, arbeitenden Menschen. Armut und Arbeit definierten sich gegenseitig. Wer arm war, musste arbeiten, wer arbeiten musste, war arm. Bis ins 19. Jahrhundert wurde Armut überwiegend nicht als gesellschaftlich verursacht, sondern als individuell verschuldet oder »gottgewollt« betrachtet, auch wenn das Bürgertum sich auf die Fahnen schrieb: »Jeder ist seines Glückes Schmied« und die Tugenden Ordentlichkeit, Fleiß, Reinlichkeit, Pünktlichkeit als Garanten für das Wohlergehen und den wirtschaftlichen Erfolg postulierte.

Eine Kritik an der »gottgewollten« Ordnung hören wir unter anderem aus »Der Gevatter Tod« heraus (KHM 44): Ein armer, kinderreicher Mann sucht einen Gevatter für sein 13. Kind. Gott kommt ihm entgegen und bietet sich als Gevatter für sein Kind an, »›[...] will für es sorgen und es glücklich machen auf Erden.‹ Der Mann sprach: ›Wer bist du?‹ ›Ich bin der liebe Gott.‹« Der arme Mann lehnt ab: »›So begehre ich dich nicht zu Gevatter, [...] du gibst dem Reichen und lässest den Armen hungern.‹« In der Fassung von 1812 heißt es: »[...] damit ließ er ihn stehen und ging weiter.« In der Ausgabe von 1857 (letzter Hand) heißt es ein wenig freundlicher: »Also wendete er sich von dem Herrn und ging weiter.« Selbst das Versprechen, dass Gott für sein Kind sorgen und es glücklich machen will, kann den Groll und die Zweifel des Mannes über die göttlichen Geschicke nicht beseitigen. Diese sozialkritischen Zeilen basieren auf literarischen Vorlagen aus dem 16./17. Jahrhundert, die Wilhelm Grimm in der Zweitauflage der KHM von 1819 modifizierte, indem er die Aussage des armen Mannes abschwächte: »Das sprach der Mann, weil er nicht wußte, wie weislich Gott Reichtum und Armut verteilt.« Auch den Teufel lehnt der Mann als Gevatter ab; der Tod ist ihm willkommen: »›Du bist der rechte, du holst den Reichen wie den Armen ohne Unterschied, du sollst mein Gevattersmann sein.‹« So wie es im Sprichwort heißt: »Des Armen Trost ist der Tod« oder wie es in Estland heißt: »Wenn der Tod kommt, hat der Reiche kein Geld, der Arme keine Schulden mehr.«

In dem Märchen »Die Gänsehirtin am Brunnen« (KHM 179) heißt es bei der Begegnung des jungen Grafen mit dem alten Mütterchen: »Eine ganze Last hatte sie schon in ihr Tragtuch geschoben, und daneben standen zwei Körbe, die mit wilden Birnen und Äpfeln angefüllt waren. ›Aber, Mütterchen‹, sprach er, ›wie kannst du das alles fortschaffen?‹ ›Ich muß sie tragen, lieber Herr‹, antwortete sie, ›reicher Leute Kinder brauchen es nicht. Aber beim Bauer heißt's: ›Schau dich nicht um, dein Buckel ist krumm.‹«

Reicher Leute Kinder brauchen es nicht. In einen Stand wurde man hineingeboren und diesen sollte man auch nicht durch eine unstandesgemäße Heirat verändern, wie es in dem Tierschwank »Der Hase und der Igel« (KHM 187) heißt: »[...] wenn eener freet, datt he sick ne Fro uut sienem Stande nimmt, un de jüst so uutsüht as he sülwst. Wer also en Swinegel is, de mutt tosehn, datt seine Fro ook en Swinegel is, un so wieder.« »Die Gänsehirtin am Brunnen« endet mit einer Anmerkung zu der Gabe, die der Königstochter verliehen war, Perlen zu weinen statt Tränen: »Heutzutage kommt das nicht mehr vor, sonst könnten die Armen bald reich werden.«

In der mittelalterlichen Gesellschaft stand der Arme auf der untersten Stufe der gesellschaftlichen Pyramide, aber er war Bestandteil dieser Pyramide, ein sozial integriertes Mitglied der Gesellschaft. Zu dieser Stufe der Unterprivilegierten gehörten auch die Vaganten wie Gaukler, außerdem Spielleute, Juden, Zigeuner und die Recht- und Ehrlosen wie Henker, Schergen, Büttel, Abdecker, Bader, Türmer, aber auch, wie es in dem Abzählreim heißt, »Leinweber, Totengräber«.

Die Unterprivilegierten mussten oft zeitweise oder jahreszeitlich bedingt für sich und ihre Familie betteln gehen, wenn sie Opfer waren von Katastrophen, Kriegen, Krankheiten oder Unwettern, die die Ernte vernichteten. Zu den Armen, die dauerhaft betteln mussten, gehörten die Hilflosen: die verwaisten Kinder, die Witwen, die Alten, die Kinderreichen, die Gebrechlichen, Blinde und Lahme, Menschen, die an unheilbarer Krankheit litten, die durch ein Unglück ihre Existenz verloren hatten oder nicht mehr gebraucht wurden, wie die ausgedienten, »abgedankten« oder kriegsversehrten Soldaten.

Bettler gehörten zum normalen Erscheinungsbild einer Stadt. Nach christlicher Auffassung wurde der Bettler als Ebenbild Christi angesehen. »Was ihr getan habt einem von diesen meinen geringsten Brüdern, das habt ihr mir getan.« (Mt 25,37-39). Das Betteln war ein Appell an die »Nächstenliebe« und die christliche Pflicht der Barmherzigkeit. Die Gabe und die Annahme von Almosen schlossen den Reichen und den Armen in die »Societas Christiana« ein.

Die Lehre des Thomas von Aquin (1225-1274) prägte die kirchliche Soziallehre im Mittelalter. Die sieben Werke der Barmherzigkeit: das Speisen der Hungrigen, das Tränken der Durstigen, das Bekleiden der Nackten, das Beherbergen Fremder, das Trösten Gefangener, der Besuch Kranker, das Begraben der Toten[13] waren eine Voraussetzung für das Seelenheil, die Erlassung der Sünden und damit ein Garant für das Himmelreich. Die Reichen gaben Almosen und die Armen beteten für das Seelenheil des Spenders als Gegenleistung. »Sobald der Gülden im Becken klingt/im huy die Seel im Himmel springt«, so soll Johann Tetzel (1465-1519) in der Art eines Marktschreiers den Ablasshandel eröffnet haben.

Grundsätzlich galt: »Wenn nur einige wenige den Reichtum der ganzen Welt besitzen, so ist dies deswegen, damit die Reichen ihren Reichtum unter die Armen verteilen.«[14] »Der Arme braucht den Reichen, um überleben zu können; der Reiche braucht den Armen, um das ewige Leben erlangen zu können. Wer arm und wer reich zu sein hat, wird durch die göttliche Vorsehung bestimmt.«[15] Dieser Glaube findet sich noch in den Predigten des 17. und 18. Jahrhunderts, eine Auffassung, die wir auch noch in den Erziehungsbüchern des 18. Jahrhunderts vorfinden, so in Joachim Heinrich Campe: *Wozu sind Arme und Reiche in der Welt? Traktate über den Klassenfrieden* (1783).[16]

Die Dankesformel »Vergelt's Gott«, die in Süddeutschland, in der Schweiz und in Österreich noch gebräuchlich ist, weist auf die Belohnung des Gebers in der Ewigkeit hin. Lutz Röhrich schreibt im *Lexikon der sprichwörtlichen Redensarten*: »Wird ein Armer, ein Bettler von einer Bäuerin beschenkt, so hört sie ein städtisch-höfliches »›Dankeschön‹« nicht gern. ›Des isch wie Wasser!‹, d.h., es hat keinen Wert. Der Beschenkte soll mit einem »Vergelt's Gott!« danken [...]. Diese

»Vergelt's Gott« werden in der Ewigkeit gesammelt und nach der Zahl der guten Werke wird jedermann gemessen. Hat ein Mensch zu wenig dieser Dankesformeln gesammelt, so muss er als ›Arme Seele‹ gehen und um die fehlenden ›Vergelt's Gott‹ betteln.«[17]

In einer Sage aus Tirol wird dieser Volksglauben konkretisiert:

> *»Vergelts Gott«* [sic!]
>
> Auf der Großeggalm im Duxertal war es nicht geheuer. Ein Geist ließ sich dort blicken: ein steinaltes, graues Lötterle, das aber keinem was zu leide tat. Im Gegenteil zeigte er sich dienstbar, wo er nur konnte, und der Melker, ein beherztes Mannsbild, fürchtete den Geist deshalb nicht, sondern war froh, daß ihm der so fleißig bei der Arbeit half. Er ließ ihn auch nicht Mangel leiden, schenkte ihm Käs und Milch; die trug das Lötterle fort – niemand wußte, wohin.
>
> Einmal war der Melker auf die Hochzeit von Gefreundeten geladen und wäre ums Leben gern hingegangen; aber er hatte Sorge, was während der langen Zeit aus dem Vieh und dem Kaser werden sollte. Das Lötterle indes redete ihm zu: er möchte nur getrost hingehen und brauchte um nichts zu sorgen. Der Melker ging, verlebte einen lustigen Tag, und als er wiederkam, fand er alles in schönster Ordnung: das Vieh gefüttert und getränkt, die Käser und den Stall schön gefegt, das Geschirr blank geputzt – kurz: jede Arbeit aufs Beste verrichtet. Der Melker freute sich nicht wenig und drang in das Geistle, ihm zu sagen, was es sich wünschte zur Belohnung. Der Kleine schwieg, sah ihn nur bittend und traurig an. Da meinte der Melker: weil es so armselig herschaue, sei ihm vielleicht ein Gewandstück erwünscht; also schenkte er dem Männlein eine abgetragene Lodenjoppe. Darauf hub das Lötterle bitterlich zu weinen an und sprach: ›Du hast mich ausgelohnt; jetzt darf ich nimmer kommen. Hättest du mir nur ein einziges »Vergelts Gott« gesagt, so hättest du mich erlöst und mir den Himmel erschlossen. Das aber hast du nicht getan.‹ Und von Stund an sah der Melker es nicht mehr wieder.[18]

Jakob Grünenfelder (1885-1969), Lehrer in Weisstannen/Wangs, erzählte: »Früher sind auf die Alpen Bettler gekommen und haben um Essen geholfen, zu holzen und zu misten. Ein wenig aufgefüttert sind sie dann wieder weiter. Sie haben schon gewusst, wo sie es besser und wo sie es schlechter gehabt haben. Auf Siez hat ein Guntli Koub [Jakob] viele Jahre gesennt. Bei dem haben sie es gut gehabt. Die Bauern haben manchmal gemeint, er soll jetzt dann hie und da die Bettler abweisen. Da sagte der Guntli: ›Wenn uns kein Bettler mehr »Vergelt's Gott« sagt, beten wir vergebens. Ich möchte dann nicht mehr länger Senn sein.‹«[19] »Eine Erzählerin versicherte, dass man sofort in den Himmel käme, wenn man im Tag drei ›Vergelt's Gott‹ empfangen würde.«[20]

Im Märchen reichen diese »Vergelt's Gott« nicht aus, um in den Himmel zu kommen, es muss ein wenig nachgeholfen werden, wie es in der Variante des Grimm'schen Märchens »Bruder Lustig« (KHM 81) aus der Sammlung von Ernst Meier *Deutsche Volksmärchen aus Schwaben* heißt. Dort bittet Petrus in verschiedenen Bettlergestalten den armen abgedankten Soldaten: »›Ach ich habe Hunger und kein Geld, sei so gut und gib mir ein Almosen‹«; und nachdem Bruder Lustig ihm einen Kreuzer und ein »Vierling Brod« gegeben hat, spricht Petrus »Vergelt's Gott« und geht weiter. So bekommt Bruder Lustig nacheinander drei »Vergelt's Gott«. Den Himmel schließt er sich damit aber nicht auf. Petrus weist ihn wegen seines betrügerischen Handelns ab und schickt ihn in die Hölle. In der Grimm'schen Fassung geht er sogleich dorthin, denn der Weg zur Hölle ist »[...] breit und angenehm«, der zum Himmel »[...] ist eng und rauh«; aber in der Hölle ist er nicht willkommen, hatte er doch in seinem Zauberranzen, den er von Petrus bekam, kleine Teufel auf dem Amboss erschlagen lassen und nur einer war davongekommen und hatte es weitererzählt. In der Variante von Ernst Meier spielt »Bruder Lustig« in der Hölle mit den Teufeln Karten. »[...] sie spielten aber um menschliche Seelen, und es war ausgemacht, dass er die Seelen, die er gewönne, mit herausnehmen dürfe. Da kam aber der eine Teufel dazu, der in dem Ranzen so ›[...] gottsjämmerlich geklopft war‹, und erkannte sogleich den Bruder Lustig und sagte zu den anderen Teufeln: ›Fangt nur mit dem Kerl nichts an, sonst sind wir verloren und er nimmt uns alle Seelen mit fort!‹« So wanderte Bruder Lustig »[...] ganz ärgerlich zurück zum Himmelstor«, und nur mit dem Trick, den Ranzen in den Himmel zu werfen und sich selbst hineinzuwünschen, gelangte er hinein, »[...] obwohl Petrus ihm die Thür vor der Nase zuschlug.«[21] Die drei »Vergelt's Gott« sowie der Versuch, den Teufeln die Seelen abzuringen, sie zu retten, reichen im Märchen nicht aus, in den Himmel aufgenommen zu werden, es muss noch mit einem Trick nachgeholfen werden.

Über den Dank des Bettlers hat Karl Kraus folgendes Gedicht geschrieben:

Vergelt's Gott!

Ich steh' als Bettler hinter meiner Tür
Und mein Begehr:
Nimm's an!
So ist mir wohlgetan.
Dein Dank gibt mehr.
Hab Dank dafür.[22]

In einem anderen Märchen der Sammlung Grimm kann die Seele gerettet werden. In dem Schwankmärchen »Der Grabhügel« (KHM 195), das erst 1850 in die Sammlung eingefügt wurde, findet ein Wettstreit zwischen Soldat und Teufel statt, verwoben mit einer Grabwache und der Beichte eines Reichen, die Wilhelm Grimm dazugefügt hat.[23] Für die Handlung ist die Beichte nicht erforderlich, jedoch sagt sie einiges über die moralische Haltung und das Weltbild der Herausgeber aus.

Es wird von einem Reichen erzählt, der beim Zählen seines Geldes ein Klopfen vernahm, »aber nicht an der Tür seiner Stube, sondern an der Tür seines Herzens. Sie tat sich auf, und er hörte eine Stimme, die zu ihm sprach: ›Hast du den Deinigen damit wohlgetan? Hast du die Not der Armen angesehen? Hast du mit den Hungrigen dein Brot geteilt? War dir genug, was du besaßest, oder hast du noch immer mehr verlangt?‹« Das Herz zögerte nicht mit der Antwort: »›Ich bin hart und unerbittlich gewesen und habe den Meinigen niemals etwas Gutes erzeigt. Ist ein Armer gekommen, so habe ich mein Auge weggewendet. Ich habe mich um Gott nicht bekümmert, sondern nur an die Mehrung meines Reichtums gedacht. Wäre alles mein eigen gewesen, was der Himmel bedeckte, dennoch hätte ich nicht genug gehabt.‹« Ob bei diesen Gewissensbissen auch christlich motivierte Reue mitschwingt oder ob sie nur aus Angst vor dem nahenden Tod zustande gekommen sind, sei dahingestellt. Jedoch kommt sogleich die (Über-)Prüfung in Gestalt eines Nachbarn, eines armen Mannes, »der ein Häufchen Kinder hatte, die er nicht mehr sättigen konnte.« Er kannte die Hartherzigkeit seines Nachbarn, »[...] aber meine Kinder schreien nach Brot, da will ich es wagen.« Er bat den Reichen, ihm vier Malter

Korn zu leihen. Angesichts seiner Selbstbeichte sah ihn der Reiche »[…] lange an, da begann der erste Sonnenstrahl der Milde einen Tropfen von dem Eis der Habsucht abzuschmelzen«. Er hilft dem Mann, indem er ihm die doppelte Menge an Korn, die der Arme sich leihen wollte, schenkt, »›[…] aber eine Bedingung mußt du erfüllen […]. Wenn ich tot bin, sollst du drei Nächte an meinem Grabe wachen.‹«

Also keine völlig uneigennützige, reuige Tat, keine wirkliche Buße steckt dahinter. Das alles scheint auch im weiteren Verlauf nicht mehr zu interessieren: Es folgt ein schwankhafter Schlagabtausch zwischen einem abgedankten Soldaten, der plötzlich an der Kirchhofmauer auftaucht und dem armen Mann bei der Totenwache hilft, und dem Teufel, der die Seele des Reichen holen will. Natürlich wird der Teufel überlistet. Er muss einen Stiefel des Soldaten mit heimlich abgetrennter Sohle bis zum Sonnenaufgang mit Gold füllen, es gelingt ihm nicht, »[…] und der böse Geist entfloh mit lautem Geschrei«. Dabei dachte der Teufel, er komme an die Seele heran, wenn er den beiden Wachen nur Gold anbiete (eine Erfahrung, die er ja schon des Öfteren, nicht nur im Märchen, gemacht hatte). »Mit Gold fängst du die zwei Haderlumpen am besten.«

Wie wir wissen, wird er überlistet und »die arme Seele war gerettet«. Der Arme wollte das Gold mit seinem Helfer, dem armen Soldaten, teilen, aber der sprach: »›Gib den Armen, was mir zufällt: ich ziehe zu dir in deine Hütte, und wir wollen mit dem übrigen in Ruhe und Frieden zusammenleben, solange es Gott gefällt.‹«

Es verwundert, dass die »arme Seele« gerettet wurde. War es doch keine offensichtliche Reue, sondern ein Not ausnützendes, erpresserisches Geschenk, mit der Auflage, am Grabe Wache zu stehen, also eher eine bezahlte Dienstleistung. Aber es reichte im Märchen wohl, »einen Tropfen von dem Eis der Habsucht abzuschmelzen«, dass aus den »acht Malter[n] Korn« eine Gabe wurde.

Eine Gabe zeichnet sich dadurch aus, dass sie eine Gefühlsbindung zwischen zwei Menschen begründet. Freundschaft, Liebe oder Mitleid können Motivation für eine Gabe sein. Materielle und immaterielle Gaben verändern und stiften Bindungen. Waren haben einen Wert, Gaben sind »wertvoll«, besonders die Gaben, die der Märchenheld selbstverständlich dem am Wegrand sitzenden Hilfsbedürftigen gibt, Almosen ohne Erwartung einer Gegenleistung. Aber diese Gaben verändern sein Leben. Als Dank oder als Lohn für eine bestandene Prüfung bekommt er Ratschläge oder Zauberdinge, mit denen er sich »entwickeln« und seinen Weg finden kann, einen Weg, der im Zaubermärchen meist zu einer Erlösung führt. »Die Gabe ist des Gebers und fällt unfehlbar auf ihn zurück […].«[24] Eine Gabe darf nicht verharren, sonst verliert sie ihre Macht, sie muss stets weitergereicht werden, im Umlauf bleiben.

Auch im Märchen »Der Grabhügel« trägt die Gabe des Reichen Früchte. Selbst wenn es dem Armen bei dem Auftrag der Grabwache unheimlich zumute ist, so hält er sie doch; plötzlich taucht ein armer Soldat auf und alles Weitere nimmt dieser dann in die Hand. Nach erfolgreicher List und Rettung der Seele verzichtet der Helfer auf seinen Anteil und lässt ihn an die Armen verteilen, wo diese Gabe gewiss weiter Früchte tragen wird. Der arme Bauer aber bringt nicht nur den Goldschatz heim, sondern auch einen Helfer: »›[…] ich ziehe zu dir in deine Hütte, und wir wollen mit dem übrigen in Ruhe und Frieden zusammenleben, solange es Gott gefällt.‹« Ein glückliches, märchenhaftes Ende ohne Hochzeitspaar, aber mit einer Freundschaft, die sich vielleicht aus der jenseitigen Welt speist.

Die Poetin May Sarton schreibt in ihrem *Journal of a Solitude* über die künstlerische Gabe: »Die nach innen gerichtete, also nicht weitergebbare Gabe wird zu einer schweren Last, manchmal sogar zu einer Art Gift. Es ist, als staute sich der Strom des Lebens.«[25]

Ähnliches berichten die Märchen. Die hartherzigen Brüder und neidischen Schwestern der Protagonisten laufen in die Irre, wenn sie die Gabe, die sie selber erhalten haben, nicht weitergeben; verlieren den Kopf, versteinern oder kehren unverrichteter Dinge wieder um. Sie verharren in ihrer Ausgangssituation, »[…] als staute sich der Strom des Lebens« – der Strom, der auch über das Diesseits ins Jenseits führt, wie es in der Sage »Der gestohlene Heller« (KHM 154) drastisch bildhaft geschildert wird.

Sie erzählt von einem Kind, das von seiner Mutter zwei Heller bekommen hat, um sie einem armen Mann zu geben. Das Kind aber behält sie für sich, um einen Zwieback zu kaufen. Es stirbt und findet im Grab nun keine Ruhe. Es wird zum Wiedergänger, bis die Eltern das Geld finden und dieses einem Armen geben.

Wie anfänglich aufgezeigt, hatte der Bettler eine wichtige Rolle im Glauben, aber auch im Aberglauben der Menschen. Sagen erzählen davon: Dort erfahren wir, dass Bettler als Glücksbringer angesehen wurden, aber auch als Boten des Unheils. Bei einem Hochzeitsessen wurden sie gerne gesehen oder als erste Begegnung am Morgen, besonders am Neujahrsmorgen. Eine Übel abwehrende Kraft wird dem Almosen, der Gabe, zugeschrieben, die der Bettler empfängt. Brot, das einem Bettler gegeben wird, schützt das Vieh vor bösem Einfluss, man muss es von dem Bettler um »Gotteswillen« für 3 Pfennige zurückkaufen. Ein Kreuzer, als Almosen gegeben, hilft, etwas Verlorenes wiederzufinden. Der Bettelstab besaß Heilkräfte. Drückte man ihn stillschweigend und »über Kreuz« gegen einen Kropf oder Buckel, verschwand dieser.[26]

Aus allen Gegenden Deutschlands kennen wir Sagen von abgewiesenen Bettlern, die mit einem Fluch oder mit Gottes Willen Strafen und Plagen über die Hartherzigen und Frevler bringen. Burgen und ganze Orte versinken, nachdem Bettler abgewiesen oder ermordet wurden. Gott strafte einen Müller, der einen Bettler »bis aufs Blut peinigte«. »Der Bettler weinte helle Thränen, und die sah Gott der Herr vom hohen Himmel.« Er schickte eine Froschplage, die Frösche tranken alles Wasser, sodass die Mühle nicht mehr mahlen konnte und der Müller verhungerte.[27] Eine abgewiesene arme Frau, die für ihr Kind um Milch gebeten hatte, sprach: »›Gott möge Euch das mit Feuer vergelten!‹« Sogleich brannte der Hof der Hartherzigen und sie wurde von einem brennenden Balken erschlagen.[28] Ganze Täler in Wallis werden durch einen abgewiesenen Bettler mit Schlangen verseucht. »›Da ihr mich weggewiesen habt, so will ich jetzt machen, dass ihr die Alpen auch verlassen müßt, ihr Racker und Geizteufel!‹« Mit einer kleinen Flöte lockt der Bettler die Schlangen herbei, die sich über alle Alpen verteilten.[29] Hartherzigen wird das Brot im Haus oder unter dem Kittel zu Stein, zum Beispiel in den Sagen »Das versteinerte Brod zu Danzig«, »Der steinerne Brodlaib zu Neckarhausen«, »Der Bäcker zu Dortmund«[30] oder »Brot zu Stein geworden«[31].

In der Sage vom »Versteinerten Brot« aus Hellinghausen, einem Stadtteil von Lippstadt, sorgte eine reiche, hartherzige Schwester dafür, dass ihr eigenes Brot im Haus zu Stein wurde. Sie wies die Bitte ihrer armen Schwester nach Brot für sich und ihre hungrigen Kindern ab mit der Lüge: »›Ich habe kein Brot‹«; und als die arme Schwester mit Tränen in den Augen noch inniger in sie drang, rief sie mit gellender Stimme: »›Das Brot, das ich im Hause habe, mag zu Stein werden!‹« Und so war es dann auch. Als die böse Schwester am anderen Morgen den Schrank öffnete, um das Brot herauszunehmen, siehe, da war es zu Stein geworden und vor Schrecken stürzte sie zu Boden und war tot.

Das versteinerte Brot wurde zum Andenken an diese Begebenheit und zum warnenden Beispiel an einer eisernen Kette hinter dem Hochaltar in der Pfarrkirche St. Clemens zu Hellinghausen aufgehängt. Es ist noch heute in der Kirche zu sehen. Schon im Mittelalter gehörte es zu den religiösen Attraktionen der Gegend.[32]

In einer Sage kommt die Pest in die Stadt Posen als Pestjungfrau, die ein blinder, zerlumpter Bettler mit sich führt; aber ein Bettler, dem ein Almosen gegeben wurde, kann auch die Pest bannen und vertreiben, wie es in einer Sage aus Nassau heißt.[33]

Das waren nur einige Beispiele, die die ambivalente Haltung der Bevölkerung gegenüber den Bettlern aufzeigen sollten. Angst und Unsicherheit gegenüber unbekannten, fahrenden Bettlern nährten den Aberglauben und unterstützten die Sündenbockfunktion dieser Vaganten.

Wir wissen auch von fahrenden und wandernden Bettlern, die besonders in ländlichen Gegenden gerne gesehen waren, brachten sie doch Neuigkeiten und Abwechslung in den Arbeitsalltag. Einige Bettler musizierten, sangen oder erzählten Geschichten für Almosen, für ein warmes Feuer und ein Dach über dem Kopf. Wer kann es dem Erzähler verübeln, wenn unter diesen Umständen seine Geschichten lang und länger wurden.[34] Viele Märchensammler wie Ernst Meier, Pastor Romuald Pramberger und Johannes Reinhold Bünker haben ihre Märchen bei Bettlern, Tagelöhnern, invaliden Soldaten, Straßenkehrern oder Wanderburschen gesammelt. Als Gewährsmann seiner steirischen Märchen nennt Pramberger eine 60-jährige Bettlerin, die sogenannte Hundsmoidl, die mit drei bis vier Hunden durch das Murgtal wanderte und um Gaben bettelte, sowie den Bettler Winkler, den »blinde Hirtl« und den »krumpe Hois«. Bünker stellt uns den Straßenkehrer Tobias Kern, einen völligen Analphabeten, als Erzähler sämtlicher 122 Nummern der Bünker'schen Sammlung *Märchen aus dem Burgenland* vor.[35] Wir kennen den »alten Krause«, Johann Friedrich Krause, der für die »abgelegten Beinkleider« Wilhelms den Brüdern Grimm Märchen erzählte.

Aber wo sind die Bettler im Märchen?

Die *KHM* wissen von Armut, aber gebettelt wird kaum. Die Helden gehören entweder einer hohen oder einer sehr niedrigen Gesellschaftsschicht an. Bei der letzteren wimmelt es nur so von armen alten Frauen, armen kinderreichen Familien, Holzhackern oder Tagelöhnern, armen Hirtenjungen, abgedankten armen Soldaten und armen Kindern. Armut beherrscht die Ausgangssituation vieler Märchenhandlungen. Die Märchen erzählen von der Überwindung der Ausgangssituation, auch der Armut, jedoch kaum vom Betteln. Und »wirkliche« Bettler kommen im Märchen nur am Rande vor.

Helden und Heldinnen im Märchen betteln nicht, sondern machen sich auf den Weg, ihren Lebensweg, den sie aktiv, sich treu bleibend, gehen. Keine Grenzen können sie aufhalten, erst recht keine Standesgrenzen. Wie Lutz Röhrich sagt: »Arm wird reich, und reich wird arm. Es gibt [im Märchen] ein alle soziale Schranken sprengendes Freiheitsstreben.« Doch weiter weist er darauf hin, dass wir in diesem Zusammenhang nicht vergessen sollten, dass »[...] die sozialen Gegensätze im Märchen auch künstlerisch und erzähltechnisch bedingt sind. Das Volksmärchen liebt die Gegensätze und es ist geradezu ein Gesetz des wirkungsvollen Erzählens, dass der Held, der einmal König werden soll, zuvor bettelarm gewesen sein muss. Die ursprüngliche soziale Niedrigkeit des Helden ist für die polare Spannung der Märchenerzählung unerlässlich.«[36]

Aus dem Schweinehirten, dem abgedankten Soldaten, der armen Spinnerin und aus dem Aschensitzer und Aschenpüster, dem Aschenputtel und Aschenbrödel können König oder Königin werden. Sie sind es, laut Max Lüthi, »[...] heimlich schon; wir dürfen es dem Märchen glauben, dass in jedem Menschen Königliches da ist, das sich entfalten möchte«[37].

Das »Königliche« kann sich jedoch nur an dem Gegenüber entfalten. »Der Mensch wird am Du zum Ich«, wie Martin Buber sagt.[38] Im Märchen sind es die Bettler am Wegesrand, die hilfsbedürftigen Tiere und die erlösungsbedürftigen Partner, an denen das »Königliche« des Märchenhelden sich zeigt. Märchengemäß drückt sich dieses in Handlungen aus, in mitleidigem Tun, das erst übernatürliche Hilfe ermöglicht, mit der der Held dann seine Aufgabe bewältigt. Der Arme hilft dem Armen, indem er ihm etwas von seiner kargen Mahlzeit gibt. Der Bettler interessiert nicht weiter, er ist häufig nur ein »Weg-Weiser« für den Helden.

Der Held ist zunächst oft selber hilflos, handelt aber »aus gutem Herzen« wie es in der Sage »Der singende Knochen« (KHM 28) heißt: »Der älteste, der listig und klug war, tat es aus Hochmut, der jüngste, der unschuldig und dumm war, aus gutem Herzen.« Ein gutes Herz für Menschen und Tiere haben, arm und ein wenig einfältig sein, das reicht im Märchen meist aus, um das Glück zu machen. »Im Märchen ist fast immer der Arme zugleich der ethisch Gute, im Gegensatz zu den bösen Reichen.«[39] Die Tugenden: Nächstenliebe, Mitgefühl, Frömmigkeit, Demut und selbstloses Handeln zeichnen die Märchenhelden aus und führen sie zum Glück. Hochmut, Geiz, Genuss-Sucht, Zorn, Völlerei, Neid und Trägheit (die sieben Todsünden oder Hauptlaster der traditionellen katholischen Kirchenlehre) dagegen werden im Märchen bestraft oder müssen abgelegt werden, damit es noch zu einem guten Ende führt.

Die Schwankmärchen mit legendenhaften Zügen kennen auch Bettler, die nur zeitweise in das Bettlergewand schlüpfen. Gottvater (und vor ihm Zeus, Odin und andere) sowie Petrus lieben diese Verkleidung bei ihrer Erdenwanderung, obwohl sie es oft gar nicht nötig hätten, werden sie doch auch so nicht erkannt wie im Märchen »Der Gevatter Tod« oder »Der Arme und der Reiche«. Leo Tolstoi griff das Motiv des Gottes im Bettlergewand in seiner Kurzgeschichte auf: »Wo die Liebe ist, da ist auch Gott.«

Der Schuster Martin Awdejitsch, der mit seinem Schicksal hadert, träumt am Heiligen Abend, dass ihn Gott besuchen werde. Er bereitet sich auf diesen hohen Besuch vor. Aber der hohe Besuch bleibt aus. Stattdessen kommen arme Leute vorbei, die um Suppe, Wärme und Kleidung betteln und Zuwendung wünschen. Enttäuscht darüber, dass Gott nicht zu ihm gekommen ist, schläft der Schuster nachts wieder ein und erfährt im Traum, dass Gott in all diesen armen Menschen bei ihm zu Besuch gewesen ist.[40] So identifiziert Jesus sich mit den »geringsten seiner Schwestern und Brüder«, wie es im Matthäusevangelium (25,31-46) heißt. »Ich bin hungrig gewesen und ihr habt mir zu essen gegeben. Ich bin durstig gewesen und ihr habt mir zu trinken gegeben. [...] Was ihr getan habt einem von diesen meinen geringsten Brüdern, das habt ihr mir getan.«

Ich komme nun zum Ende meiner Ausführungen, jedoch nicht, bevor Sie mit mir im »second life« chatten. »Second life« ist (laut Selbstdarstellung) eine kostenlose digitale Online-Welt, die von ihren Einwohnern erdacht und erschaffen wurde. Sobald Sie »second life« betreten, entdecken Sie eine schnell wachsende digitale Welt voller Menschen, Unterhaltung, Erfahrungen und Möglichkeiten.[41] Eine

selbstkreierte Welt, ohne Armut und Elend? – weit gefehlt! Als 2007 Berlin als New Berlin geschaffen wurde und noch nicht alle Gebäude und Straßen angelegt waren, war der erste virtuelle Bettler schon da; er sitzt auf einer Parkbank mit einem Hund an der Seite und hat ein Pappschild in der Hand:
»help me – I lost my money in cyberspace«[42].

Aber die bettelnden Menschen, die wir auf der Straße sehen, brauchen kein virtuelles »second life«, sie brauchen reale, konkrete Möglichkeiten, Angebote zur Selbsthilfe. Sie betteln nicht nur um Geld, sie betteln um Zuwendung, Anerkennung, Arbeit, um eine Aufgabe und Aufnahme in die Gemeinschaft. In dem Schwankmärchen »Die Bremer Stadtmusikanten« (KHM 27) haben die alten, armen, vermeintlich unnützen Tiere es selbst in die Hand oder besser in die Pfote oder den Huf genommen; sie haben sich gemeinsam auf den Weg gemacht, die Räuber davongejagt, das Räuberhaus besetzt und sich dann einen, ihren Anteil genommen.

Anmerkungen

1 Burens, Peter-Claus: *Die Kunst des Bettelns.* Tips für erfolgreiches Fundraising. München 1996.
2 Bräuer, Helmut: *Der Leipziger Rat und die Bettler.* Leipzig 1997, S. 89.
3 Huster, Ernst-Ulrich: »Armut«. In: Sandkühler, Hans-Jörg: *Europäische Enzyklopädie zu Philosophie und Wissenschaft.* Hamburg 1990, Bd. 1, S. 225-260.
4 In: *Lebenslagen in Deutschland – Der erste Armuts- und Reichtumsbericht der Bundesregierung,*
zitiert auf: http://www.einblick.dgb.de/hintergrund/2001/09/text01/
5 Schmitz, Thomas: *Straßen- und polizeirechtliches Vorgehen gegen Randgruppen.* München 2003, S. 3-4.
6 Schmitz (wie Anm. 5), S. 4.
7 Schmitz (wie Anm. 5), S. 4 (zitiert Wenger, Leopold: *Die Quellen des römischen Rechts.* Wien 1953, S. 665).
8 Vgl. Militzer, Klaus: »Pauperes«. In: *Lexikon des Mittelalters VI* . Zürich/München 1993, Sp. 1829.

9 Lautermann, Wolfgang/Schlenke, Martin (Hrsg.): *Geschichten in Quellen*. Bd. 2. *Mittelalter*. München 1970, S. 711.

10 Sachs, Hans: *Dichtungen, Erster Theil: Geistliche und weltliche Lieder.* Leipzig 1870, S. 212-214.

11 *BP 3* (1918), S. 308-310.

12 *Germania.* Vierteljahrsschrift für deutsche Altherthumskunde 10 (1865), S. 429, Quelle: http://www.sagen.at/texte/maerchen/maerchen_oesterreich/steiermark/kinder_evas.html oder *Märchen aus Österreich.* Herausgegeben von Leander Petzoldt. Reinbek bei Hamburg 1992, S. 266.

13 Vgl. Evangelium nach Matthäus 25,35 ff.

14 Groethuysen, Bernhard: *Die Entstehung der bürgerlichen Welt- und Lebensanschauung in Frankreich.* 2 Bde. Frankfurt a. M. 1978, Bd. 2, S. 29.

15 Schäfers, Michael: *Prophetische Kraft der kirchlichen Soziallehre?* Armut, Arbeit, Eigentum und Wirtschaftskritik. Berlin/Münster/Wien/Zürich/London, S. 261.

16 Könneker, Marie-Luise (Hrsg.): *Kinderschaukel 1.* Ein Lesebuch zur Geschichte der Kindheit in Deutschland 1745-1860. Darmstadt/Neuwied 1980, S. 132.

17 Röhrich, Lutz: *Lexikon der sprichwörtlichen Redensarten.* 5 Bde. Freiburg/Basel/Wien 1995², Bd. 5, S. 1671.

18 Raff, Helene: *Tiroler Legenden.* Innsbruck 1924, S. 177 ff.

19 Brunold-Bigler, Ursula: *Hungerschlaf und Schlangensuppe.* Bern 1997, S. 233.

20 Röhrich (wie Anm. 17).

21 Meier, Ernst: *Deutsche Volksmärchen aus Schwaben.* Hildesheim 1977. Nachdruck der Ausgabe Stuttgart 1852, S. 215-223.

22 Kraus, Karl: *Worte in Versen I.-IX.Gedichte* (1922-1930), Worte in Versen III, zitiert in: http://www.textlog.de/39413.html

23 Vgl. Solms, Wilhelm: *Die Moral von Grimms Märchen.* Darmstadt 1999, S. 104.

24 Whitmann, Walt: »Gesang von der rollenden Erde« aus dem Gedichtzyklus *Leaves of Grass.* Quelle: http://www.whitmanarchive.org/published/foreign/german/reisiger2/text.html

25 Sarton, May, zitiert aus: Hyde, Lewis: *Die Gabe.* Frankfurt a. M. 2008, S. 196.

26 *HDA 1* (1927, Nachdr. 2000), Sp. 1191 ff.

[27] Vgl. Colshorn, Carl und Theodor: *Märchen und Sagen*. Hannover 1854, S. 175, zitiert in: http://www.zeno.org/Literatur/M/Colshorn,+Carl+und+Theodor

[28] »Die hartherzige Juffer«. In: Weitershagen, Paul: *Eifel und Mosel erzählen*. Sagen und Legenden. Köln 1982, S. 115.

[29] »Der Betteltag im Turtmanntal«. In: Jegerlehner, Johannes: *Walliser Sagen*. Bern 1956, S. 21.

[30] Grässe, Johann GeorgTheodor: *Sagenbuch des Preußischen Staats*, zitiert in: http://www.zeno.org/Literatur/M/Grässe,+Johann+Georg+Theodor

[31] Grimm: *Deutsche Sagen*. Berlin 1924, Bd. 1, Nr. 240, S. 261.

[32] *Mein Heimatland*. Westfälisches Lesebuch. Herausgegeben vom Katholischen Lehrerverband des Deutschen Reiches und vom Verein katholischer deutscher Lehrerinnen. Dortmund 1930. http://www.hellinghausen.de/verstbrot/versteinertesbrot.htm

[33] Grässe (wie Anm. 30), »Wie die Pestjungfrau nach Posen gekommen ist« (Nr. 722) und »Die vertriebene Pest« (Nr. 820), (Nassau).

[34] Vgl. Wehse, Rainer: »Volkskundliche Erzählforschung«. In: *Märchenerzähler-Erzählgemeinschaft*. Herausgegeben von Rainer Wehse. Kassel 1983, S. 8.

[35] Vgl. Röhrich, Lutz: *Märchen und Wirklichkeit*. Baltmannsweiler 2001, S. 208-209.

[36] Röhrich, Lutz: *Sage und Märchen*. Freiburg i. Br. 1976, S. 27.

[37] Lüthi, Max: *So leben sie noch heute*. Göttingen 1969, S. 8.

[38] Buber, Martin: »Ich und Du«. In: *Das dialogische Prinzip*. Heidelberg 1979^4 oder: http://www.celtoslavica.de/sophia/Buber.html

[39] Röhrich (wie Anm. 36), S. 26.

[40] Tolstoj, Lew: *Sämtliche Erzählungen in fünf Bänden*. Frankfurt a. M. 1990, Bd. 3, S. 372-341.

[41] http://de.secondlife.com/whatis

[42] Mrozek, Bodo: http://www.netzzeitung.de/internet/620471.html

Sabine Lutkat

Ungeliebte Kinder im Märchen und wie sie ihren Weg finden

Einleitung

»Brüderchen und Schwesterchen« (KHM 11): »Brüderchen nahm sein Schwesterchen an der Hand und sprach: ›Seit die Mutter tot ist, haben wir keine gute Stunde mehr; die Stiefmutter schlägt uns alle Tage, und wenn wir zu ihr kommen, stößt sie uns mit den Füßen fort. Die harten Brotkrusten, die übrigbleiben, sind unsere Speise, und dem Hündlein unter dem Tisch geht's besser: dem wirft sie doch manchmal einen guten Bissen zu. Daß Gott erbarm, wenn das unsere Mutter wüßte! Komm, wir wollen miteinander in die weite Welt gehen!‹«[1]

»Die drei Männlein im Walde« (KHM 13): »Es war ein Mann, dem starb seine Frau, und eine Frau, der starb ihr Mann; und der Mann hatte eine Tochter, und die Frau hatte auch eine Tochter. [...] Die Frau ward ihrer Stieftochter spinnefeind und wußte nicht, wie sie es ihr von einem Tag zum andern schlimmer machen sollte. Auch war sie neidisch, weil ihre Stieftochter schön und lieblich war, ihre rechte Tochter aber häßlich und widerlich.«[2]

»Einäuglein, Zweiäuglein und Dreiäuglein« (KHM 130): »Darum aber, daß Zweiäuglein nicht anders aussah als andere Menschenkinder, konnten es die Schwestern und die Mutter nicht leiden. [...] Sie stießen es herum und warfen ihm schlechte Kleider hin und gaben ihm nicht mehr zu essen, als was sie übrig ließen, und taten ihm Herzeleid an, wo sie nur konnten.«[3]

»Die goldene Gans« (KHM 64): »Es war ein Mann, der hatte drei Söhne, davon hieß der jüngste der Dummling und wurde verachtet und verspottet und bei jeder Gelegenheit zurückgesetzt.«[4]

So lauten einige typische Märchenanfänge aus den *Kinder- und Hausmärchen* der Brüder Grimm; wenn man mit Märchen vertraut ist, sind sie nichts Ungewöhnliches. Anhand dieser wenigen Beispiele wird bereits deutlich, dass es die Märchenkinder nicht einfach haben. Sicher, alle Märchenhelden und -heldinnen haben es auf ihre Weise schwer, die Märchenwege sind kein Zuckerschlecken. Aber es gibt auf der einen Seite die Märchenfiguren, die zunächst einmal eine scheinbar glückliche Kindheit erleben dürfen wie die Prinzessin im Märchen »Der Froschkönig oder der eiserne Heinrich« (KHM 1) oder auch »Rotkäppchen« (KHM 26). Doch auf der anderen Seite gibt es ebenso viele Märchen, in denen bereits zu Beginn deutlich wird, dass diese Märchenkinder unter erschwerten Umständen aufwachsen, und dazu gehören auch die Märchen, die mit zu den bekanntesten Märchen der Grimm'schen Sammlung zählen wie beispielsweise »Sneewittchen« (KHM 53), »Frau Holle« (KHM 24) und »Aschenputtel« (KHM 21). Diese Märchenkinder werden abgelehnt, verstoßen, ausgesetzt, verkauft, misshandelt. Die Gründe dafür, dass sie so lieblos behandelt werden, sind vielfältig. Sie sind ungeliebt, weil sie

- nicht den Wunschvorstellungen der Eltern entsprechen;
- den Status quo verändern, das heißt die Vormachtstellung der Eltern bedrohen;
- Konkurrenz sind;
- anders sind;
- schwierig sind;
- nicht der Norm entsprechen.

Im Folgenden werde ich zunächst das Phänomen aus entwicklungspsychologischer Perspektive betrachten und daraufhin die Bilder einiger Märchen genauer beleuchten. Abgelehnte, verkaufte, geschlagene, misshandelte Kinder – wahrlich kein wünschenswertes Szenario, auch wenn es für manche Kinder leider Alltag ist. Die Medienberichterstattung ist voll von solchen Themen. Kinder sind gefährdet, auch in unserer Wohlstandsgesellschaft.

Deprivation

»Deprivation« lautet das Fachwort für die Vernachlässigung und Ablehnung von Kindern, ein Teil dessen, was unter das Stichwort »Kindesmisshandlung« fällt. Nicht nur Kinder, die geschlagen oder missbraucht werden, werden misshandelt, sondern auch Kinder, denen die Befriedigung ihrer grundlegenden Bedürfnisse vorenthalten wird. Deprivation bezeichnet allgemein eine Mangelsituation, das Beraubtsein von etwas Grundlegendem. Die Psychologie unterteilt in verschiedene Bereiche wie beispielsweise die psychische, die soziale, die sensorische Deprivation, wobei die *maternal deprivation*, also der Mangel an mütterlicher Pflege und Zuwendung, sicher die extremste Form ist. Das Menschenkind, das gerade zur Welt gekommen ist, ist in besonderem Maße von dieser Mangelsituation betroffen, denn wir Menschen kommen als »Nesthocker« zur Welt. Wir brauchen, um zu überleben, die Fürsorge und Zuwendung primärer Bezugspersonen, wir stehen zu Lebensbeginn in größter Abhängigkeit von der Mutter und anderen Bezugspersonen, was die Befriedigung der grundlegenden psychischen und physischen Bedürfnisse angeht.[5] Fehlt die Befriedigung der grundlegenden Bedürfnisse sowohl auf physischer als auch auf psychischer und sozialer Ebene, so hat das gravierende Folgen für die Entwicklung eines Kindes.

Trotzdem kommt man um die Feststellung nicht herum, dass »Ablehnung […] und emotionaler Mangel […] zu den häufigsten deprivativen Situationen der Normalfamilie«[6] gehören. »Es ist davon auszugehen, dass in Deutschland fünf bis zehn Prozent aller Kinder mit klinisch relevanten Folgen durch ihre Eltern abgelehnt oder vernachlässigt werden.«[7] Fehlen die nötige emotionale Zuwendung und Fürsorge, wird von Entwicklungstraumatisierungen gesprochen, die durch diese gravierenden Mängel an »affektiver Bezogenheit und an Orientierungserfahrung entstehen«[8].

Und dieser Mangel an grundlegender emotionaler Zuwendung macht Kinder zu Außenseitern; denn die Deprivation hat in der Regel Entwicklungsverzögerungen zur Folge, in schwerwiegenden Fällen bis hin zu Persönlichkeitsstörungen. Solche Menschenkinder haben es schwer. Sie gehören nicht dazu, sind anders, werden auf die Außenseite gedrängt, was die Probleme natürlich noch verstärkt.

Hier haben wir es mit einem Thema zu tun, das die Gemüter bewegt. Dennoch kann ich an dieser Stelle nicht weiter auf Kindesmisshandlung in Deutschland eingehen, das würde uns bei aller Wichtigkeit des Themas zu weit vom Märchen wegführen. Das Thema der frühen Beziehungserfahrungen wird allerdings den ganzen Vortrag begleiten.

Außenseitererfahrungen von Kindern

Als nächster wichtiger Punkt muss im Zusammenhang mit dem Kongressthema die Außenseiterproblematik von Kindern angesprochen werden. Aus pädagogisch-psychologischer Sicht meine ich sagen zu können, dass das Gefühl, Außenseiter zu sein, allen Kindern und somit auch allen Menschen vertraut sein dürfte.

Kinder sind gesellschaftliche Außenseiter

Obwohl in unserer Gesellschaft der pädagogische Anspruch besteht, auch Kinder als vollwertige Individuen wahrzunehmen und zu behandeln, so sind sie, gesellschaftlich gesehen, doch Außenseiter. Sie wachsen erst langsam hinein in die Gesellschaft der Erwachsenen, sie sind »Werdende; sie sind noch nicht erwachsen, sondern dabei, es zu werden. [...] die Lebensphase Kindheit [ist; S. L.] somit zeitlich vor der Erwachsenenphase angesiedelt und deshalb auch vor und außerhalb der Gesellschaft der Erwachsenen«[9]. Deshalb müssen sie ja auch in extra abgetrennten Institutionen untergebracht werden. Demnach erfährt sich jedes Kind in unserer Gesellschaft als Außenseiter im weitesten Sinn, es gehört noch nicht zur Erwachsenengesellschaft.

Jedes Kind macht Außenseiter-Erfahrungen

Aber auch unabhängig von dem Gegensatz Kinder-Erwachsene macht jedes Kind die Erfahrung, Außenseiter zu sein, vor allem dann, wenn es den engeren Familienkreis verlässt und zunehmend die Gruppe der Gleichaltrigen an Bedeutung gewinnt. Dabei wird es immer wieder eine Gruppe geben, zu der es dazugehört, aber es wird auch Gruppen geben, zu denen es nicht gehört, für die es ein Außenseiter ist. Auch solche Gedanken wie der, dass die eigenen Eltern nicht die wirklichen Eltern sind, gehören hierher.

Allerdings gehe ich davon aus, dass die Erfahrung, Außenseiter zu sein, nicht auf die Kindheit beschränkt ist. Jeder Mensch muss sich im Laufe seines Lebens immer wieder mit Situationen auseinandersetzen, in denen er »nicht dazugehört«, sich nicht akzeptiert fühlt, sich ungeliebt fühlt.

Wir Menschen scheinen eine Tendenz zu haben, alles, was »anders« ist, erst einmal auszugrenzen, um dadurch unsere eigene Identität zu bilden und zu schützen. Das Anderssein – in welchem Bereich auch immer – provoziert das Ausgrenzen durch die, die der Normgruppe angehören. Die, die abgelehnt und ausgegrenzt werden, müssen dann mit der Beeinträchtigung des Selbstwertgefühls kämpfen.

Die Erfahrung, nicht zu einer bestimmten Gruppe zu gehören, obwohl man gerne möchte, das Gefühl, nicht dazuzugehören, geht eben auch mit dem Gefühl, nicht geliebt zu sein, einher – für die meisten von uns zum Glück immer nur temporär und begrenzt. Aber ich glaube, dass diese Erfahrung des Menschen, manchmal Insider und manchmal Outsider zu sein, einen das ganze Leben begleitet, und ich denke, dass mit dieser Erfahrung auch die lebenslange Sehnsucht des Menschen zusammenhängt, dazuzugehören und geliebt zu sein.

Das hässliche junge Entlein

Weil die Erfahrung des Ungeliebt-Seins und des Nicht-Dazugehörens eine so grundsätzlich menschliche Erfahrung ist, deshalb vermute ich, dass viele Menschen, die sonst nicht so sehr mit den Märchen von Hans Christian Andersen vertraut sind, das Märchen »Das hässliche junge Entlein« kennen und lieben und erstaunt sind, wenn sie hören, dass es kein Grimm'sches Märchen und auch kein Volksmärchen ist.

Der Inhalt ist schnell zusammengefasst: Eine Entenmutter brütet ihre Eier aus, und aus dem letzten Ei schlüpft etwas, das anders ist als ihre anderen Entenkinder; es entspricht nicht der Norm, nicht den Erwartungen. Sie versucht es zunächst anzunehmen, aber auf den Druck der anderen hin verstößt sie ihr Anders-Kind. Dieses hässliche junge Entlein geht nun durch die Welt, aber überall wird es verstoßen, ausgelacht, weggejagt, geschlagen – ein Außenseiter-Dasein schlechthin. Doch am Ende findet es dorthin, wo es hingehört: Es findet Schwäne und entpuppt sich selbst als schöner weißer Schwan.

Immer wieder berichten Menschen davon, dass sie sich genauso gefühlt haben oder noch immer fühlen: anders, ausgestoßen, nicht dazugehörend, allein, ungeliebt. Doch so treffend dieses Bild auch sein mag für dieses Gefühl – ganz so einfach macht es uns das Leben dann doch nicht. In Andersens Märchen geschieht die Verwandlung von ganz alleine, trotz allen Weglaufens und Sich-Herumschubsen-Lassens. Die Volksmärchen sind da meines Erachtens doch etwas »wahrer«: Sie sagen zwar auch, dass jeder seine innere Schönheit in sich trägt, wie auch immer die anderen ihn wahrnehmen; doch sie sagen auch, dass man etwas tun muss, um aus der Außenseiterposition herauszukommen, und in der Regel heißt dieses Etwas: Beziehung aufnehmen. Denn nur in der zwischenmenschlichen Beziehung ist die Erlösung aus Verwunschenheit möglich.

Resilienz

Noch einmal zurück zu den Kindern unserer Wirklichkeit. Wir wissen, dass Kinder sehr unterschiedlich auf unangemessene Entwicklungsbedingungen reagieren. Je höher die Anzahl der ungünstigen Faktoren in den Entwicklungsbedingungen von Kindern umso negativer wirken sie sich auf ihre Entwicklung aus, sie potenzieren sich gegenseitig. Doch auch Kindern, die unter erschwerten Bedingungen aufwachsen, kann das Leben gelingen, sie müssen nicht notwendigerweise im Abseits landen, wenn sie es auch schwerer haben als Kinder mit guten Startbedingungen. Was lässt diese Kinder überleben, weiterleben, glücklich leben? Was gibt Kindern die Kraft, schwierige Erfahrungen, an denen ihr Leben oft nicht arm ist, zu meistern?

Der Fachbegriff hierfür heißt »Resilienz«. Dabei handelt es sich um eine Haltung, die durch protektive, also schützende Faktoren innerhalb der kindlichen Erfahrungswelt ermöglicht wird. Dazu gehören neben anderen Faktoren »mindestens eine stabile emotionale Beziehung«, also »wenigstens eine liebevoll zugewandte und verlässliche Bindungsperson, ob innerhalb oder außerhalb der Familie« und eine »positive Lebenshaltung«.[10]

Resilienz, die Fähigkeit, an schwierigen Lebenssituationen nicht zu zerbrechen, sondern sie durchstehen und gut verarbeiten zu können, wird einem nicht einfach verliehen. Sie entwickelt sich aus den frühen Beziehungserfahrungen. Erfährt das Kind durch eine stabile Bezugsperson Wertschätzung, Respekt, Akzeptanz und liebevolle Zuwendung, so wird es mit einem Schutzmantel umgeben, der durch die Krise hilft. Vernachlässigte und abgelehnte Kinder haben diesen Schutzmantel nicht. Hieraus wird ersichtlich, wie existentiell gute zwischenmenschliche Beziehungserfahrungen bereits im frühen Kindesalter für die gesunde psychische und soziale Entwicklung eines Menschen sind.

Grundlagen hierfür gibt die sogenannte »Bindungstheorie«, deren Vater J. F. Bowlby ist. Die Bindungstheorie gehört inzwischen zu einer wichtigen und anerkannten Richtung innerhalb der Entwicklungspsychologie. Die Bindungstheorie geht davon aus, »dass es ein angeborenes Bindungs- und Explorationssystem beim Kind gibt«[11]. Bei einer sicheren Bindung, die als die ideale Form gilt, nutzt das Kind diese Bindung zur Bezugsperson als Basis zur Erforschung der Welt und somit zur Herausbildung seiner Identität. Abhängig von den Erfahrungen mit den frühesten Beziehungspersonen entwickelt sich das Bindungsverhalten unterschiedlich: Es gibt vier Bindungstypen, von denen die sichere Bindung als die wünschenswerte gilt. Eine sichere Bindung entsteht dann, wenn die Bezugsperson die Bedürfnisse des Kindes wahrnimmt und darauf feinfühlig, angemessen und liebevoll reagiert. »Sichere Bindung ist gleichsam ein Schutzfaktor, der weitgehend eine gesunde Entwicklung ermöglicht, [...] während alle anderen Bindungsmuster [...] mit spezifischen Störungen der Entwicklung in Zusammenhang gebracht werden.«[12] Bei allen Bindungsstörungen kann man davon ausgehen, dass auf die frühen Bedürfnisse nach Nähe, Schutz und Zuwendung nicht adäquat, unzureichend oder widersprüchlich reagiert wurde.[13]

Nach heutigen Erkenntnissen haben Kinder bereits mit sechs Monaten zeitstabile Bindungsmuster entwickelt. Die Qualität der frühen Bindungserfahrungen führt zu einer Art Modellvorstellung über sich selbst und über sich selbst in Beziehungen zu anderen. Diese sogenannten »working-models« bestehen oft unverändert das ganze Leben lang fort. Wichtig für unsere Zusammenhänge ist, dass dann später die »erkundungssichernde Nähe auch in räumlicher Distanz zur Mutter oder in Gedanken hergestellt werden« kann.[14]

Das bedeutet aber auch, dass Vernachlässigungserfahrungen Kinder erheblich in ihrer Fähigkeit beeinträchtigen, Beziehungen einzugehen; sie haben es schwer damit, zu vertrauen, sie können kein sicheres Vertrauen in sich selbst, in ihre Mitmenschen und in ihre Welt entwickeln.[15]

Ungeliebte Kinder im Märchen

Nun zu den Märchen. Auch wenn ich das Thema ungeliebte Kinder und Außenseitersein von Kindern erst einmal entwicklungspsychologisch, also von der realistischen Seite her betrachtet habe, so dürfte doch klar sein, dass das Kind im Märchen nicht gleichzusetzen ist mit dem realen Kind. Die Erfahrungen der Märchenkinder stehen für grundlegende Lebenserfahrungen sowohl von Kindern im eigentlichen

Sinn als auch von uns Menschenkindern schlechthin. Wir alle fühlen uns ab und zu ungeliebt, stiefmütterlich und ungerecht behandelt von der Welt, haben das Gefühl, minderwertig, nicht gut genug zu sein, Erwartungen nicht zu erfüllen.

Aber die Märchen zeigen uns, dass wir es trotzdem schaffen können, sie machen uns Mut, durchzuhalten und unseren eigenen Weg zu gehen. Denn allen Widrigkeiten zum Trotz gelangen wir mit den ungeliebten Märchenfiguren am Ende zum Glück; wir meistern, wenn es gut geht, wie sie das Leben. Wie kommt es, dass die Märchenhelden und -heldinnen trotz der extrem ungünstigen Ausgangsbedingungen am Ende glücklich werden können? Was hilft einem aus dem Gefühl des Außenseiterseins, des Ungeliebtseins wieder heraus?

Zwei Vorbemerkungen erscheinen mir nötig:

1. Es geht bei meinen Überlegungen nicht um Schuldzuweisungen. Kein Märchenheld, keine Märchenheldin begnügt sich damit, sitzen zu bleiben und darüber zu klagen, wie schlecht andere sie behandeln. In der Selbstfindung ist die Schuldfrage letztendlich irrelevant, man muss sich davon lösen, das Außenseiter-Kind zu sein, man muss selbst Schritte gehen.
2. Wenn in den meisten Märchen die Märchenhelden von der Stiefmutter vernachlässigt werden, so sollte klar sein, dass es auch die eigene Mutter sein kann, die so verfährt – und es in einigen Märchen ja auch tut.

»Wer über die Stiefmutter spricht, muss das Wort kennen. Die Vorsilbe stief- kommt von ahd. bistiufen, berauben. [...] Demnach ist die Stiefmutter eine Mutter, die zwar Mutter sein sollte, es aber nur der toten Form nach ist: das heißt, eine Mutter, die der Mütterlichkeit ermangelt, die dem Kind das Mütterliche, das ihm zusteht, vorenthält oder raubt. [...] Jedoch in Wahrheit Stiefmutter ist jede Frau, die stiefmütterlich handelt, die Mutterpflichten verletzt – gleichgültig ob ihr diese von Natur aus oder durch Satzung, also etwa durch Einheirat, auferlegt sind.«[16]

Der Aschenputtel-Zyklus

Die Märchen, die im Mittelpunkt meiner Überlegungen stehen, sind die zum sogenannten Aschenputtel-Zyklus gehörenden Märchen, deren bekanntestes das Märchen »Aschenputtel« (KHM 21) ist. Zur Erinnerung: »Einem reichen Manne, dem wurde seine Frau krank, und als sie fühlte, daß ihr Ende herankam, rief sie ihr einziges Töchterlein zu sich ans Bett [...] und verschied. [...] Als der Winter kam, deckte der Schnee ein weißes Tüchlein auf das Grab, und als die Sonne im Frühjahr es wieder herabgezogen hatte, nahm sich der Mann eine andere Frau. Die Frau hatte zwei Töchter mit ins Haus gebracht, die schön und weiß von Angesicht waren, aber garstig und schwarz von Herzen. Da ging eine schlimme Zeit für das arme Stiefkind an.«[17]

Die Märchen »Aschenputtel« und »Cinderella« gehören »zu den beliebtesten und verbreitetsten Märchen der Weltliteratur«. Sie stehen allerdings nicht allein da, sondern werden mit drei anderen Märchen zum sogenannten Aschenputtel-Zyklus zusammengefasst.[18] Hierzu gehören vier verschiedene Grundtypen: der Aschenputtel-Typ im engeren Sinn (AaTh/ATU 510A), der Erdkühlein-Typ (AaTh/ATU 511), bei den Grimms durch »Einäuglein, Zweiäuglein und Dreiäuglein« vertreten, der Allerleirauh-Typ (AaTh/ATU 510B) und der König-Lear-Typ (AaTh/ATU 923) *Lieb wie das Salz*. Obwohl der Aschenputtel ursprünglich eine männliche Figur war, rechnet man die Märchen von den männlichen Aschensitzern, die es ja auch gibt, nicht zum Aschenputtel-Zyklus. Die vier Typen vermischten sich im Lauf der Überlieferungen immer wieder, es gibt unzählige Mischformen. In meinen Überlegungen will ich mich nun hauptsächlich auf die beiden ersten Typen, also den Aschenputtel-Typ und den Erdkühlein-Typ, beziehen. In der Forschung wird davon ausgegangen, dass sich der Aschenputtel-Typ aus dem Erdkühlein-Typ entwickelt hat; und die Zusammenhänge sind meines Erachtens offensichtlich, vor allem, wenn sich der aus dem Muttertier entstehende Baum zum Baum auf dem Grab der Mutter wandelt oder in manchen Fassungen ganz verschwindet oder zum übernatürlichen Wesen wird.

Der Anfang des Grimm'schen Aschenputtel-Märchens wurde oben bereits zitiert, der Fortgang ist vertraut: Aschenputtel pflanzt ein Haselreis, das ihr der Vater mitgebracht hat, auf das Grab ihrer Mutter. Der Baum wächst und spendet ihr nicht nur Trost, sondern auch die kostbaren Kleider, die sie braucht, um auf den königlichen Ball zu gehen. Im Zusammenhang mit dem Baum stehen auch die Vögel, die ihr bei den schweren, unlösbaren Aufgaben helfen und die auch entscheidend mit zur Enttarnung der falschen Bräute beitragen.

Aschenputtel wird ausgegrenzt, vernachlässigt, ausgelacht, verspottet und misshandelt. Zunächst erduldet sie all diese Demütigungen, sie hat ja keine andere Wahl. Aber ganz allmählich besinnt sie sich auf etwas, das ihr Kräfte zuwachsen lässt, mit denen sie sich aus dieser unwürdigen Lebenslage lösen kann. In der Situation, in der wir Aschenputtel begleiten dürfen, ist sie ungeliebt, an den Rand gedrängt, ihre Existenz ist bedroht. Fände sie keinen Weg aus der Not, so würde sie am Ende einfach grau, blass, am Rande der Gesellschaft leben, unbeachtet, ungeliebt, würde selbst wie Asche werden. Aber sie hat einen Zufluchtsort, der mit ihrer richtigen, der guten verstorbenen Mutter zusammenhängt. Indem sie sich auf ihre gute Mutter besinnt und damit auf ein Gefühl des Geliebt- und Geborgenseins in dieser Welt, kann sie die Ausgrenzung zunächst ertragen, aushalten, um dann schließlich so stark zu sein, dass sie aktiv etwas dagegen unternehmen kann.

Diese Verbindung zur guten Mutter wird in den Märchen des Erdkühlein-Typs noch viel deutlicher: Eine Gestalt, die die gute Muttererfahrung symbolisiert, hilft dem ausgegrenzten, vernachlässigten und misshandelten Mädchen. In der Grimm'schen Variante erkennen wir sie in der weisen alten Frau und der Ziege, in dem russischen Märchen »Chawroschetschka«[19] ist es eine Kuh. Es gibt für mich kein schöneres Bild als das der Kuh für die liebevolle und fürsorglich nährende Muttergestalt, das Mädchen nennt die Kuh auch liebevoll »Mütterchen Kuh«. Dass sich in diesem Märchen-Typ das Tier in einen Baum verwandelt, der dann dem Mädchen zu seiner Ablösung und Selbständigkeit verhilft, zeigt die enge Verwandtschaft zwischen »Aschenputtel« und »Einäuglein, Zweiäuglein und Dreiäuglein«. Im Grimm'schen Märchen gibt es am Ende den besonders schönen Zug, dass der Baum der Heldin folgt: ein schönes Bild für die verinnerlichte gute Mutter.

Weitere Märchenmotive

Aber auch in anderen Märchen finden sich Bilder für diese verinnerlichte Erfahrung einer guten Mutter, die Liebe schenkt, eine Erfahrung, die wir alle brauchen, um gut durch die Welt zu kommen. Das kann, muss aber nicht die leibliche Mutter sein, und im übertragenen Sinn muss man hier auch von Mutter Erde, Mutter Natur sprechen.

Das bekannteste Märchenbild hierfür ist die Puppe, die Wassilissa im russischen Märchen »Die wunderschöne Wassilissa«[20] von ihrer sterbenden Mutter erhält. Diese Puppe, die Wassilissa ein Leben lang begleitet und die eben den Segen der guten Mutter und das verinnerlichte gute Mutterbild verkörpert, diese Puppe hilft dem Mädchen durch all das Dunkle, durch das es zu gehen hat. Sie hilft ihm, all das Leid und die Ausgrenzung und Misshandlung durchzustehen, die es von Stiefschwestern und Stiefmutter erdulden muss. Und die Puppe hilft ihm, heil aus der Begegnung mit der Baba Jaga, der russischen Hexengestalt, herauszukommen. Ein entscheidender Aspekt muss dabei aber erwähnt werden: Die Puppe ist nicht einfach so da und hilft, sie muss ihrerseits gehegt und gepflegt werden, sie muss gefüttert werden, Nahrung bekommen. Das heißt im übertragenen Sinn: Selbst wenn ich die Erfahrung einer guten Muttergestalt gemacht und diese verinnerlicht habe, muss ich diese dann auch pflegen, ich muss mich ihrer immer wieder besinnen. In dem russischen Märchen »Chawroschetschka« muss das Mädchen den Baum täglich mit Wasser begießen, damit er wächst, und Aschenputtel geht von sich aus immer wieder ans Grab und erinnert sich.

In dem estnischen Märchen »Der Tontlawald«[21] gerät ein Mädchen, das von seiner Stiefmutter bitterbös misshandelt wird, in eine Feenwelt und die Fee übernimmt die Gestalt der guten Mutter. Wäre das Kind bei der Stiefmutter geblieben, so hätte diese das Mädchen letztendlich totgeprügelt, wie an dem Lehmbild deutlich wird, das an Kindes statt zur Stiefmutter zurückgeschickt wird. Dass dieses Lehmbild dann jedoch für den Tod der bösen Stiefmutter sorgt, zeigt auch, dass wir mit diesem stiefmütterlichen Verhalten letztendlich nur uns selbst schaden, uns selbst unseres Lebens berauben. Die Heldin dieses Märchens muss aber nach einiger Zeit die Feenwelt wieder verlassen, sie ist schließlich ein Menschenkind und kann nur in der Menschenwelt ihr Glück finden. Sie heiratet einen Königssohn, und zur Hochzeit schickt die Fee, die gute Mutter, Wagenladungen voller Kostbarkeiten, Symbol für die verinnerlichte Lebenshaltung der guten Muttererfahrung.

Und ein letztes Beispiel: In dem japanischen Märchen »Das Katzenparadies«[22], einer Frau-Holle-Variante, geht das misshandelte Mädchen eine innige Beziehung zu einer kleinen schwarzen Katze ein, von der sie Zuwendung erhält. Bei dem Gedanken an das weiche Fell der Katze und die Streicheleinheiten fällt mir auch ein, wie wichtig für das neugeborene Kind und den Menschen schlechthin die taktile Zuwendung, das liebevolle Berühren und Streicheln ist. Die Katze verschwindet eines Tages, und auch hier wird deutlich, dass man selbst aktiv etwas tun muss, um die Erfahrung einer guten emotionalen

Beziehung zu verinnerlichen: Die Märchenheldin macht sich auf die Suche nach ihrer geliebten Katze und findet sie im Katzenparadies, einer Jenseitswelt der Katzen, die nicht nur freundliche, sondern auch dämonische Züge trägt. Die Katze freut sich über den Besuch des Mädchens, beschützt es und beschenkt es reich. Als allerdings die habgierige Herrin, die das Mädchen so schlecht behandelt hat, aus Gier ebenfalls in diese Jenseitswelt reist, wird sie von den Katzen getötet.

Was also all diese Märchenheldinnen das Dunkle durchstehen lässt, das ist das verinnerlichte Gute-Mutter-Bild. Und hier können wir den Bogen wieder schlagen zu meinen Ausführungen zu Beginn: Eine der wichtigsten Erfahrungen im Leben eines Kindes, eines Menschen überhaupt, ist die Erfahrung einer guten »Mutter«, also einer verlässlichen emotionalen Beziehung zu einer Person, die liebevoll, einfühlsam und fürsorglich auf mich und meine Bedürfnisse reagiert, sei es nun die leibliche Mutter oder eine andere Bezugsperson. Habe ich diese Erfahrung einmal gemacht, so ist das die Grundlage für das, was in der Psychologie »Urvertrauen« heißt, Vertrauen in die Welt und in ihre Sinnhaftigkeit. Habe ich diese Erfahrung einmal gemacht, kann man mir sie nicht mehr nehmen. Besinne ich mich auf sie, wächst und gedeiht sie in mir weiter und kann mich durch schwierige Zeiten tragen.

Bisher haben wir nur von Märchenheldinnen gesprochen. Gibt es denn auch Märchen mit männlichen Hauptfiguren, an denen sich Ähnliches widerspiegelt? Meines Erachtens gibt es das, wenn auch auf andere Art und Weise, denn es liegt auf der Hand, dass Männliches und Weibliches unterschiedliche Entwicklungswege gehen. Aber das Männliche braucht die Erfahrung einer guten Muttergestalt genauso lebensnotwendig wie das Weibliche. An zwei Märchen lässt sich ganz gut verdeutlichen, was ich meine. Beide sind Tierbräutigams-Märchen, aber sehr unterschiedlich.

Mein erstes Beispiel ist das Grimm'sche Märchen »Das Eselein« (KHM 144). Eine Königin bekommt ein Kind und dann heißt es: »[…]: als das Kind aber zur Welt kam, sah's nicht aus wie ein Menschenkind, sondern war ein junges Eselein. Wie die Mutter das erblickte, fing ihr Jammer und Geschrei erst recht an, sie hätte lieber gar kein Kind gehabt als einen Esel und sagte, man sollt ihn ins Wasser werfen, damit ihn die Fische fräßen.«[23] Eine ablehnende Muttergestalt, die ihr Kind sogar töten lassen will. Doch dieses Märchenkind hat Glück im Unglück: Der König, sein Vater, nimmt es an und akzeptiert es so, wie es ist. Aus dieser frühen Erfahrung erwächst dem Eselein ein gesundes

Selbstvertrauen, trotz seiner Gestalt. Mir scheint, dass das Eselein dann später am anderen Hof sich seiner Braut nur deshalb in seiner wahren Gestalt zeigen kann, weil es vorher in seiner sogenannten Dunkelgestalt Anerkennung und Liebe erfahren hat, zunächst durch seinen eigenen Vater, später durch den fremden König. Im siebenbürgischen Märchen »Das Borstenkind«[24] sucht sich das Kind, das von der eigenen Mutter Ablehnung erfahren hat, übrigens selbst ein Elternpaar, arme Leute, die es in seiner Schweinegestalt lieben und versorgen.

Das Gegenteil liegt für mich im Grimm'schen Märchen »Hans mein Igel« (KHM 108) vor. Eine Bauersfrau bekommt ein Kind, »das war oben ein Igel und unten ein Junge [...].« Dieses Kind erfährt Ablehnung von allen: »Als er getauft war, sagte der Pfarrer: ›Der kann wegen seiner Stacheln in kein ordentlich Bett kommen.‹ Da ward hinter dem Ofen ein wenig Stroh zurechtgemacht und Hans mein Igel daraufgelegt. Er konnte auch an der Mutter nicht trinken, denn er hätte sie mit seinen Stacheln gestochen. So lag er da hinter dem Ofen acht Jahre, und sein Vater war ihn müde und dachte, wenn er nur stürbe; aber er starb nicht, sondern blieb da liegen.«[25] Dieses Igelkind, das von allen abgelehnt wird, hat nun einen wesentlich schwierigeren Weg zurückzulegen als das Eselein. Vielen klingt das Märchen hart und grausam, wenn Hans mein Igel die Töchter der Könige, die ihr Versprechen nicht halten, mit seinen Stacheln zersticht.

Aber es ist doch nur folgerichtig: Jemand, der sein Leben lang keine Liebe, sondern nur Ablehnung erfahren hat, der kann auf andere auch nicht mit Vertrauen und Liebe zugehen, und erfährt er weitere Ablehnung, so reagiert er mit Aggression. Er muss sich einigeln und sich schützen, um nicht noch mehr verletzt zu werden. Und das Märchen weiß auch, dass es ein langer, schmerzhafter Prozess ist, ein solches Menschenkind aus seiner Verigelung herauszuholen. Die Igelhaut kann zwar verbrannt werden, aber Hans mein Igel ist danach auch erst einmal so schwarz wie verbrannt und muss gesund gepflegt werden.

Und so berichten diese Märchen, wie so viele andere auch, dass das Menschsein sich nur innerhalb echter Beziehungen und Zwischenmenschlichkeit verwirklichen lässt. Denn bei aller Aggression: Die Sehnsucht nach Liebe und Geborgenheit, nach dem Dazugehören, ist ein existentielles Bedürfnis eines jeden Menschenkindes. »Neben der traurigen Realität und großer Bindungsangst steht oft eine tiefe Sehnsucht nach Liebe und Zuwendung.«[26]

Geborgensein in der Welt und Vertrauen in die Welt und ihre Sinnhaftigkeit

Nach diesen Ausführungen ist der Zusammenhang zwischen der Bindungstheorie und den aufgeführten Märchenbildern nachvollziehbar. Ich möchte dabei abschließend noch einen Schritt weitergehen. Wie ich vorhin bereits gesagt habe, verinnerlicht ein Kind im Laufe seiner Entwicklung dieses Gefühl von Geborgenheit und Vertrauen. »Es versetzt das Kind in die Lage, die sichere Umgebung der ihm vertrauten Personen immer öfter und länger zu verlassen, um seine eigene Welt dort draußen zu entdecken.«[27]

Das, was ich bisher die Erfahrung einer guten Muttergestalt genannt habe, geht aber weit über zwischenmenschliche Beziehungen hinaus. Zunächst einmal verleiht diese Erfahrung und die damit zusammenhängende Entwicklung von Urvertrauen der Welt Sinn. Fehlt dieser Urgrund, so fehlt der Sinn des Lebens, das Leben wird nicht nur der Liebe, sondern auch der Bedeutungshaftigkeit beraubt: »The meaning of deprivation is the deprivation of meaning. (Die Bedeutung der Deprivation ist, dass sie eine Deprivation der Bedeutungstrukturen darstellt.)«[28]

Das heißt, dass diese ganz frühen Erfahrungen, die wir dann verinnerlichen, uns Antworten geben auf die Fragen, die alle Menschenkinder sich stellen: Wie ist die Welt beschaffen und wer bin ich, wie darf ich sein und wo gehöre ich hin? Das heißt: Bin ich geliebt in dieser Welt oder nicht, bin ich willkommen und akzeptiert oder nicht? Wir Menschen brauchen und sehnen uns nach diesem Grundgefühl des unbedingten Angenommenseins, auch wenn es manchmal ganz tief in uns begraben liegt, weil uns zu viele Stiefmütter im Leben begegnet sind.

Und letztendlich hat dieses Gefühl dann auch etwas damit zu tun, wie Menschen sich und die Welt in religiösen Zusammenhängen erfahren. Das Bild der guten Mutter und der bösen Mutter, der Stiefmutter im Märchen, geht weit über das der realen Mutter hinaus. Franz Vonessen hat in einem Artikel erläutert, dass die Mutterfiguren im Märchen auch Sinnbild für die Große Mutter, die Mutter Natur sind. Wir alle sind Kinder der Mutter Natur, das ist unleugbar. Die Natur ist sowohl Mutter für uns als auch Stiefmutter. Sie nährt uns und trägt uns, aber sie verschlingt uns am Ende auch wieder.[29]

Doch nicht nur das; Franz Vonessen schreibt: »Aber die wahre Mutter ist nahe, ganz nah, denn sie ist ja *im* Kind, als *seine* Natur. Die ›eigene

Natur‹ des Kindes, eine Gabe, die auch das ärmste Kind hat, ist ihm sicher, und diese ist ihm in einem viel tieferen Sinn mütterlich als die eigene Mutter. In seiner Natur ist der Mensch das Kind der Mutter Natur, dieser Allmutter aller lebenden Wesen, und sie, die Mutter Natur in ihm selbst, muss ihm helfen, mit allen äußeren Einflüssen, also auch mit seiner leiblichen Mutter, ›fertig‹ zu werden. Die besondere ›Natur‹ des Menschen, seine ›Wesensart‹, ist die lebendige Gegenwart der Großen Mutter in ihm. Hier haben wir das zugleich gütigste und strengste, zarteste und festeste Verhältnis zwischen Mutter und Kind, das gedacht werden kann. Jeder Mensch, ob er es weiß oder nicht, lebt aus diesem Verhältnis und findet letztlich nur hier seinen Trost.«[30] Daraus ergibt sich für Franz Vonessen »[...], dass wir uns selbst eine gute Mutter und keine Stiefmutter sein sollen. [...] Und nur in dem Maß, wie ein Mensch diese Mütterlichkeit *in* sich zu entwickeln vermochte, gewinnt er die Kraft, später auch *andern* eine gute und keine schlechte Mutter zu sein.«[31]

Wir alle tragen also die Mutter Natur in uns. Und ob wir zu uns und unserem Wesen, unserer Natur Mutter oder Stiefmutter sind, ob wir andere annehmen und lieben oder ob wir sie beneiden, ablehnen und ausgrenzen, hängt in großem Maße – wenn auch nicht ausschließlich – von dem Urvertrauen oder eben Urmisstrauen ab, das wir in frühkindlicher Zeit entwickelt haben. So gesehen, bekommt das Bild der verinnerlichten guten Mutterfigur der Märchen eine Tiefendimension, die weit über das rein Zwischenmenschliche hinaus verweist. Otto Betz nennt das, was die Entwicklungspsychologie »Urvertrauen« nennt und was sich meines Erachtens in dieser so ganz elementaren Zuversicht unserer Märchenheldinnen und -helden widerspiegelt, »Seinsvertrauen«; und er sagt, dass dieses Seinsvertrauen »vielleicht der deutlichste Hinweis auf den nicht ausdrücklich genannten Gott«[32] im Märchen ist. An dieser Stelle muss hinzugefügt werden, dass dieses Seinsvertrauen ein Gefühl ist, das weit über das hinausgeht, was eine zwischenmenschliche Beziehung leisten kann. Im Grunde genommen muss das jeder Mensch auch aus sich selbst heraus entwickeln, unabhängig von den frühkindlichen Erfahrungen, auch wenn diese unterstützend oder behindernd wirken können.

Im Märchen gibt es das unmittelbare Miteinander von Diesseitigem und Jenseitigem, die Anderswelt ist da und hilft demjenigen, der dieses Seinsvertrauen, das Vertrauen auf die guten Kräfte dieser Welt hat. Und diese Öffnungen hin zur anderen Welt gibt es auch als »Fenster«

in unserem Leben. Und zu diesen Fenstern gehören auch die beschriebenen frühkindlichen Beziehungserfahrungen, die im besten Fall zur Entwicklung des Seinsvertrauens führen. »Durchgehauene Aussichten« nennt Friedrich Schweitzer das in seinem Buch *Das Recht der Kinder auf Religion*. »Wer vor einem solchen Fenster steht, der bemerkt plötzlich, dass die Welt mehr ist als das, was ich mit den Händen tun oder greifen kann, mehr ist als das, was ich mit Ohren höre, mehr ist als das, was ich mit meinen Augen sehe.«[33]

Von solchen Erfahrungen hängt es auch ab, ob ich die Welt als sinnlos oder sinnvoll erlebe. Begegnet mir die Welt als verlässlich und vertrauenswürdig, so entsteht Sinn, Sinnhaftigkeit. Und wenn ich die Welt als sinnvoll erlebe, kann ich mit mir, mit anderen und mit der Welt ganz anders umgehen, als wenn ich die Welt als sinnleer und chaotisch erfahre. Friedrich Schweitzer schreibt, »dass es beim Vertrauen des Kindes um mehr geht als das, was Vater, Mutter oder andere Erwachsene tatsächlich versprechen können. Es geht um ein unbedingtes Vertrauen – um das Vertrauen in die Vertrauenswürdigkeit der Welt. Die Vertrauenswürdigkeit der Welt kann kein Mensch garantieren. Sie verweist auf die Frage nach Gott, auch wenn das Kind diese Frage noch nicht aussprechen kann. Gibt es auf dieser Welt eine Liebe, auf die ich mich letztlich verlassen kann, oder gibt es sie nicht?«[34]

Und in diesem Sinne verstehe ich auch die Märchenheldinnen und -helden. Selbst wenn sie ausgestoßen, ausgegrenzt und ungeliebt im engeren Sinne sind, sie glauben weiter an die Vertrauenswürdigkeit und Sinnhaftigkeit der Welt, vertrauen darauf, dass die Welt gut ist, und so gehen sie mit sich selbst und den anderen um. Dieses Seinsvertrauen, aus dem uns auch in Krisenzeiten Kräfte zuwachsen können, dieses in uns selbst zu finden und zu nähren, das ist eine lebenslange Aufgabe.

Schlussbemerkung

In diesem Sinne wünsche ich uns allen, dass wir uns immer wieder auf dieses Gefühl der guten Mutter Natur, die uns, auch wenn sie uns manchmal stiefmütterlich behandelt, doch auch unendlich liebt, besinnen können, ganz gleich in welcher Form sie Ihnen in Ihrem Leben begegnet ist oder noch begegnen mag. Denn diese Erfahrung ist nicht an ein bestimmtes Alter gebunden, auch wenn die Erfahrungen der ganz frühen Jahre besonders gewichtig sind in diesem Zusammenhang. Doch darüber hinaus ist jeder Mensch dazu aufgerufen, dieses Gefühl in sich zu suchen, zu finden und zu nähren.

Und ich wünsche mir, dass wir den Kindern immer wieder im Sinne einer solchen guten Muttergestalt begegnen können, um ihnen das Gefühl des guten Grundes, des Geliebtseins zu vermitteln, sei es nun den eigenen Kindern, den uns anderweitig anvertrauten Kindern oder den Kindern, die uns auf unserem Lebensweg begegnen, aber auch den Kindern im übertragenen Sinne, sodass dieses Grundgefühl, das Urvertrauen, sie heil durch dunkle Zeiten bringt.

Anmerkungen

1 Brüder Grimm: *Kinder- und Hausmärchen*. Ausgabe letzter Hand mit den Originalanmerkungen der Brüder Grimm. Mit einem Anhang sämtlicher, nicht in allen Auflagen veröffentlichter Märchen und Herkunftsnachweisen, herausgegeben von Heinz Rölleke. 3 Bde. Stuttgart 1980. Weiter zitiert als KHM/Rölleke.

2 KHM/Rölleke, Bd. 1, S. 91 f.

3 KHM/Rölleke, Bd. 2, S. 206.

4 KHM/Rölleke, Bd. 1, S. 346.

5 Vgl. Zimmer, Katharina: *Das einsame Kind*. Für ein neues Verständnis der kindlichen Urbedürfnisse. München 1979, S. 60.

6 Zimmer (wie Anm. 5), S. 207.

7 Esser, Günter: »Ablehnung und Vernachlässigung von Säuglingen«. In: Zenz, Winfried M./Bächer, Korinna/Blum-Maurice, Renate (Hrsg.): *Die vergessenen Kinder*. Vernachlässigung, Armut und Unterversorgung in Deutschland. Köln 2002, S. 103.

8 Christ, Hans: »Dissoziative Bindung und familiale Traumatisierung«. In: Zenz/Bächer/Blum-Maurice (wie Anm. 7), S. 88.

9 Zeiher, Helga: »Von Natur aus Außenseiter oder gesellschaftlich marginalisiert? Zur Einführung«. In: Zeiher, Helga/Büchner, Peter/Zimmer, Jürgen (Hrsg.): *Kinder als Außenseiter?* Umbrüche in der gesellschaftlichen Wahrnehmung von Kindern und Kindheit. Weinheim/München 1996, S. 10; vgl. auch S. 8.

10 Vgl. Haug-Schnabel, Gabriele/Bensel, Joachim: *Grundlagen der Entwicklungspsychologie*. Die ersten 10 Lebensjahre. Freiburg 2005, S. 13

und 32 f. Der Punkt »positive Lebenshaltung« lässt mich unwillkürlich an die Märchen denken. Sicher können sie zu dieser Grundstimmung beitragen.

11 Ettrich, Klaus Udo (Hrsg.): *Bindungsentwicklung und Bindungsstörung*. Stuttgart 2004, S. 3.

12 Ettrich (wie Anm. 11), S. 4 ff.

13 Vgl. Ettrich (wie Anm. 11), S. 85.

14 Christ (wie Anm. 8), S. 91, vgl. auch S. 92 f.

15 Blum-Maurice, Renate: »Die Wirkung von Vernachlässigung auf Kinder«. In: Zenz/Bächer/Blum-Maurice (wie Anm. 7), S. 119.

16 Vonessen, Franz: *Signaturen des Kosmos*. Welterfahrung in Mythen, Märchen und Träumen. Gesammelte Aufsätze I. Witzenhausen 1992, S. 253 f.

17 KHM/Rölleke, Bd. 1, S. 137.

18 Lüthi, Max: »Der Aschenputtel-Zyklus«. In: Gehrts, Heino/Ossowski, Herbert: *Vom Menschenbild im Märchen*. Kassel 1980, S. 39.

19 Tolstoi, Alexei N. (Hrsg.): *Märchen aus Rußland*. Frankfurt a. M. 1975, S. 123-126.

20 Afanasjew, Alexander N.: *Russische Volksmärchen*. In neuer Übertragung von Swetlana Geier. Düsseldorf/Zürich 1996, S. 118-127.

21 Früh, Sigrid (Hrsg.): *Märchen von Hexen und weisen Frauen*. Frankfurt a. M. 1986, S. 115-126.

22 Novák, M./Cerná, Z.: *Japanische Märchen und Volkserzählungen*. Prag/Hanau 1970, S. 45-55.

23 KHM/Rölleke, Bd. 2, S. 252.

24 Haltrich, Josef: *Sächsische Volksmärchen aus Siebenbürgen*. Herausgegeben von Hanni Markel. Bukarest 1972, S. 216-227.

25 KHM/Rölleke, Bd. 2, S. 118.

26 Blum-Maurice (wie Anm. 15), S. 121.

27 Haug-Schnabel/Bensel (wie Anm. 10), S. 38.

28 Zenz/Bächer/Blum-Maurice (wie Anm. 7), S. 82.

29 Vgl. Vonessen (wie Anm. 16), S. 255 f.

30 Vonessen (wie Anm. 16), S. 273.

31 Vonessen (wie Anm. 16), S. 274.

32 Betz, Otto: *Märchen als Weggeleit*. Würzburg 1998, S. 14.

33 Schweitzer, Friedrich: *Das Recht des Kindes auf Religion*. Ermutigungen für Eltern und Erzieher. Gütersloh 2000, S. 14.

34 Schweitzer (wie Anm. 33), S. 15.

Wilhelm Solms

Juden- und Zigeunerfiguren in deutschen Märchen

Dem Andenken an Alexander von Bormann

Die Juden und die Sinti und Roma, die von der Mehrheitsbevölkerung »Zigeuner« genannt werden, sind sicherlich die extremsten der in dieser Publikation behandelten Außenseiter. Sie gehören weder zu den »körperlich bedingten« noch zu den »wesensbedingten Außenseitern«, sie sind auch keine »Außenseiter auf Zeit«; die Juden sind dies spätestens seit den Pogromen vor 900 Jahren und die Sinti seit ihrer Einwanderung vor 600 Jahren. Und ihre Außenseiterrolle ist nicht nur »ethnisch bedingt«[1], sondern wurde auch politisch, religiös, kriminologisch und rassistisch begründet. Sie verdankt sich Gesetzen und Verordnungen der Länder und Kommunen, Gerichtsurteilen, militärischen und polizeilichen Maßnahmen, kirchlichen Dekreten, theologischen Schriften, Abhandlungen von Zigeunerforschern und Rassenforschern und dem daraus erwachsenen »gesunden Volksempfinden«. Und beide, die Juden wie die sogenannten Zigeuner, wurden nicht lediglich nach außen gedrängt oder ausgegrenzt, sondern darüber hinaus in vielen Epochen der deutschen und der europäischen Geschichte verfolgt und zuletzt, im Zuge des Zweiten Weltkriegs, zu etwa zwei Dritteln vernichtet.

Hängen auch die Märchen der sogenannten »Gastvölker«, unter denen die beiden Volksgruppen als Minderheiten gelebt haben, mit der Geschichte ihrer Verfolgung zusammen? Das ist hier die Frage. Da die Verfolgungsgeschichte mit dem Namen der Deutschen verbunden ist, liegt es nahe, sich auf deutsche Märchen zu beschränken. Da in deutschen Märchensammlungen[2] zwar Juden, aber so gut wie keine »Zigeuner« vorkommen, ist es ergiebiger, »Juden und Zigeuner«, so das mir gestellte Thema, nicht zu vergleichen, sondern getrennt zu untersuchen. Auch bei einem solchen Vorgehen sind hoffentlich beide Beitragsteile von Interesse.

Die Figur des »Zigeuners«

»Zigeuner« begegnen uns je einmal in den Sammlungen von Bechstein und von Jahn, aber keinmal bei den Brüdern Grimm und in anderen Märchensammlungen des 19. Jahrhunderts.[3] Dies dürfte daran liegen, dass die deutschen Sinti auch im 19. Jahrhundert aus der Gesellschaft ausgeschlossen waren. Es gab zwar Versuche der Zwangsassimilierung, die zwangsläufig scheiterten, aber – im Unterschied zu den Juden – keinerlei Hilfe zu ihrer Emanzipation. Deshalb sollen hier auch deutsche Märchen aus Böhmen, dem Donauland und Siebenbürgen sowie deutsche Ausgaben von Märchen südosteuropäischer Völker betrachtet werden.

In diesen Märchen lassen sich verschiedene Strategien beobachten, durch die der Erzähler, Bearbeiter oder Übersetzer die »Zigeuner« in ein schlechtes Licht rückt: »schmückende« Beiwörter, für die Handlung überflüssige Kommentare und Epimythia: Schlussbemerkungen, die nicht die »Moral von der Geschichte« sind.[4] An dieser Stelle will ich mich auf eine Erzählstrategie beschränken: die Ersetzung anderer Figuren durch »Zigeuner«.

Bilder von Fahrenden in Bettler- und Narrenbüchern der Frühen Neuzeit

In diesen Werken, die vor allem in der alemannischen Region zwischen Basel, Straßburg und Freiburg entstanden sind, finden sich Bilder von Fahrenden, die betteln, statt zu arbeiten, und die allein schon deshalb als Lügner, Betrüger und Diebe charakterisiert werden. Diese Bilder wurden von anderen Fahrenden auf die fahrenden »Zigeuner« übertragen.[5]

Ein Spruch aus den Sprichwörtersammlungen und den Sagen

In den Sprichwörtersammlungen des 16. Jahrhunderts steht auch der den »Zigeunern« zugeschriebene Spruch: »Krich unter, krich unter, die Erde ist dir gram.« Wer hier unterkriechen soll und warum, wird in mehreren, vor allem in Norddeutschland verbreiteten Sagen beantwortet: »Krup unner, krup unner! Die welt ist dir gram!/Du kannst nich mer wandern, du musst'r nu ran.[6]

»Tater« (Tataren) und »Heiden«, so wurden die eingewanderten Sinti zunächst bezeichnet, sollen den Alten, die nicht mehr weitergehen konnten, mit diesem Spruch befohlen haben, sich in eine Grube zu legen, und sie dann lebendig begraben haben. Diese Sage dürfte ebenfalls auf »Zigeuner« übertragen worden sein. In der Sage »Wittekinds Flucht« wird erzählt, die Sachsen hätten im Jahr 783 auf der Flucht vor den Franken eine alte Frau, die nicht mehr mitkam, lebendig in einem Sandhügel begraben.[7]

Die Geschichte von den Kreuznägeln

Die ursprüngliche Geschichte, die sich erstmals in Passionsliedern des 13. Jahrhunderts findet, ist in einem französischen Legendenmärchen festgehalten. Als Jesus gekreuzigt werden sollte, wurde ein römischer Soldat zu einem Schmied geschickt, damit dieser die Kreuznägel schmiede. Der fromme Schmied hatte Mitleid mit Jesus und weigerte sich. Da sprang die Frau des Schmieds, die »ein hoffährtiges und böses Weib« war, für ihn ein und der Teufel bediente den Blasebalg.

Zu diesem frauenfeindlichen Legendenmärchen gibt es unter den »Zigeunermärchen« mehrere Varianten, in denen die böse Frau durch einen Zigeuner ersetzt ist. Die römischen Soldaten gehen erst zu einem arabischen und dann zu einem jüdischen Schmied. Da beide den Auftrag ablehnen, durchstechen die Soldaten sie mit ihren Lanzen. Als der dritte Schmied, ein Zigeuner, die blutigen Lanzenspitzen sieht, stellt er die Kreuznägel her. Zu dieser zigeunerfeindlichen Variante gibt es wiederum eine Gegenversion, die vermutlich von Roma zu ihrer Rechtfertigung erfunden wurde. Der vierte Nagel, mit dem Jesu Herz durchbohrt werden soll, wird vom Zigeuner-Schmied verschlungen.[8]

Die Konstruktion einer Kindesentführerin

In einem Märchen aus Ludwig Bechsteins *Deutschem Märchenbuch* von 1845, »Star und Badewännlein« agieren eine Zigeunerin und ihre Tochter. Wie sie in dieses Märchen gelangt sind, klingt selbst wie ein Märchen.

Clemens Brentano hatte beim Sammeln deutscher Volkslieder zu dem Schweizer Volkslied »Die wiedergefundene Königstochter« eine Variante, »Der Staar und das Badwännelein«, gedichtet. Und Achim von

Arnim, der diese Fassung offenbar für ein echtes Volkslied hielt, hatte beide Texte im zweiten Band von »Des Knaben Wunderhorn« (1808) hintereinander abgedruckt.[9] Während im Schweizer Volkslied ein »fremder Krämer« eine Königstochter stiehlt und sie einer Wirtin anvertraut, hat in Brentanos Umdichtung die Wirtin, die eine Zigeunerin ist[10], das Kind selbst geraubt:

> Da hat die bös' Zigeunerin
> Gestohlen das zarte Kindelein.

Zufällig kommt bei dem Wirtshaus ein fremder Herr vorbei. Er will mit der »schönen Magd« schlafen, entdeckt aber noch rechtzeitig, dass sie seine Schwester ist. Bevor der Ritter am nächsten Morgen mit seiner Schwester davonreitet, spießt er sein Schwert durch die Ohren der Zigeunerin.

Im Jahr 1811 hat Brentano seine Ballade mit Jacob Grimms handschriftlicher Übersetzung einer Erzählung von Mme de Villeneuve (1740) zu dem »Märchen vom Murmelthier« kontaminiert. Die mit »Frau Holle« verwandte Erzählung handelt von einer Müllerin, die eine fleißige und eine faule Tochter hat. Brentano hat diese Müllerin in eine böse Zigeunerin namens »Frau Wirx« verwandelt. Diese hatte wie in Brentanos Ballade die Tochter des Königs von Burgund in einem »Badwännelein« geraubt und lässt sie nun in der Mühle alle schwere Arbeit tun. Brentano benutzt hier den Aberglauben, dass Zigeuner kleine Kinder stehlen, um zu erklären, warum Murmelthier nicht die leibliche Tochter ist. Und er setzt sein Können und seinen Ehrgeiz als Erzähler dafür ein, Murmelthiers Stiefmutter als Inbegriff einer bösen Zigeunerin darzustellen. Diese ist ungerecht, hinterlistig, betrügerisch, heuchlerisch, mordgierig und obendrein mit einer »bösen Zauberin« verwandt. Dass die Zigeunerin eine Zauberin oder Hexe ist, hat keinerlei Funktion für die Märchenhandlung, verdankt sich demnach allein der zigeunerfeindlichen Einstellung Brentanos.

Ludwig Bechstein hat Brentanos Ballade ein zweites Mal in Prosa umgeformt und in seine Sammlung aufgenommen. Die Wirtin wird als »hässliches Weib von brauner Gesichtsfarbe und widrigem Ansehen« beschrieben, stellt also wiederum eine Zigeunerin dar. Auch sie hat ein Kind geraubt, das ihr als Magd dient. Und auch hier kommt ein Ritter vorbei, der an dem Wappen auf dem Badewännlein erkennt, dass die

Magd die Tochter des »Königs am Rhein« und seine Schwester ist. Nachdem ihm ein Star die böse Tat verraten hat, stellt er am nächsten Morgen die Wirtin zur Rede, spießt sein Schwert durch ihre Ohren und bringt seine Schwester zum »Königsschloss am Rhein«, worauf der Star singt:

›Der Zigeunerin tun die Ohren so weh,
Sie wird keine Kinder stehlen mehr!‹

So ist Brentanos Ballade im Volksliedton, auch wenn sie schon bald als Imitation erkannt wurde, über Bechstein zum deutschen Volksmärchen geworden, sodass das von Brentano eingefügte Motiv des Kinderraubs als uralte Volksüberlieferung erscheint.

Der von »Zigeunern« geraubte Siegfried

Ulrich Jahn hat in den *Märchen aus Pommern und Rügen* eine ihm mündlich erzählte Version der Siegfried-Sage publiziert: »Der gehörnte Siegfried«. Als Siegfried zwei Jahre alt ist, wird er seiner Amme im Wald von Zigeunern gestohlen. Doch weil diese die Rache des Königs fürchten, legen sie Siegfried, der offenbar trotz seiner zwei Jahre noch nicht laufen kann, unter einen Eichenbaum nieder und machen sich davon. Der Erzähler baut die Zigeuner ohne Not in seine Handlung ein, um ebenso wie Brentano und Bechstein das durch keinen einzigen historischen Fall bestätigte Gerücht vom Kinderraub aufzuwärmen.

»Zigeuner« in den Märchen südosteuropäischer Völker

Hier treten die »Zigeuner« häufig an die Stelle anderer Märchenfiguren und erscheinen je nach der Rolle, für die sie eingesetzt wurden, mal in negativem und mal in positivem Licht.

Zu Grimms »Das tapfere Schneiderlein« gibt es mehrere Versionen, in denen ein Zigeuner gegen Riesen kämpft, so »Der Zigeuner und die Riesen«[11], »Der Zigeuner und der Zmeu«[12] – Zmeu ist das rumänische Wort für Drachen – und »Hundert Leben auf einen Schlag getötet«[13]. Eine Variante »Vom klugem Schneiderlein« der Grimms, das einen Bären bezwingt, ist das Märchen »Vom Zigeuner und dem Bären«[14]. In »Petru Firitschell«[15], einer Variante von Grimms Märchen »Die zwei Brüder«, hat ein Zigeuner die Rolle des bösen Marschalls übernommen, der sich als Besieger des Drachens ausgibt und die Prinzessin heiraten will. In »Radu Bolfe«[16] ist der Titelheld ein ebenbürtiges Double von Grimms »Der Meisterdieb«. In »Der Zigeuner und die drei Teufel«[17] piesackt der Zigeuner die Teufel noch schlimmer als Grimms »Spielhansl«.

Am schönsten sind die Schwankmärchen, in denen der Zigeuner die Rolle des Helden spielt wie in den Varianten zum tapferen Schneiderlein und zum Meisterdieb. Es gibt auch unter den »Zigeunermärchen« auffallend viele Schwankmärchen, in denen ein Zigeuner gegen Riesen, Drachen oder Teufel antritt. Der arme Zigeuner, der durch Mut und Gewitztheit übermächtige Gegner besiegt und mit einem schweren Goldsack zu seiner vielköpfigen Familie zurückkehrt, ist für die Angehörigen dieser Minderheit eine ideale Identifikationsfigur.

Die Figur des Juden im Märchen

Unter den von Uther herausgegebenen *Deutschen Märchen und Sagen* finden sich neben zahllosen Sagen nur rund 25 Märchen mit Judenfiguren, von denen hier 14 vorgestellt werden.

In den *Kinder- und Hausmärchen* der Brüder Grimm von 1812/1815 ff., dem meistgelesenen Buch deutscher Sprache, begegnet uns dreimal ein Jude: in Nr. 7 »Der gute Handel«, Nr. 110 »Der Jude im Dorn« und Nr. 115 »Die klare Sonne bringt's an den Tag«. Das Fragment eines vierten Märchens, »Der gute Lappen«, steht im ersten Band der Erstausgabe. Der Jude ist jedes Mal das Opfer, das getötet oder misshandelt wird. Und dies findet den Beifall des Erzählers und des von ihm geleiteten Publikums, mit einer Ausnahme:

In der moralischen Erzählung »Die klare Sonne bringt's an den Tag« begegnet ein armer Schneidergesell einem armen Juden. Weil dieser ein Jude ist, denkt der Schneider, »der hätte viel Geld bei sich«, und droht, ihn totzuschlagen, wenn er es ihm nicht gibt. Obwohl der Jude beteuert, dass er nur acht Heller habe, wird er vom Schneider erschlagen. Vor seinem Tod prophezeit er ihm: »›Die Sonne wird es an den Tag bringen.‹« Nach langer Zeit, als der Schneider schon verheiratet ist und zwei Kinder hat, sieht er eines Morgens den Widerschein des auf seine Kaffeetasse fallenden Sonnenlichts oben an der Wand blinken und sagt vor sich hin: »›Ja, die will's gern an den Tag bringen und kann's nicht!‹« Seine Frau, die dies zufällig hört, quält ihn so lange, bis er ihr seine Untat gesteht mit der Bitte, sie niemandem weiterzuerzählen. Seine Frau vertraut die Geschichte kurz darauf ihrer Patin an, nach drei Tagen weiß es die ganze Stadt, der Schneider kommt vor Gericht und wird hingerichtet.

Wenn der Erzähler berichtet, dass der Schneider den Juden aus reiner Habgier totschlägt und dass der Jude tatsächlich nur acht Heller besitzt, empfinden die Zuhörer mit dem Juden Mitleid. Und wenn am Ende die »klare Sonne« diese Untat an den Tag bringt und der Schneider gerichtet wird, sind die Zuhörer, wenn nicht glücklich, so doch zufrieden.

Wenn dagegen im Märchen »Der Jude im Dorn« der »gute Knecht« den Juden an den Galgen bringt, dürften die Zuhörer dies früher, bis man in den 80er Jahren über den Antisemitismus zu forschen begann, als gerecht empfunden haben.

Ein Knecht, der drei Jahre lang »fleißig und redlich« gedient hat, wird von seinem Herrn, einem reichen Mann, um den gerechten Lohn betrogen, was er in seinem Unverstand gar nicht merkt. Er zieht fort, begegnet einem armen Zwerg, und weil er »ein gutes Herz hatte und Mitleid mit dem Männchen fühlte«, schenkt er ihm die drei Heller, die er für drei Jahre Arbeit erhalten hatte, und erhält als Gegengabe eine Fidel, nach deren Klängen alles tanzen muss. Diese Vorgeschichte passt nicht zu der eigentlichen Handlung. Denn hier erweist sich der Knecht nicht als dumm, redlich und mitleidig, sondern im Gegenteil als schlau, hinterlistig und gnadenlos. Sie dient dem Erzähler einzig und allein dazu, dass die Zuhörer und Leser für den »guten Knecht« und gegen den »Spitzbub« – so bewertet er die Hauptfiguren – Partei nehmen.

Als der Knecht an einem dornigen Buschwerk vorbeikommt, begegnet er »einem Juden mit einem langen Ziegenbart«. Er lockt ihn in eine Dornenhecke, ergreift seine Zaubergeige, zwingt ihn zu tanzen und denkt: »›Du hast die Leute genug geschunden, nun soll dir's die Dornenhecke nicht besser machen.‹« Da der Jude dem Knecht nichts getan hat und da der Knecht nicht wissen kann, ob der Jude andere geschunden hat, redet er sich das ein, um sein Gewissen zu beruhigen. Dann geigt er weiter und schaut mit sadistischem Vergnügen zu, wie der Jude in den Dornen herumspringt, seine Kleider zerreißt und sich verletzt. Und der Erzähler und sein Publikum vergnügen sich mit ihm. Der Knecht hört erst auf zu spielen, nachdem ihm der Jude einen Beutel mit Gold versprochen hat.

Der um sein Gold betrogene Jude klagt den Knecht beim Richter an, worauf dieser den Knecht zum Galgen verurteilt. Der Knecht bittet den Richter, noch einmal auf seiner Geige spielen zu dürfen, was ihm dieser, obwohl der Jude laut protestiert, gewährt. Als er seine Zaubergeige streicht, müssen alle, die das Schauspiel der Hinrichtung herbeigelockt hat, bis zur völligen Erschöpfung tanzen. Eine ähnliche Zauberkraft wie die Geige hat der Grimm'sche Märchenton:

> Endlich rief der Richter ganz außer Atem: ›Ich schenke dir dein Leben, höre nur auf zu geigen.‹ Der gute Knecht ließ sich bewegen, setzte die Geige ab, hing sie wieder um den Hals und stieg die Leiter herab. Da trat er zu dem Juden, der auf der Erde lag und nach Atem schnappte, und sagte: ›Spitzbube, jetzt gesteh, wo du das Geld her hast, oder ich nehme meine Geige vom Hals und fange wieder an zu spielen.‹ ›Ich hab's gestohlen, ich hab's gestohlen‹, schrie er, ›du aber hast's redlich verdient.‹ Da ließ der Richter den Juden zum Galgen führen und als einen Dieb aufhängen.

Der ach so »gute Knecht« hat das Geld keineswegs »redlich verdient«, sondern ebenso wie das Geständnis des Juden mithilfe seines Geigenspiels erpresst, was vom Erzähler übergangen und von seinem Publikum vermutlich überhört oder überlesen wird. Ob der Jude das Geld wirklich gestohlen hat, wie er unter der Folter des Geigenspiels gesteht, wird vom Richter nicht geklärt, da es für ihn, die zusammengelaufenen Schaulustigen, den Erzähler und sein Publikum von vornherein feststeht. Ein Jude ist ein »Spitzbub«, der die Leute schindet und um ihr Geld betrügt. Er kann sich auch nicht verteidigen, denn er steht »außerhalb des Rechts«.[18]

In dem Märchen »Der gute Handel« wird uns wiederum ein »typischer« Jude vorgestellt, der die den Juden zugeschriebenen Eigenschaften verkörpert. Er ist profitgierig, er denunziert und er lügt und betrügt. Der dumme Bauer, der ihn »Mauschel« nennt – das ist ein Gauner mit einer Geheimsprache –, überzeugt den König sowie den Erzähler und sein Publikum mit dem Argument: »Was ein Jude sagt, ist immer gelogen«, und der König urteilt: »Einen hat der Jude gewiss betrogen, mich oder den Bauer«, und verurteilt ihn zu Stockschlägen. Dass der Jude der Betrüger sein muss und nicht der Bauer, daran hat der König keinen Zweifel. Der Erzähler weiß natürlich, dass der Jude unschuldig ist, und gibt ihn trotzdem dem Gelächter des Publikums preis.

In dem Fragment »Der gute Lappen« haben eine kluge und eine dumme Schwester, die beide Näherinnen sind, nur einen alten Lappen geerbt, »der machte alles zu Gold«. Ein Jude, der den Wert des Lappens kennt, wartet ab, bis die kluge Schwester außer Haus ist, und tauscht dann der dummen den »guten alten Lappen« gegen einen wertlosen neuen ein. In dem darauf folgenden Verwandlungswettkampf prügeln die zwei Mädchen den in einen Hund verwandelten Juden zu Tode.

Der Erzähler verurteilt es zwar, wenn ein unschuldiger Jude ermordet wird, er hat aber nichts dagegen, wenn ein betrügerischer Jude verprügelt oder totgeschlagen wird. Und er belustigt sich und sein Publikum, wenn ein Jude, dem keine Schuld nachgewiesen wurde, vom Richter zum Tod am Strang verurteilt und gehängt wird.

Hinter dem Erzähler stehen die Brüder Grimm, und zwar auch oder vor allem Jacob. »Das gute Pflaster«, die Urfassung von »Der gute Lappen«, ist eine Aufzeichnung von seiner Hand. »Der Jude im Dorn« und »Die klare Sonne bringt's an den Tag« stehen schon in der von beiden Brüdern betreuten Erstausgabe. Und im Anhang zur Erstausgabe hat Jacob Grimm bei »Der Jude im Dorn« die Rettung des Knechts vor dem Tod, aber nicht die Hinrichtung des Juden kommentiert.

Ihre Bearbeitung dieser Märchen zeigt eindeutig eine antijüdische Tendenz. Bekanntlich haben die armen Brüder Grimm bei einem Juden namens Itzig Geld geliehen, das sie lange Zeit nicht zurückzahlen konnten. Vielleicht standen sie hier auch unter dem Einfluss ihres Freundes Achim von Arnim. Arnim hat ähnlich wie Brentano in mehreren Werken und vor allem in seiner Rede »Über die Kennzeichen des Judentums« in der 1811 von ihm mitbegründeten »Christlich-Deutschen Tischgesellschaft« in Berlin explizit eine judenfeindliche Haltung vertreten.

Schwieriger zu beurteilen ist die Juden-Episode aus der »Geschichte von den sieben Schwaben« in Ludwig Aurbachers *Volksbüchlein* von 1827, das sich lange Zeit großer Beliebtheit erfreute.

Zwischen Weingarten und Ravensburg begegnen die sieben Schwaben einem Juden. »Den wollen wir schröpfen«, verkündet der Anführer. Warum? Weil er ein Jude ist. Sie halten ihm ihren Spieß vor und der Anführer schreit: »Zahle oder zable«. Der schlaue Jude aber »hält allen ihren Reden Stich«. Schließlich fordert der Anführer ihn auf: »Mauschele, [...] so lass uns einen Handel machen; ich will dir die

Bärenhaut da geben.« Der Jude gibt ihm einen Taler, der Schwabe gibt ihm aber nicht das Fell – mit der faulen Ausrede, er habe zwar vorher gesagt, dass er es ihm geben *wolle*, sei aber jetzt »eines anderen Sinnes geworden. Der Jud mußte sich's wol gefallen lassen, denn es waren ihrer Sieben gegen Einen.«

In Ravensburg zahlt der Anführer ihr Essen mit dem Taler, »um den er den Juden beschissen«, so der Erzähler. Dabei hat er ihm den Taler dank ihrer Übermacht geraubt. Der Wirt merkt, dass der Taler falsch ist, und bringt alle sieben als »Falschmünzer« vor Gericht. Dort entdeckt der Anführer den Juden, der sie gerade als Straßenräuber anklagt, und ruft: »Der ist der Falschmünzer«, worauf der Jude ohne weitere Untersuchung »in Eisen geschlagen« wird. Denn, so der Erzähler, »zur damaligen Zeit hatten sieben Christenmenschen noch mehr Credit als ein Jud, wogegen es in unseren Zeiten der umgekehrte Fall zu sein scheint.« Dem Erzähler gefällt es, dass Christen, auch wenn sie logen, damals mehr geglaubt wurde als einem Juden. Und er bedauert, dass es zu seiner Zeit umgekehrt »zu sein scheint«, das heißt: Er würde es bedauern, wenn es so wäre, was er aber nicht ernsthaft glaubt.

Die Schwaben werden nach Erhalt einer Prügelstrafe freigelassen, von dem Juden aber denkt der Erzähler, »er lebe noch, wenn er nicht gehenkt worden«, womit er das bekannte Märchenende »und wenn sie nicht gestorben sind« parodiert. Er vermutet also, dass der Jude gehenkt wurde. Doch ob oder nicht, scheint ihm gleichgültig zu sein.

Aurbacher erzählt von der Begegnung der Schwaben mit einem Juden in einem gemütlichen Plauderton, den er meisterhaft beherrscht. Dass die Schwaben, die den Juden betrogen haben, freikommen und dass ein, genau besehen, völlig unschuldiger Jude – der falsche Taler wurde nicht von ihm eingetauscht, sondern ihm weggenommen – gehenkt wird, wird von ihm eher verborgen als aufgedeckt. Er bewirkt durch diese Erzähltechnik, dass seine Leser die antijüdische Tendenz dieser Erzählung in sich aufnehmen, ohne sich ihrer bewusst zu werden.

In Ludwig Bechsteins *Deutsches Märchenbuch* von 1845, das in der zweiten Hälfte des 19. Jahrhunderts den Erfolg von Grimms Märchen noch übertraf, gibt es drei Märchen, in denen wiederum ein Jude auftritt.

Das erste, »Sonnenkringel«, ist eine Adaption, eine Anpassung an »Die klare Sonne bringt's an den Tag«. Bechstein hat die Handlung unverändert übernommen und durch für ihn typische sentimentale und moralische Zusätze erweitert. Rotkehlchen legen Blumen auf das Antlitz des erschlagenen Juden. Der Mörder gesteht alles, als er festgenommen wird, und »war recht froh, als es heraus war«. Und seine »schwatzhafte Frau [...] knüpfte sich an einem Balken auf«. Deshalb wurde ich durch dieses Märchen zunächst in meiner Vorliebe für Grimm bestärkt.

Das zweite, »Das Rebhuhn«, ist ebenfalls eine moralische Erzählung, in der die »wunderbare Art der Entdeckung, die Entlarvung und Bestrafung des Verbrechers« im Mittelpunkt steht.[19] Das Opfer ist diesmal nicht ein armer, sondern ein »reicher Jude«, der »einen großen Schatz an Geld und Gute« mit sich trägt und deshalb auf seiner Wanderschaft ermordet wird. Und der Täter ist nicht ein armer Handwerksbursch, sondern der Schenke des Königs, der dem Juden sicheres Geleit geben sollte. Die Untat des Schenken wird durch Rebhühner an den Tag gebracht, ein Motiv, das an Schillers Ballade »Die Kraniche des Ibykus« erinnert. Als der Jude ruft, dass die Vögel den heimlichen Mord offenbaren werden, fliegt ein Rebhuhn auf. Und als der Schenke ein Jahr später dem König gebratene Rebhühner auftischt, muss er an den Juden denken. Erst verheimlicht er dem König seine Gedanken. Doch vier Wochen später plaudert er im Weinrausch, den ihm der König angehängt hat, die Wahrheit aus, worauf ihn der König hinrichten lässt. Was mir an diesem Text besonders gefällt, sind die zufällige, aber wie ein Wunder wirkende Wiederkehr eines Rebhuhns sowie die Sorgfalt und List, womit der König die Untat aufdeckt.

Das dritte, »Die verwünschte Stadt«[20], ist eine legendenartige Erzählung. Diese handelt nicht von einem christlichen Heiligen, sondern von der mythischen Figur des »ewigen Juden«, welche von dem anonymen Verfasser eines Volksbuchs von 1602 erfunden wurde.[21]

Ein fremder Wanderer kommt in eine in den Alpen gelegene »große, blühende Stadt«. Er wartet darauf, dass irgendeiner zu ihm sagt: »Sitze nieder und raste.« Denn er ist mit dem Fluch beladen, dass er sich ohne diese Aufforderung nirgendwo hinsetzen und ausruhen darf. Da tritt »der Stadtälteste, der zugleich Priester war«, zu ihm und sagt, er sei der ewige Jude und dazu »verdammt zu wandern ewiglich, weil du den Heiland der Welt auf seinem Gange zum bittern Kreuzestode die kurze Ruhe auf der Steinbank vor deinem Hause zu Jerusalem versagt hast«. Daraufhin prophezeit der Jude, dass die Bewohner und ihre Stadt vergehen werden. Als er nach hundert Jahren wiederkommt und keinen einzigen Menschen, sondern nur noch von Bäumen bewachsene Mauerreste antrifft, spricht er die Worte von König David: »Wenn Du nach des Gottlosen Stätte sehen wirst, wird er weg sein.« Als er nach weiteren hundert Jahren nochmals wiederkommt und nur noch einen großen Gletscher sieht, der die einst blühende Stadt bedeckt, spricht er die Worte eines anderen Propheten: »Ich will meine Hand über sie ausstrecken und das Land wüste und öde machen«, und wandert weiter.

Der christliche Priester schickt ihn aus der Stadt aufgrund einer antijüdischen Legende, die nicht in der Bibel steht. Der Jude erinnert an zwei Prophezeiungen Gottes aus dem Alten Testament, die hier in Erfüllung gegangen sind, und blamiert damit die Legende, die zur Rechtfertigung der Vertreibung der Juden erfunden wurde.

Zwei Juden werden von Bechstein als Opfer eines habgierigen Mörders vorgestellt, der dritte als Ausgestoßener. Der Erzähler Ludwig Bechstein, der uneheliche Sohn eines französischen Emigranten, also selbst ein Außenseiter, erweist sich in seinen Märchen als Anwalt der Juden. Ein Außenseiter kann auf diese seine Rolle auf zweierlei Art reagieren. Entweder übernimmt er die Perspektive der Insider, schämt sich seiner Outsider-Position und sucht sie zu verbergen, oder er steht dazu und solidarisiert sich mit anderen Außenseitern.

In Heinrich Pröhles *Kinder- und Volksmärchen* von 1853 finden sich wiederum drei Märchen über Juden.

»Die Sonne bringt es an den Tag« ist keine Nacherzählung des Grimm'schen Märchens, wie der nahezu identische Titel suggeriert, sondern eine böswillige Umkehrung. Diesmal ist es der Jude, der einen Boten, welcher »schwer mit Geld beladen war«, einholt, erschlägt und mit dem Geld fortgeht. Der Bote ruft ihm sterbend nach: »›Möchte es doch die Sonne verraten!‹«

Als der Jude, der ein reicher Herr geworden war, eines Morgens lange im Bett liegt und die sein Bett bescheinenden Sonnenstrahlen betrachtet, lacht er. Seine Frau, die zufällig in der Küche sein Lachen durch das geöffnete Fenster gehört hat, gibt ihm keine Ruhe, bis er bekennt, worüber er gelacht hat: dass die Sonne seinen Mord nicht an den Tag bringen könne. Als er Jahre später seine Frau schlägt, ruft sie aus: »›Meinst Du, Du willst Deine Frau erschlagen wie den Boten, den Du gemordet hast?‹« Die Nachbarn hören dies, melden es dem Gericht, von dem der Mörder seinen Lohn erhält. Eine simple und abstoßende Variante.

»Fleischermeister Irrlicht«: Dieser läuft mit dem ABC-Buch unterm Arm durch ein Gehölz und findet ein kleines Bündel mit Geld, das »ein alter Schacherjude mit Bart« bei seiner Rast dort liegengelassen hatte. Sein Sohn kommt dank diesem Geld zu großem Wohlstand, der Alte wird auf ihn neidisch und klagt ihn beim Richter an. Als der Richter den alten Irrlicht fragt, wann er das Geld gefunden habe, antwortet dieser, als er mit dem ABC-Buch in die Schule gegangen sei. Da er damals noch keinen Sohn gehabt hat, darf sein Sohn das Geld behalten. Mit diesem Urteil dürfte der Zuhörer wie der Erzähler zufrieden sein, statt zu fragen, warum der Richter nicht nach dem wahren Besitzer des Geldbündels forschen lässt.

In dem Zaubermärchen »Der Jude und das Vorlegeschloss« lässt der Jude die Geister, die er durch Drehen des Vorlegeschlosses herbeigerufen hat, die Burg des Jünglings samt dessen Ehefrau, der »schönen Königin«, versetzen, weil er sie heiraten will. Damit wird auf die den Juden angedichtete Geilheit angespielt. Der starke Jüngling begnügt sich nicht damit, dem Juden mit dem Schwert das Haupt zu spalten, er befiehlt außerdem den Geistern, den Juden, statt ihn auf einem christlichen Friedhof zu begraben, »hinter dem Berge zu verscharren, wo nicht Sonne noch Mond hinscheint«.

In dem Märchen »Das treue Füllchen« aus Johann Wilhelm Wolfs *Deutsche Hausmärchen* von 1851 weiß ein Hofjude die Abwesenheit von Prinz Hans, der in den Krieg gezogen war, auszunutzen. Er »mauschelte der Prinzessin so viel vor, dass sie dem Hans ihre Treue brach und mit dem Juden hielt«. Als der Jude hört, dass der Prinz zurückkehren wird, sagt er zu dem »ruchlosen Weibe: ›Au weih geschrieen [...] Du mußt den Buben töten, wenn er nicht plaudern soll‹«, und macht drei Anschläge auf sein Leben, die alle scheitern.

In dieser Passage hat der Erzähler drei den Juden nachgesagte Klischees benutzt: das »Mauscheln« – in einer Gaunersprache sprechen, die dritte nicht verstehen –, die Geilheit und den Knabenmord. Immerhin wird dieser Jude nicht hingerichtet, sondern vom Erzähler vergessen.

Auch in Ulrich Jahns *Volksmärchen aus Pommern und Rügen* von 1891 stehen drei Märchen über Juden. »Der Bärensohn« ist mit Grimms »Der Jude im Dorn« verwandt. Als dem Bärensohn auf der Landstraße ein wiederum »schwarzbärtiger Jude« begegnet und fragt: »›Nichts zu schachern? Nichts zu schachern?‹«, ergreift er seine Zaubergeige, worauf der Jude in den »Dornbüschen« tanzen muss. Auch er rettet sich später durch sein Geigenspiel vom Galgen, denkt aber nicht daran, den Juden, der ihn beim Richter angezeigt hatte, an den Galgen zu bringen.

In dem anekdotischen Schwankmärchen »Alten Sattel« schenkt ein Bauer einem Juden wie in Grimms »Der gute Handel« einen Teil der ihm vom König zugesprochenen Stockschläge.

In dem Zaubermärchen »Der Zauberring und das Zauberschloss«, das mehrere Motive mit Pröhles »Vorlegeschloss« gemeinsam hat, fragt ein Jude einen Bauern: »›Nichts zu handeln, nichts zu schachern?‹«, »wie die Juden zu tun pflegen« – wie zumindest Pröhle zu erzählen pflegt. Dieser Jude ist ein großer Zauberer, der wiederum ein Schloss samt der Prinzessin weit wegtragen lässt. Am Schluss wird der »Erzschelm« – so nennt ihn der Erzähler – in vier Stücke gerissen, die in die vier Ecken der Welt gelegt werden.[22]

Wie also sieht das Bild des Juden aus, das deutsche Märchenerzähler und Märchensammler im 19. Jahrhundert verbreitet haben? Der Jude ist entweder sehr arm oder sehr reich, er ist geldgierig, er stiehlt Geld, er mauschelt und schachert. Er ist ein »Spitzbub«, der lügt und betrügt, denunziert, raubt und mordet und zum Knabenmord anstiftet. Er schlägt seine Frau und ist scharf auf andere Frauen. Er ist ein Zauberer und ein »Erzschelm«, das heißt ein Teufel. Und was macht man mit einem solchen Unmenschen? Man verprügelt ihn, erschlägt ihn, gibt ihm keinen Rechtsbeistand, verurteilt ihn zum Tod am Strang und begräbt ihn nicht in geweihter Erde.

Dies sind, um es nochmals zu sagen, keine realistischen Abbilder der deutschen Juden, die sich damals emanzipiert haben, sondern, wie die vielen wörtlichen Übereinstimmungen zeigen, die klischeehaften Vorurteile der Erzähler und Sammler, die sie in den Märchen verankert und durch die Märchen auf ihre Zuhörer und Leser übertragen haben.

Diesen nur schwer zu ertragenden Beispielen möchte ich zum Schluss zwei Erzählungen aus Karoline Stahls *Fabeln, Mährchen und Erzählungen für Kinder* von 1818 gegenüberstellen.[23]

»Der bucklichte Liebling«: Der Liebling des Sultans von Bagdad kommt zur Hütte eines Fischers, »der mit seiner Frau bei einer Schüssel gesottener Fische« sitzt. Der Bucklige setzt sich dazu und erstickt an einer Gräte. Da jeder weiß, dass der Tote der Liebling des Sultans war, wird er vom Fischer zu einem Arzt, vom Arzt zu einem jüdischen

Geldwechsler und von ihm zu einem christlichen Kaufmann geschleppt. Da diese den Toten umgestoßen oder geschlagen haben, bilden sie sich alle ein, ihn getötet zu haben. Der Sultan verurteilt erst den Kaufmann, worauf sich der Jude als Mörder anklagt, dann den Juden, worauf sich der Arzt als Täter angibt, und dann den Arzt. Nachdem der Fischer den tatsächlichen Vorfall gestanden hat, schickt der Sultan alle nach Hause.

In dieser »Ringerzählung«, die von der ersten Figur, dem Fischer, ausgeht und zu ihr zurückkehrt, sind alle, auch der Jude, vor dem Gesetz gleich.

»Man soll Niemanden verspotten, oder der edle Jud«

Einige Kinder verspotteten einst einen sehr armselig gekleideten Juden, und äfften seine Sprache nach. Nach einiger Zeit gerieten die Eltern dieser kleinen Unbesonnenheit in große Armut und Dürftigkeit, so dass sie nicht mehr wussten, wovon sie sich ernähren und kleiden sollten. Da wandten sie sich an viele Personen, welche aber ihnen doch nichts gaben und unter mancherlei Vorwänden die verlangte Hilfe abschlugen. Darüber verging den Eltern, wie den Kindern, aller Mut und alle Fröhlichkeit. So saßen nun die kleinen Spötter einst sehr niedergeschlagen und traurig vor der Türe des Hauses, welches sie bewohnten, als zufällig derselbe Jude, den sie nur wenig Monate vorher so spöttisch und übermütig behandelt hatten, vorüber ging. Er erinnerte sich gar wohl ihrer, aber wie verändert fand er sie wieder! Er fragte in seiner jüdischen Mundart, ob sie heute nichts Lächerliches an ihm fänden? Da fing Joseph, der am ärgsten ihn verhöhnt, an zu weinen, und sprach: ›Ach, lieber Freund! Wir waren wohl recht einfältig, ja wohl böse, dass wir über ihn so spotteten, aber jetzt sind wir auch gar hart dafür bestraft.‹ – Mitleidig forschte der Jude, dem schon die blassen eingefallenen Gesichter aufgefallen waren, nach ihrer Betrübnis, und erfuhr von den weinenden Kindern, wie arm jetzt die Eltern geworden, und wie sie alle oft hungrig zu Bette gehen, und im Schnee und Regen mit bloßen Füssen umherlaufen müssten, weil sie weder Schuhe und Strümpfe kaufen könnten, und dass niemand ihnen helfen wolle. Der Jude wollte den Vater sprechen und ging zu ihm ins Haus. Der arme Mann erstaunte über den unbekannten Besuch. Die Kinder

> klagten sich selbst an, und verlegen bat der Vater, nachdem er ihnen die begangene Unart verwiesen, ihnen zu verzeihen; allein der edle Jud sprach: ›Das habe ich lange schon vergessen, und würde euch, unter diesen Umständen, nun gar nicht daran erinnern mögen. Ich sah aber die Not, in welcher ihr euch gegenwärtig befindet, und bin gekommen, euch eine kleine Hilfe anzubieten, wenn ihr mir offenherzig eure Lage und Umstände entdeckt, dass ich wissen kann, wie euch am besten zu helfen ist.‹ Der tief gerührte und freudig überraschte Vater, entdeckte sich nun freimütig dem großmütigen Manne, der ihn unterstützte und es dahin brachte, dass die gesunkene Familie wieder empor kam. Wie liebten ihn nun Alle, und wie bitter bereuten es die Kinder, diesen ihren edlen Wohltäter so beleidigt zu haben. Er aber fuhr unermüdet fort sich ihrer anzunehmen, und wenn er kam, empfing ihn das Freudengeschrei der Kinder, welche ihm entgegenflogen, und ihn, wenn er sie verließ, weit begleiteten, und bald wieder zu kommen baten.

Als die erst so unbesonnenen Kinder den Juden wiedersehen, erkennen sie ihre Einfalt, ja Bosheit, fühlen sich durch ihr Elend zu Recht bestraft – manche Zuhörer dürften hierin eine Gottesstrafe sehen – und wecken dadurch das Mitleid des Juden. Dieser geht zum Vater, aber nicht, um die Kinder anzuklagen, sondern um der Familie zu helfen. Er bringt sie wieder empor, worauf ihn alle, besonders die Kinder, lieben, ebenso wie der bisher offenbar allein lebende Jude die Kinder liebt. Hier wird die von Christus gebotene Nächstenliebe von einem Juden an Christen praktiziert und dabei gezeigt, dass sie Gegenliebe erzeugt. Am Schluss gehört auch der Jude zur Familie.

Ein schönes Exempel, nicht nur für Toleranz gegenüber Juden, sondern weit darüber hinaus für Achtung vor und Freundschaft mit Juden. Deshalb möchte ich diese Sammlung den Erzählerinnen und Erzählern ans Herz legen.

Anmerkungen

1 Die zitierten Worte stammen aus dem Programm des Märchenkongresses.

2 Nachgeschlagen habe ich neben den deutschsprachigen Märchen aus der Reihe »Die Märchen der Weltliteratur« des Eugen Diederichs Verlags und den Ausgaben von »Zigeunermärchen« die von Hans-Jörg Uther in der Digitalen Bibliothek herausgegebenen CD-ROMs *Deutsche Märchen und Sagen* (DB 80) und *Europäische Märchen und Sagen* (DB 110). Die Texte der hier behandelten Märchen finden sich, wenn keine andere Quelle angegeben ist, in Uthers Sammlung *Deutsche Märchen und Sagen.*

3 Von den 278 Zigeunermärchen in der vierbändigen Ausgabe des Insel Verlags Leipzig stammen nur fünf aus Deutschland.

4 Vgl. Solms, Wilhelm: »Antiziganistische Zigeunermärchen«. In: *Beiträge zur Rezeptions- und Wirkungsgeschichte der Volkserzählung.* Herausgegeben von Leander Petzold und Oliver Haid. Frankfurt a. M. u. a. 2005.

5 Vgl. Solms, Wilhelm: *Zigeunerbilder.* Ein dunkles Kapitel der deutschen Literaturgeschichte. Von der frühen Neuzeit bis zur Romantik. Würzburg 2008, S. 39 f.

6 *Deutsche Märchen und Sagen* (wie Anm. 2), S. 12.925, vgl. a. S. 49.426, S. 28.971 und Hubrich-Messow, Gundula: *Sagen und Märchen aus Angeln.* Husum 1987 und Hubrich-Messow, Gundula: *Sagen und Märchen aus Plön.* Husum 2000, Nr. 64, der ich die Mitteilung dieser Sagen verdanke.

7 Brüder Grimm: *Deutsche Sagen.* Berlin 1816, S. 422 ff.; Digitale Bibliothek 80, S. 26.634.

8 Vgl. Köhler-Zülch, Ines: »Die Geschichte der Kreuznägel: Version und Gegenversion? Überlegungen zu Roma-Varianten«. In: *Telling Reality.* Folklore Studies in Memory of Bengt Holbek. Herausgegeben von Michael Chesnutt. Kopenhagen/Turku 1993, S. 219-232.

9 *Des Knaben Wunderhorn.* Alte deutsche Lieder gesammelt von Achim von Arnim und Clemens Brentano. Herausgegeben und kommentiert von Heinz Rölleke. 3 Bde. Stuttgart 1987, Bd. 2, S. 260-267 u. S. 518-520.

10 Ein solcher Figurentausch ist bei Brentano kein Einzelfall. So hat er im Märchen »Gockel und Hinkel« die beiden »hässlichen Zauberer« in Basiles Märchen »La pietra del gallo«, seiner Quelle, durch drei nicht weniger hässliche »alte Juden« ersetzt.

[11] *Bosnische Volksmärchen* (DB 110).

[12] *Rumänische Volksmärchen aus dem mittleren Harbachtal* (DB 110).

[13] *Rumänische Volksmärchen aus dem mittleren Harbachtal* (wie Anm. 12).

[14] *Romanische Märchen aus der Bukowina* (DB 110).

[15] *Rumänische Volkserzählungen aus dem Banat* (DB 110).

[16] *Bosnische Volksmärchen* (wie Anm. 11).

[17] Märchen aus Siebenbürgen. In: *Deutsche Märchen aus dem Donauland*. Herausgegeben von Paul Zaunert. Düsseldorf 1958.

[18] Petzold, Leander: »Der ewige Verlierer. Das Bild des Juden in der deutschen Volksliteratur«. In: *Das Bild des Juden in der Volks- und Jugendliteratur vom 18. Jahrhundert bis 1945*. Herausgegeben von Heinrich Pleticha. Würzburg 1985, S. 60.

[19] Röhrich, Lutz: *Märchen und Wirklichkeit*. Wiesbaden 1974^3, S. 49.

[20] Bechstein, Ludwig: *Neue deutsche Märchen* (1856).

[21] *Deutsche Märchen und Sagen* (wie Anm. 2).

[22] Eine weitere Variante ist das Märchen aus dem Nachlass der Brüder Grimm »Von dem Schloß Saza aus der Afrikanischen Höhle«, das von Jenny von Droste-Hülshoff aufgezeichnet wurde. Hier sind der Zauberer und der Jude zwei Figuren. Während der Zauberer den Helden »aller hand wunderbare Künste« lehrt, hat der »schwarze Jude« »einen Bund mit dem Teufel«.

[23] Karoline Stahl, geb. 1776 auf einem Hofgut im russischen Livland, war eine viel gelesene Jugendschriftstellerin. Ihre Sammlung wird als Quelle von Grimms »Schneeweißchen und Rosenrot« gelegentlich erwähnt, aber, weil sie »überwiegend moralisch gefärbt« ist (*Deutsche Märchen und Sagen* (wie Anm. 2), S. 48.020), nicht sonderlich geschätzt.

Heinz Rölleke

Außenseiter in den *Kinder- und Hausmärchen* der Brüder Grimm*

Wenn sich ein Schriftsteller mit auffallender Vehemenz einem bestimmten Thema widmet, liegt es nahe, nach einer biographischen Affinität zu fragen. Wenn die Brüder Grimm also in ihren Märchen Außenseitergestalten vorstellen, fühlten sie sich dann vielleicht selbst auch ein wenig als Außenseiter? Die Frage ist nicht so abwegig, wie sie auf den ersten Blick scheinen mag. Immerhin ist die Familie Grimm seit dem frühen Tod des Vaters verarmt gewesen; von den sechs Geschwistern konnten lediglich Jacob und Wilhelm sowie für kurze Zeit ihr Bruder Ferdinand das Kasseler Gymnasium besuchen – und das auch nur, weil eine barmherzige Tante das Schulgeld zuschoss. Da wird verständlich, wie sehr es den höchstbegabten Jacob Grimm zeitlebens kränkte, dass er als einziger Schüler seiner Klasse (weil verarmt) mit »Er« angeredet wurde. Da kann man schon einmal Züge eines Außenseiters annehmen und beim Einstieg der jungen Brüder Grimm in die Welt der Wissenschaften war ihnen dies Gefühl keineswegs fremd. Das war noch die Zeit, als sie mit dem Sammeln und der Publikation ihrer Märchen begannen – also zwischen 1806 und 1815; danach gehörten sie gesellschaftlich und vor allem wissenschaftlich zum Establishment, und man vermag auf den ersten Blick in ihrem weiteren Leben keinerlei ephemere oder gar dauerhafte Anzeichen von Außenseitertum zu entdecken.

Wenn eingangs von Schriftstellern die Rede war, so sind wir uns natürlich alle wohl bewusst, dass die Grimms ihre Märchen nicht als Schriftsteller selbständig verfasst haben (dann hätten wir's bei den *KHM* mit Dutzenden von Kunstmärchen zu tun), sondern dass sie das, was ihnen Märchenhaftes in Büchern, Zeitschriften, Handschriften und mündlichen

*Die Form des Vortrags wurde beibehalten

Traditionen begegnete, aufzeichneten, stilistisch überarbeiteten, veröffentlichten und dann von Auflage zu Auflage immer wieder veränderten (meist verbesserten, manchmal auch verschlechterten), sodass wir uns also bei der Frage nach eventuellen biographischen Einflüssen auf die Gestaltung und Beurteilung von Außenseiterfiguren in Grimms Märchen auf die Aufzeichner und Gestalter der Märchenquellen weiterverwiesen sehen. Dieser Frage umfassend nachzugehen, erforderte allerdings die Zeit einer ganzen Semestervorlesung: Wie standen Hans Sachs oder die deutschen Barockdichter zu diesem Thema, wie Jung-Stilling, Jean Paul oder viele andere Schriftsteller, aus deren Dichtungen die Grimms Märchen exzerpierten? Auch können hier natürlich nicht die etwa 40 Beiträger mündlicher Märchentradition in extenso befragt werden. Andeutungsweise soll dies wenigstens für zwei der markantesten Märchenerzähler versucht werden: den pensionierten Dragonerwachtmeister Johann Friedrich Krause, Jahrgang 1747, seinerzeit also 65 Jahre alt, und Frau Dorothea Viehmann, die berühmte Zwehrener Märchenfrau, geboren 1755, zur Zeit ihrer Märchenbeiträge für die Grimms 58 Jahre alt. Sie sind die beiden ältesten Erzähler in der ersten Phase der Märchensammlung und sie lebten beide in mehr als ärmlichen Verhältnissen in kleinen Dörfern in der Peripherie von Kassel. Der alte Krause musste geradezu betteln gehen und er hat denn auch bekanntlich von den Brüdern Grimm für jedes von ihm erzählte Märchen ein abgelegtes Beinkleid, also eine ausrangierte Hose Wilhelm Grimms (der etwa sein Maß hatte), verlangt und bekommen. Er war wohl nicht in jeder Hinsicht problemlos sozialisiert; und auch seine offenbar wenig glückliche späte Ehe mit einer viel jüngeren Frau konnte einen gewissen Außenseiterstatus des nach seiner bescheidenen Militärkarriere in sein Heimatdorf Zurückgekehrten nicht revidieren. Diese Lebensumstände haben zweifellos Krauses Märchenrepertoire beeinflusst. Es ist auffallend, dass er sich mit Vorliebe solche Texte einprägte und für die Grimms auswählte, in denen von Außenseitern und/oder unglücklichen Ehemännern die Rede ist – nicht als ob er diese Märchen erfunden hätte, aber sie entsprachen seiner Vorliebe und halfen ihm vielleicht sogar bei der Bewältigung seiner unguten Situation.

Seine Märchen handeln meist vom Aufstieg eines Außenseiters durch militärische Wundermittel; wenn dieser von seiner Frau betrogen wird, so rächt er sich, rau, aber deftig, so in KHM 16 »Die drei Schlangenblätter«, KHM 54 »Der Ranzen, das Hütlein und das Hörnlein« (am Ende bläst der Held mit seinem Wunderhorn alles in Schutt und Asche,

»und er setzte sich zum König über das ganze Reich«), KHM 92 »Der König vom goldenen Berge« (Schluss: »Er rief ›Köpf alle runter, nur meiner nicht!‹ Da rollten alle Köpfe zur Erde, und er war allein der Herr und war wieder König.«) und so weiter. Diese gewalttätigen Schlüsse muten doch ein wenig wie Gewaltphantasien eines Erzählers an, der unter seiner ausweglosen Außenseiterrolle leidet, zumal sich das Repertoire des Wachtmeisters Krause durch stereotyp üble Frauenbilder auszeichnet: Im Gegensatz zur sonstigen Märchentradition spielt nicht eine weibliche Gestalt eine Hauptrolle, stattdessen treten die Frauen als höchst irdische bösartige Xanthippen, Hexen und Zauberinnen auf. Verbindung mit dem Numinosen haben in Krauses Erzählungen immer nur die männlichen Märchenhelden, oft abgedankte Soldaten, fast immer Außenseiter in ihrer Gesellschaft. Ein Musterbeispiel ist die Geschichte »Der alte Sultan« (KHM 48). Sultan ist im wörtlichen Sinn ein »armer Hund«, den der Bauer totschießen will, weil er nichts mehr leistet. Mit Hilfe des Wolfs gelingt es dem alten und lahmen Sultan, den Bauern zu täuschen, sodass er ihm das Gnadenbrot gibt: Auch hier gelten die Sympathien einem alten und sozusagen arbeitslosen Außenseiter. Sein Täuschungsmanöver wird ausdrücklich gutgeheißen, sein faustdicker Betrug hilft ihm zur Wiedereingliederung in die Gesellschaft des Bauernhofs. Die Allegorie ist leicht zu durchschauen.

Wachtmeister Krause: Ein Außenseiter erzählt Märchen von Außenseiterfiguren, denen eindeutig die Zuneigung des Erzählers gehört und die ihre Rolle zum Teil durch grobe Gewalt, zum Teil durch Lug und Täuschung überwinden.

Da fühlt man sich doch gleich an die »Bremer Stadtmusikanten« (KHM 27) erinnert: Vier Außenseiter, ähnlich wie der alte Sultan mit ihrer Dienstentlassung oder gar ihrem Todesurteil konfrontiert, tun sich zusammen, besetzen gewaltsam ein Haus, das bis dato von Räubern, also extremen Außenseitern, bewohnt war, und bleiben anscheinend lebenslänglich widerrechtlich darin wohnen. Man könnte überspitzt sagen: Unfreiwillig und unschuldig zu Außenseitern Gewordene vertreiben die freiwillig und schuldhaft zu Außenseitern gewordenen Räuber. Aber natürlich gehört die Sympathie des Erzählers und des Märchenhörers eindeutig und ganz und gar den Tieren. Das Märchengesetz der »Naiven Moral«, nach der am Ende es dem, dem es anfangs unschuldigerweise schlecht ergeht, wieder gut, ja noch viel besser gehen sollte, setzt sich ohne weiteres über gängige Moralvorstellungen oder die Abwägung von Gut und Böse hinweg. Außenseitermärchen scheinen allemal zur Gattung der »Literatur von unten« zu gehören. Wenn der Outcast Märchenheld ist, so gönnen wir ihm nur das Beste und nehmen auch seine mehr oder weniger schweren Verfehlungen nicht oder jedenfalls nicht missbilligend zur Kenntnis.

War Frau Dorothea Viehmann, die qualifizierteste und mit ihren über 40 Beiträgen bedeutendste Beiträgerin zu Grimms Märchen, selbst eine Außenseiterin? Ich glaube ja. Und auch sie mag sich zumindest ein wenig als solche empfunden haben, wie aus einem kleinen Detail ihrer Begegnungen mit den Brüdern Grimm in deren städtischer Wohnung erhellt. Dort kehrte sie in der Sommersaison meist einmal pro Woche ein, wenn sie ihre Kötze mit Produkten ihres dörflichen Gartens geleert, das heißt bei ihrer Stammkundschaft abgeliefert hatte. Wilhelm Grimm schreibt dazu am 17. Juli 1813 an seinen jüngeren Bruder Ferdinand:

> Wir haben jetzt eine prächtige Quelle, eine alte Frau [...] aus Zwern. [...] Sie kommt fast alle Woche einmal und lädet ab, da schreiben wir an 3-4 Stunden abwechselnd ihr nach. [...] Die Frau kriegt jedesmal ihren Kaffee, ein Glas Wein und Geld obendrein, sie weiß es auch nicht genug zu rühmen und erzählt dann, was ihr all für Ehre widerfahren sey, und sie habe ihr silbern Löffelchen beim Caffee gehabt so gut wie einer.

Man sieht, dass es ihr weniger um ein Honorar samt einer Tasse Kaffee und einem Gläschen Wein zu tun ist, sondern vielmehr um eine gewisse Reputation: Was ihr für Ehre widerfahre und dass sie mit einem silbernen Löffelchen bedient wurde, wie es sonst nur den städtischen Damen zukam.

Als Außenseiterin ihrer dörflichen Herkunft, ihrer sozialen Stellung und ihrer Bildung nach tat ihr jedenfalls das Servieren eines silbernen Löffelchens noch mehr gut als der Kaffee; es war ihr wichtiger, denn für einen Moment fühlte sie sich von den Grimms wie eine Vertreterin des höheren Stadtbürgertums anerkannt und angenommen. (Man fühlt sich ein wenig an das Bauernmädchen bei Walther von der Vogelweide erinnert, das nach seinem Stelldichein mit einem adligen Herrn glücklich seufzt: »dâ wart ich enpfangen, hêre frouwe, daz ich bin saelic iemer mê« – da hat er mich wie eine hochgeborne Dame empfangen, die Erinnerung daran beglückt mich mehr und mehr.)

Frau Viehmann sah sich mit ihren gesellschaftlichen Gegebenheiten in einer verblüffend ähnlichen Lage wie der bitterarme Mann im Märchen von »Der Gevatter Tod« (KHM 44), seinerseits wahrhaftig ein Außenseiter par excellence, dem es nicht einmal gelingt, im Bekannten- oder Verwandtenkreis einen Taufpaten für sein 13. Kind zu finden: Als sich ihm nacheinander Gott und der Teufel als Paten antragen und dem Kind großen Reichtum versprechen, lehnt er beide ab – es geht ihm weniger um Geld als um einen gleichberechtigten Platz in der Gesellschaft für sich und sein Kind sowie entsprechende Anerkennung – und so wählt er den personifizierten Tod zum Paten seines Kindes, nicht etwa weil der Gaben versprochen hätte, sondern weil er der große Gleichmacher ist: »Da sprach der Mann: ›Du bist der Rechte, du holst den Reichen wie den Armen ohne Unterschied, du sollst mein Gevattersmann sein.‹« Auch dem Vater der Märchenheldin in »Rumpelstilzchen« (KHM 55), der ausdrücklich als »arm« eingeführt wird, geht es bei seinem Gespräch mit dem König nicht um Geld und Reichtum, sondern um gesellschaftliche Anerkennung (die ihm als Armen, aber auch wegen seines Berufsstandes als Müller bislang verweigert wurde): »Es war einmal ein Müller, der war arm, aber er hatte eine schöne Tochter. Nun traf es sich, daß er mit dem König zu sprechen kam, und um sich ein Ansehen zu geben, sagte er zu ihm: ›Ich habe eine Tochter, die kann Stroh zu Gold spinnen.‹«

Ob das Bauernmädchen bei Walther von der Vogelweide, ob der Arme oder der arme Müller in den genannten Märchen, ob die Märchenerzähler Wachtmeister Krause oder Frau Viehmann: Alle geben sich in bestimmter Hinsicht als Außenseiter zu erkennen, insofern sie sich nach einer dauernden oder punktuellen Gleichberechtigung mit den gesellschaftlich Angesehenen oder Höhergestellten sehnen (mit dem Adel bei Walther, in einer utopischen klassenlosen Gesellschaft im Märchen vom Armen und dem Tod – im Sinne von *égalité* –, in einer gegenüber den Armen oder den verfemten Berufen vorurteilsfreien Gesellschaft in »Rumpelstilzchen« oder im vorübergehend gleichberechtigten Umgang der Märchenbeiträger Krause und Viehmann mit den Brüdern Grimm).

Frau Viehmann war eine geborene Pierson, Nachkommin eingewanderter Hugenotten, die in Hessen lange als Außenseiter eingestuft wurden. Sie war in einer Schankwirtschaft, der nachmals berühmten Kasseler Knallhütte, aufgewachsen. Wirte und des Wirtes Töchterlein gehörten weithin zu den gesellschaftlichen Außenseitern. (Das findet man sehr schön in dem Büchlein von Johannes Werner *Berufsbilder in der Literatur* (München 1990) dokumentiert und erläutert.) Nebenbei bemerkt, ist das Erzähltalent der Wirtstochter Viehmann gar nicht verwunderlich: Statistisch stammen die meisten deutschen Dichter und Philosophen aus evangelischen Pfarrhäusern oder eben aus Wirtshäusern (für letztere ein paar Beispiele: Sebastian Brant, Grimmelshausen, Abraham a Santa Clara, Friedrich/Maler Müller, Seume, Herwegh, Gerhart Hauptmann, Stefan George, Martin Walser).

Dorothea Viehmann war die Witwe eines armen Dorfschneiders und hatte nach dem frühen Tod ihres Schwiegersohns für eine Enkelschar zu sorgen. Sie war bitterarm und am Ende ihres Lebens sehr krank. Im heute nach Kassel eingemeindeten Dorf Niederzwehren, wo ihr Haus inzwischen zu einer kleinen Gedenkstätte umgestaltet wurde, erzählen ihre entfernten Nachkommen noch heute glaubhaft, dass ihre Urahnin im Dorf nicht gut gelitten gewesen sei. Manche hätten ihr den Umgang mit den feinen Stadtleuten wie dem französischen Pfarrer von Kassel oder eben den Brüdern Grimm übelgenommen, manche hätten sie gar als eine Frau mit hexenhaften Eigenschaften beschimpft. (Das scheint sich durch die Tatsache zu bestätigen, dass in den über 40 KHM-Beiträgen der Frau Viehmann nicht eine einzige Hexe oder zauberkundige Frau auftritt, die sonst in fast jedem dritten Grimm'schen Märchen zu finden ist. Die Viehmann mochte offenbar solche Geschichten nicht und wollte wohl keinesfalls die dörflichen Vorurteile gegen sie mit dem Vortrag von Hexengeschichten noch unterstützen.)

In den Viehmann-Beiträgen wimmelt es von Außenseitern aller Art. Es seien hier nur einige wenige Titel genannt, damit man sich diese Figuren ins Gedächtnis rufen oder durch Nachlesen neu entdecken kann: »Aschenputtel« (KHM 21), »Die Gänsemagd« (KHM 89), »Das Mädchen ohne Hände« (KHM 31) – lauter junge Mädchen, zunächst dauernd oder vorübergehend außerhalb der Gesellschaft stehend, müssen hart für ihr Märchenglück arbeiten und leiden. Ähnliches begegnet in »Der Eisenofen« (KHM 127), »Der arme Müllerbursch und das Kätzchen« (KHM 106), »Des Teufels rußiger Bruder« (KHM 100), »Hans mein Igel« (KHM 108) – hier sind es Männer, die sich ihren Weg zu einem würdigen Platz in der Gesellschaft und zum königlichen Märchenglück erarbeiten müssen; und die Tierschwänke »Der Hund und der Sperling« (KHM 58) sowie »Der Zaunkönig und der Bär«

(KHM 102) zeigen ähnlich wie der Krause'sche »Alte Sultan« (KHM 48) kleine und vor allem scheinbar hilflose Tiere als krasse Außenseiter gegenüber dem Menschen oder den großen Tieren, und sie setzen sich zu unsrer Freude durch, wenn auch mit List und äußerst fragwürdigen Mitteln, und zuletzt stehen sie als die Sieger da.

Die Brüder Grimm haben einiges getan, um vor ihrer Leserschaft Dorothea Viehmann aus der Außenseiterecke herauszuholen: Sie machten in der KHM-Vorrede von 1814 wider besseres Wissen eine scheinbar im Dorf sicher situierte und wohlrespektierte »ächt hessische« Bäuerin aus ihr. Sie verschwiegen ihre hugenottische Abstammung und ihre Jugend in der Gaststätte. Oder kann man sich nach den Worten der Vorrede *so* eine Außenseiterin imaginieren?

> Einer jener guten Zufälle aber war die Bekanntschaft mit einer Bäuerin aus dem [...] Dorfe Zwehrn, durch welche wir einen ansehnlichen Theil der hier mitgetheilten, darum ächt hessischen, Märchen [...] erhalten haben. Diese Frau, noch rüstig und nicht viel über funfzig Jahre alt, heißt Viehmännin, hat ein festes und angenehmes Gesicht, blickt hell und scharf aus den Augen, und ist wahrscheinlich in ihrer Jugend schön gewesen. Sie bewahrt diese alten Sagen fest in dem Gedächtniß.

Aus der Schneiderswitwe machen die Grimms eine »Bäuerin«, aus der Hugenottennachkommin eine »ächt hessische« Märchenerzählerin, einer offenbar schon kränkelnden und vor ihrem letzten Lebensjahr stehenden Frau attestieren sie »Rüstigkeit«: Wenn ihnen überhaupt bewusst war, dass diese Beiträgerin eher zur Kaste der Außenseiter gehörte, so taten sie alles, sie zumindest in den Augen ihrer Leser von diesem Image zu befreien.

Diese Grimm'sche Tendenz zeigt sich bereits in der Vorrede von 1812, wenn sie auf solche Berufsstände als Bewahrer alter Märchentraditionen zu sprechen kommen, die in den Märchen selbst mehr oder weniger unter dem Verdikt der unehrlichen oder gar verfemten Berufe, also per praedicationem et definitionem der Außenseiter, stehen: »Der ganze Umkreis dieser [Märchen-] Welt«, sagen die Brüder Grimm, »ist bestimmt abgeschlossen: Könige, Prinzen, treue Diener und ehrliche Handwerker, vor allen Fischer, Müller, Köhler und Hirten, die der Natur am nächsten geblieben, erscheinen darin.«

Um zu ermessen, wie schief – milder gesagt: wie blauäugig – diese Behauptung ist, braucht man nur einen Blick auf die Rolle des Müllers in der Volksliteratur zu werfen: Fast überall sind die angeblich so naturverbundenen Standesvertreter kleinere oder größere Schurken, Leute, die eben einem »unehrlichen« Beruf nachgehen. Und natürlich sind nicht alle Diener in den Märchen »ehrlich«; »Köhler und Hirten« sind zwar unzweifelhaft der Natur relativ nahe geblieben, stehen aber auch deswegen kaum in einem gleichberechtigten Kontakt mit der bäurischen oder städtischen Bevölkerung, wie sie vornehmlich im Märchen vorkommt, und sie sind in der Volksliteratur weder gesellschaftlich integriert noch durchweg vertrauenswürdig.

Damit sei der erste Teil unsrer Fragestellung abgeschlossen, der danach zu fragen hatte, ob die eigene dauernde oder zeitweilige Außenseiterrolle, wie sie einige ihrer Beiträger und die Brüder Grimm selbst mehr oder weniger deutlich einnahmen, auf deren Märchenrepertoire oder auf die Gestaltung der Außenseiter in ihren Märchentexten von Einfluss war. Das muss man bejahen; wie vielleicht an einem abschließenden Beispiel besonders deutlich wird.

Spätestens seit ihrer Berufung an die Göttinger Universität im Jahr 1830, womit sie eine gewisse Außenseiterrolle als untergeordnete und unterbezahlte Bibliothekare in Kassel aufgeben konnten, gehörten Jacob und Wilhelm Grimm unzweifelhaft zu den beruflich, wissenschaftlich und gesellschaftlich hochgestellten Kreisen. Mit dem Protest der Göttinger Sieben und ihrer schmählichen Entlassung aus dem Professorenstand sowie Ausstoßung aus dem Beamtenstand Ende 1837 änderte sich das wieder: Nicht als ob die Brüder Grimm an Selbstbewusstsein eingebüßt hätten, im Gegenteil, aber sie sahen sich jedenfalls vor den Augen einer großen Öffentlichkeit erneut in die Rolle von Außenseitern gedrängt, und diese Einschätzung hatte denn doch direkten Einfluss auf mindestens eines ihrer Märchen.

»Das blaue Licht« (KHM 116) begann in der Erstauflage der *Kinder- und Hausmärchen* von 1815 wie folgt: »Es war einmal ein König, der hatte einen Soldaten zum Diener, wie der ganz alt wurde und unbrauchbar, schickte er ihn fort und gab ihm nichts.« Ein Schicksal wie das des alten Sultan (KHM 48) oder der Bremer Stadtmusikanten (KHM 27) – ohne erkennbare Anteilnahme oder gar Bitternis vorgetragen. In der 3. *KHM*-Auflage von 1837 lautet der Anfang: »Es war einmal ein König, der hatte einen Soldaten, der ihm lange Jahre treu gedient hatte, der ihm aber, weil er alt und unbrauchbar geworden war, nicht mehr gefiel; da schicke er ihn fort und gab ihm nichts. Der Soldat [...] war traurig und ging fort.« Hier ist das Treuemotiv betont (»lange Jahre treu gedient«) und die emotionale Reaktion des Abgedankten wird genannt (er »war traurig«).

Gleichzeitig mit dem Erscheinen der 3. *KHM*-Auflage ereignete sich der Göttinger Eklat: Der König hatte die Verfassung von 1819 ohne weiteres aufgehoben und er nannte in diesem Zusammenhang die Beamten nicht mehr »Staatsdiener«, sondern »Königsdiener«. Als die Grimms mit fünf anderen mutigen Professorenkollegen dagegen protestierten, wurden sie von heute auf morgen entlassen, verloren ihren Gehaltsanspruch und Wilhelm führte einen langen Prozess wegen ausstehender Bezüge, den er schließlich verlor. Von all diesem Geschehen finden sich deutliche Spuren in der Umformulierung des Eingangssatzes zu »Das blaue Licht« seit der 4. *KHM*-Auflage von 1840: »Es war einmal ein König, der hatte einen Soldaten, der ihm lange Jahre treu gedient hatte. Als der Krieg zu Ende war, und der Soldat, der vielen Wunden wegen, die er empfangen hatte, nicht weiter dienen konnte, sprach der König zu ihm: ›Du kannst heimgehen, ich brauche dich nicht mehr; Geld bekommst du weiter nicht, denn Lohn erhält nur, welcher mir Dienste dafür leistet.‹ Da wußte der Soldat nicht womit er sein Leben fristen sollte: voll Sorgen gieng er fort.« »*Geld* bekommst du weiter nicht, denn Lohn erhält nur, welcher *mir* Dienste dafür leistet« – das sind genau die Themen, die um diese Zeit die Brüder Grimm umtrieben, und die im übertragenen Sinn wahrhaftig schwer Verwundeten führen nun auch ganz neu den invaliden Zustand des treuen Soldaten mit seinen »vielen Wunden« an.

In der letzten *KHM*-Auflage von 1857 findet sich dann noch eine kleine, aber feine Änderung: Nicht mehr der König wird am Beginn des Märchens zuerst genannt wie bisher und wie in Dutzenden von Märchenanfängen: »Es war einmal ein König [...]«, sondern der ins Außenseiterdasein zurückgestoßene Königsdiener: »Es war einmal ein Soldat, der hatte dem König lange Jahre treu gedient [...].« Der Märcheneingang ist also nach dem Göttinger Eklat ganz aus der Perspektive eines selbst betroffenen Außenseiters gesehen und formuliert.

Nun zu den Außenseitern im Märchen selbst. Zunächst versuchen wir, einen Standpunkt (einen archimedischen Punkt sozusagen) außerhalb der Grimm'schen Märchen zu gewinnen, und fragen: Wie geht

Clemens Brentano, das große Vorbild der Brüder Grimm, mit dem Thema »Außenseiter« in seinen Kunstmärchen um?

In seinem »Das Märchen von dem Schulmeister Klopfstock und seinen fünf Söhnen« ist dem Vater Klopfstock die Schule abgebrannt; er kann nicht weiter für eine angemessene gesellschaftliche Integration seiner heranwachsenden Söhne sorgen und schickt sie in die Welt, damit sie einen anständigen Beruf erlernen. Bei der Berufswahl sollen sie der Berufung durch ihre Namen folgen: Der älteste und der jüngste der Brüder hören auf ablautende Doppelnamen mit einer »Gr«- beziehungsweise »Tr«-Doppelalliteration: Gripsgraps und Trilltrall. Ersterer wird Meisterdieb, letzterer bei einem frommen alten Einsiedler Vogelgesangkundiger und damit Künstler. Die mittleren Brüder sind ebenfalls mit ablautenden Doppelnamen, aber mit »P«-Einbuchstabenalliterationen benannt: Piffpaff wird Meisterschütze, Pinkepank wird wundertätiger Apotheker und Pitschpatsch Schiffbauermeister. Nach einem Jahr lobt der Vater die »ehrlichen Berufe« der drei mittleren Brüder, während er den Meisterdieb einer »gottlosen Kunst« bezichtigt und von seinem jüngsten Sohn (zum Teil mit Recht) vermutet, der habe das »Einsiedlerhandwerk« gelernt – dessen Künstlerschaft aber nennt er nach einem alten Märchenmotiv verächtlich »Bärenhäuterei«. Nach überstandenen Märchenabenteuern zieht sich der Jüngste, den die Prinzessin erwählt hat, als Künstler in die freie Natur zurück, der älteste übernimmt die dadurch quasi vakant gewordene Stelle des Einsiedlers. Das heißt: Dieb und Künstler gehen gleichermaßen »unehrlichen«, jedenfalls unbürgerlichen Berufen nach; sie sind Außenseiter und bleiben dies auch im Märchen-Happy End, denn trotz seiner Bekehrung steht der Meisterdieb als Einsiedler per definitionem außerhalb der bürgerlichen Gesellschaft – er hat sozusagen nur das Vorzeichen gewechselt, vom Minus zum Plus, und der Künstler ist zwar mit der leibhaftigen Poesie verheiratet, aber einen Platz im bürgerlichen Leben kann und will auch er nicht finden (damit präludiert Brentano ein Thema, das später vor allem der junge Thomas Mann immer wieder gestaltet hat).

Von besonderem Interesse ist, dass sich von der durch Brentano so subtil in das Märchen eingebrachten Außenseiterthematik in seiner Quelle, Basiles »Il cinco figlie« in dessen *Pentamerone*, keine Spur findet. Dort lautet der Schluss, dass die eigentlichen Märchenhelden, die Söhne des Schulmeisters, alle einheitlich nur ein Handgeld erhielten, der Vater aber den Märchenpreis, die Prinzessin. Bei Brentano darf die Prinzessin Poesie selbst wählen, mit wem sie leben will, und sie sagt: »Im Wald bei den Vögeln, bei dem Trilltrall will ich wohnen.« Zum Schluss werden noch einmal die beiden Außenseiter unter den fünf Söhnen genannt: »Gripsgraps [der ehemalige Meisterdieb] baute sich eine Einsiedelei und lebte fromm darin, und Trilltrall [der zum Dichter gewordene Einsiedler] legte sich einen Tiergarten und eine Vogelhecke an.« Das heißt: Brentano hatte ein Gespür für die latente Außenseiterproblematik im Märchen und brachte das Thema selbständig ein.

Nun etwas von einigen Außenseitern in Grimms Märchen. Das Wort »Außenseiter« kommt darin nicht vor, denn die Brüder Grimm und ihre Beiträger kannten diese Bezeichnung noch nicht (sie fehlt im von Jacob Grimm erstellten Band »A« des *Deutschen Wörterbuchs*). Erst seit 1894 ist »Außenseiter« in der deutschen Sprache belegt, und zwar als Lehnübersetzung des englischen »outsider«, was aus der Welt des Sports stammt: Ein Outsider ist beim Turnier ein Pferd, auf das man nicht wettet, sozusagen ein gefühlter »loser«; von da wurde der Begriff später auf Menschen übertragen, die abseits der Gesellschaft oder auch außerhalb einer Gruppe von Fachleuten stehen. So braucht etwa Joachim Ringelnatz den Begriff, wenn er in einem Gedicht die Spießbürger dem Künstler gegenüberstellt:

> Untereinander hocken sie vertraut
> Und tuscheln gegen Außenseiter laut,
> Derweil sie selber giftig sich vergleichen.

Der Dichter wird wie im Brentano'schen Märchen in der Rolle des Außenseiters gesehen, ist indes aber gegenüber den ihn ausschließenden und abwertenden Spießbürgern positiv konnotiert.

So steht es auch um die meisten Außenseiter in Grimms Märchen, wenn sie denn die Helden der Geschichte sind. Sie werden von ihren Eltern, ihren Geschwistern und der Gesellschaft ausgegrenzt, weil sie scheinbar misswachsen, dumm, verwahrlost oder auch einfach nur arm sind: Hans mein Igel, die vielen Däumlinge, der Junge, der das Fürchten lernen will (»der Jüngste aber war dumm«), Aschenputtel, der arme Müllerbursch, der außer einem Kätzchen nichts besitzt. Wenn der Teufel eine Seele fangen will, so setzt er mehr auf die Karte, den Betreffenden zum Außenseiter zu machen, als ihm zum Beispiel das

Beten zu verbieten. Typisches Beispiel ist der Bärenhäuter (KHM 101): Die Paktbedingungen, dass er sich nicht die Haare und seine Nägel schneiden, sich nicht waschen und schnäuzen darf, sind dem Teufel wichtiger und offenbar mehr Erfolg versprechend als das Gelöbnis, einige Zeit nicht zu beten. Das heißt, der Teufel meint, das Außenseiterdasein werde den Soldaten eher mürbe machen und ihm in die Arme treiben als die Abstinenz vom Beten. Die vorübergehende Verwahrlosung des Bärenhäuters führt diesen tatsächlich in eine schreckliche Zeit des Außenseitertums, die er aber durchsteht. Im Happy End aller dieser Märchen überwinden die Märchenhelden ausnahmslos ihren anfänglichen oder vorübergehenden Außenseiterstatus, ja er wird überkompensiert, weil sie zuletzt unmäßig reich und mächtig oder weil sie Prinzessinnen oder Könige geworden sind. Das Märchen hält es also letztlich mit diesen Außenseitern; es erweckt Sympathie für sie und zeigt in der Regel, wie dumm oder gemein ihre Umwelt ihnen zunächst begegnet war. Vorübergehend als Außenseiter abgestempelt sind auch einige Märchenhelden durch ihre lokale Ausgrenzung, zum Beispiel Rapunzel im Turm, der Prinz im Eisenofen, Sneewittchen hinter den sieben Bergen. Auch sie können durch Eigeninitiative oder fremde Hilfe ihr Außenseitertum überwinden.

Anders steht es um die Nebenfiguren in den Grimm'schen Märchen, das heißt um die Gegenspieler, die Helfer und vor allem die Funktionsträger (Statisten sozusagen). Wenn diese Anzeichen von Außenseitertum zeigen, so bleiben sie ihnen immer erhalten. Sie waren, sind und bleiben Außenseiter, bedingt durch ihr Schicksal, durch eigenes Verschulden oder vor allem durch Vorurteile der Gesellschaft.

Zu dieser Outsider-Gruppe kann man wohl auch die Hexen, die Räuber und im übertragenen Sinn die dem Märchenhelden gegenüber feindlich auftretenden Tiere rechnen: Sie geben sich als solche allein schon durch ihren Lebensraum im oder nahe dem wilden Wald, in dem den Menschen gefährlichen Bereich, zu erkennen. Ihr Ende ist – ganz im Gegensatz zu den Märchenhelden-Außenseitern – in der Regel alles andere als »happy«, man denke an die Verbrennung der Hexe im »Hänsel und Gretel«-Märchen (KHM 15), die Hinrichtung der Räuber am Ende des Märchens »Der Räuberbräutigam« (KHM 40) oder das Ertrinken des Wolfs, der die sieben Geißlein gefressen hatte (KHM 5). Sie alle lebten oder trieben, wie gesagt, ihr Unwesen im tiefen wilden Wald und sind eben dadurch zu Außenseitern prädestiniert.

Doch nun zu einer Gruppe von Märchenpersonal, das – im Unterschied zu den typischen Märchenfiguren mit deren Kontakt zum Numinosen oder numinosen Fähigkeiten – realistischer gezeichnet ist, Leute, die sozusagen einen festen Sitz im Leben haben sowie vor allem in der Regel einem bestimmten Berufsstand angehören und als solche natürlich auch – wiederum im Unterschied zur Zeitlosigkeit der typischen Märchenfiguren – in historischen Dimensionen stehen.

Bei der Musterung der traditionell oder speziell in Märchenerzählungen verfemten Berufsstände sollen wenige typische Beispiele als repräsentativ gelten, wobei allen notwendigen Verallgemeinerungen der Hinweis beizugeben ist, dass es überall auch einmal Ausnahmen gibt, Ausnahmen, die allerdings – wie das Sprichwort weiß – in der Regel die Regel bestätigen. Ferner ist zu bedenken, dass die Einordnung eines Berufsstandes in die Reihe der Außenseiter oder der Verfemten natürlich landschaftlich unterschiedlich und im Lauf der Zeit einigen Wechseln unterworfen ist. Auch ist die Anzahl der Angehörigen eines Berufsstandes nicht ohne Einfluss auf ihre Beurteilung und Einordnung. So kann man zwar – wie die Berufsstandstatistik der Stadt Esslingen aus dem Jahr 1384 leicht erkennen lässt – die dort tätigen acht Müller als mehr oder weniger verfemte Außenseiter behandeln, bei der Menge der 117 Bäcker ist das unmöglich, obwohl auch sie wie die Müller, Schneider und Schuster zu den grundsätzlich verdächtigten Berufen zählten, weil sie angelieferte Rohstoffe (Mehl, Korn, Tuche oder Leder) unkontrolliert verarbeiteten und dabei angeblich oder tatsächlich oft etwas für sich abzwackten: Die Müller haben die fettesten Schweine wegen des überzähligen Korns, die Schneider werfen zu großzügig abgeschnittene Tuchreste in ihre Hölle (Kasten unter dem Schneidertisch, auf dem sie sitzen). Man wird also auch fürs Märchen die verfemten Berufe eher unter den kleineren Gruppen vermuten. Und in der Tat ergibt sich aus historischen und volkskundlichen Quellen und bei der Beobachtung der Märchen ein einigermaßen einheitlich konturierter Befund. Es gehören immer zu den Verfemten, mit denen man keinen Kontakt, noch nicht einmal eine indirekte Berührung haben sollte und wollte, die Scharfrichter. Man denke an das angekettete Glas oder die abseits stehende einzelne Kirchenbank des Henkers; die panische Angst noch der Delinquenten, dass der Scharfrichter sie anfassen könnte, soll größer gewesen sein als die Furcht vor dem Henkersschwert. Also immer zu den Verfemten gehörten die Scharfrichter und die Abdecker oder Schinder, vor allem weil sie es mit Leichen oder Aas zu tun hatten. Da Rudolf von

Habsburg die Dirnen gerichtlich dem Scharfrichter (und nicht der normalen Gerichtsbarkeit) unterstellte, wurden sie rechtlich verfemt (eben wegen ihres unfreiwilligen Umgangs mit dem Scharfrichter und nicht etwa wegen ihrer eigentlichen Profession). Von den ihrer Kundschaft etwas abzwackenden Berufsständlern gehören vornehmlich die Müller, häufig auch die Schneider, selten die Schuhmacher oder Bäcker, zu den generell Verdächtigten, mehr oder weniger Verfemten.

Dabei ist zu bedenken, dass sich der entwürdigende Umgang mit den Verfemten oder auch nur der Spott über sie weniger auf bestimmte Individuen richtet als auf tatsächliche oder fiktive negative Eigenschaften, die Angehörigen eines Berufsstandes oder allgemein einer Gruppe zugeschrieben werden. Diese Zuschreibungen verfestigen sich zu unhinterfragten Vorurteilen, werden zu Klischees und schließlich zu Topoi, die gedankenlos verbreitet und tradiert werden.

In den *Kinder- und Hausmärchen* der Brüder Grimm begegnen nur wenige Scharfrichter, Henker oder Schinder, sodass die Aussagekraft der relevanten Stellen dürftig bleibt – vielleicht mit einer Ausnahme. Als im Märchen »Die Gänsemagd« (KHM 89) die Intrige der Kammermagd vorläufig gelungen ist, bittet sie ihren Bräutigam, das Pferd Fallada schlachten zu lassen. Das kam, wie es im Märchen heißt, »auch der rechten Königstochter [zurzeit Gehilfin des Gänsehüterjüngelchens; H. R.] zu Ohr, und sie versprach dem Schinder heimlich ein Stück Geld«, wenn er nämlich den Kopf des sprechenden Pferdes unters Stadttor nageln wolle. »Also versprach das der Schinderknecht.« Nachdem die Königstochter sich schon auf der Reise zu ihrem Bräutigam weit unter ihrer Würde und damit ihren Standespflichten verkauft und erniedrigt hatte, ist sie in dieser Hinsicht nun auf dem Tiefstpunkt angekommen. Sie nimmt persönlich Kontakt mit einem Verfemten auf – dass die Prinzessin und künftige Königin sich ihres schweren Fauxpas' bewusst ist, deutet das Wort »heimlich« an – und der Schinder bemerkt natürlich, wie erniedrigt die Frau derzeit ist: Er überlässt sie und ihr Anliegen seinem ebenfalls verfemten Gehilfen; nicht er selbst, sondern »der Schinderknecht« nagelt den Pferdekopf an. Wir erfahren in »Die Gänsemagd« nichts über den Verfemten und Außenseiter in Gestalt des Schinders oder seines Knechts (solche Kenntnis durfte das Märchen wohl bei seinen früheren Hörern voraussetzen), wohl aber über seine Funktion: Seine Berufung zeigt an, wie sich die Prinzessin nach damaliger Auffassung abermals gegen ihren Stand versündigt und wie tief sie tatsächlich durch die Demütigungen am Königshof ihres Bräutigams gesunken ist, wie meilenweit sie inzwischen von ihm und seinen Kreisen entfernt ist.

Aus der Bäckerzunft begegnet bei Grimm ebenfalls nur ein Exemplar, und zwar im Märchen »Der Wolf und die sieben jungen Geißlein«. Der böse Wolf will die Geißlein überlisten: Beim Krämer kauft er immerhin noch die Kreide; der Bäcker aber ist ihm gleich und ohne Entgelt zu willen: »Da lief der Wolf zu einem Bäcker und sprach: ›Ich habe mich an den Fuß gestoßen, streich mir Teig darüber‹« – und sofort bestreicht der Bäcker die Pfote des Untiers. Es wird nichts von einem Zaudern oder einer Notlage des Bäckers berichtet, der sich gleichsam gedanken- und gewissenlos zum Komplizen eines Massenmörders macht. »Bäcker sind (zuweilen) so«, würde wohl der Volksmund auf Rückfrage antworten. Bezeichnend ist, dass der Bäcker in vielen Ständesatiren des Spätmittelalters schlecht wegkommt, weil er zu kleine, untergewichtige Brote oder Brötchen ausgebe, und schon der berühmte Franziskanerprediger Berthold von Regensburg bescheinigt ihm in einer Predigt Mitte des 13. Jahrhunderts: »Der Brotbecke, der swemmet den Teig mit Hefel; so du wähnest, du habest Brot, so hast du Luft für Brot kauft.« In der großen Ständesatire des *Redentiner Osterspiels* aus dem Jahr 1464 stehen die traditionellen Außenseiter der Volksliteratur, Bäcker, Schuster und Schneider, an der Spitze, am Ende groteskerweise ganz ausgegrenzt ein Räuber und ein Priester, was an die Konstellation in Brentanos »Klopfstock«-Märchen erinnert.

Ob Vorwürfe gegen die verfemten Berufe und damit gewisse gesellschaftliche Ausgrenzungen immer durch reale Erfahrungen abgedeckt sind, steht dahin. Fest steht aber, dass solche ständige Diskriminierungen natürlich auf die Dauer auf die Realität zurückschlagen: Der Ausgegrenzte wird und verhält sich schließlich so, wie man ihn sieht (man denke an die Thematik von Max Frischs *Andorra)*. Will sagen, wenn man sozusagen Jahrhunderte lang ungeprüft behauptet, der Bäcker backe zu kleine oder aufgeschwemmte Brötchen, dann wird er's auf die Dauer wohl wirklich tun. Es ist wie bei den ersten Beichtspiegeln, die christliche Missionare um das Jahr 800 ins Althochdeutsche übersetzten: Unsere guten Vorfahren lernten dadurch ihnen bis dato völlig unbekannte Sünden kennen – und auf die Dauer begingen sie die denn auch.

Bäcker und Schuster, die wegen des Verdachts, ihre Kunden ständig zu übervorteilen, zuweilen gleichfalls zu den Ausgegrenzten, den Außenseitern gehören, treten in Grimms Märchen nur marginal auf, deuten indes mit ihren Charakterzügen und Handlungen in diese Richtung.

Von den zwei Schustern, die in Grimms Märchen der Rede wert sind, ist der erste »Meister Pfriem« (KHM 178), ein unerträglicher Besserwisser, der selbst im Himmel noch zu Gewalttätigkeiten neigt, der andere ist ein Schwerverbrecher. Er ist Wandergeselle des Schneiders im Märchen »Die beiden Wanderer« (KHM 107), sticht diesem die Augen aus und trachtet infam nach seinem Leben. Hier schlägt die zuweilen schlechte Presse der Schuster einmal massiv durch. In der berühmten Geschichte vom »Tischchendeckdich, Goldesel und Knüppel aus dem Sack« (KHM 36) wurde der Vater der drei Söhne in der Erstauflage von 1812 noch als Schuster eingeführt, wozu der aufbrausende, latent gewalttätige Charakter dieses Vaters wohl passte; er mutierte aber ab der 2. Auflage des Märchenbuchs von 1819 zu einem Schneider – wohl auch, weil im ersten Teil der Geschichte eine Ziege eine wichtige Rolle spielt – und die Ziege ist nun einmal das Wappentier der Schneider.

Einer der wenigen Schuster in den *Kinder- und Hausmärchen*, der Vater und Ziegenbesitzer im »Tischchendeckdich, Goldesel und Knüppel aus dem Sack«, wurde im Übergang von der ersten zur zweiten Auflage wie gesagt in einen Schneider verwandelt.

»Schneider«: Das ist (im wörtlichsten Sinn) das Stich-Wort für Vertreter einer Berufsgruppe, die nicht nur im realen Sozialgefüge früherer Zeiten, sondern auch im Grimm'schen Märchen etwas überbesetzt ist. Das Schneiderhandwerk war einer der frühesten autonomen Berufe. Die scheinbar leichte Handhabung ihrer Werkzeuge, die sitzende Haltung bei der Arbeit in den engen eigenen vier Wänden prädestinierten die körperlich schwächeren oder sonst zu kurz gekommenen Bürger- und Bauernsöhne zu diesem Beruf. Dafür ist die Antwort des Jungen auf die Frage, ob er nicht Schneider werden wolle, im Märchen »Die vier kunstreichen Brüder« (KHM 129) bezeichnend: »›Daß ich nicht wüßte‹, sprach der Junge, ›das Krummsitzen von morgens bis abends, das Hin- und Herfegen mit der Nadel und das Bügeleisen will mir nicht in den Sinn.‹« Schneider tendierten ein bisschen zur Außenseiterkaste der Gesellschaft, insofern sie traditionell arme Schlucker waren, deswegen lange Zeit nicht zunftfähig, und weil man sie für schwächlich hielt. »Schneiderlein« nennt man sie deshalb gern im realen Leben und ebenfalls im Märchen (dort wird man vergeblich ein Schuster-, Bäcker- oder gar ein Schmiedlein suchen!). Diese körperliche Schwäche suchten sie dem Anschein nach auf zweifache Weise zu kompensieren: durch eine sprichwörtliche Prahlsucht und durch eine zuweilen hinterhältige Listigkeit. Zur Prahlerei der

Schneider vergleiche man die vielen sich selbst belobigenden Reden des tapferen Schneiderleins oder den Anfang von KHM 183 (»Der Riese und der Schneider«): »Ein Schneider, der ein großer Prahler war, aber ein schlechter Zahler, [...].« Die Listigkeit, die viele Schneider anstelle der ihnen fehlenden körperlichen Kräfte einsetzen, steht immer wieder in der Gefahr, zum Selbstzweck zu werden, ja bis hin zu Betrügereien, Diebstählen und sogar Morden zu pervertieren.

Sehen wir uns ein paar Standesvertreter in den Grimm'schen Märchen an: Zunächst als Erinnerung an die den Schneidern topisch unterstellte Schwächlichkeit: »Ein Schneider hatte einen Sohn, der war klein geraten [...]«, nämlich ein Däumling (KHM 45). Hermann Hesse spricht von »einer rechten Schneiderfigur, entsetzlich mager und spitzig« (*Unterm Rad*). Im Grimm'schen Märchen »Der Riese und der Schneider« (KHM 183) will der Riese sehen, ob der Schneider eine kleine Weidenrute am Baum mit seinem Gewicht herabbiegen kann. »Husch, saß das Schneiderlein oben, hielt den Atem ein und machte sich schwer, so schwer, dass sich die Gerte niederbog. Als er aber wieder Atem schöpfen mußte, da schnellte sie ihn, weil er zum Unglück kein Bügeleisen in die Tasche gesteckt hatte, zur großen Freude des Riesen in die Höhe [...].« (Wer den Schaden hat, braucht für den Spott nicht zu sorgen – einer der unzähligen Belege für den Schneiderspott in der Volksliteratur.)

Die Junktur Riese/Schneider lässt unweigerlich sofort an den wohl berühmtesten Vertreter des Schneiderstandes in Grimms Märchen »Das tapfere Schneiderlein« (KHM 20) denken. Die Brüder Grimm haben die Geschichte zum Teil wörtlich aus dem *Wegkürtzer*, dem Schwankbuch des Martin Montanus von 1557, übernommen: Montanus übernimmt in seine Geschichte Vorurteile und Verspottung des Außenseiters in der spätmittelalterlichen städtischen Gesellschaft, beleuchtet seinen Helden aber mit freundlicher Ironie und erweist am Ende unversehens das Establishment als düpiert.

Als das schmächtige Schneiderlein sich auf sein Frühstücksbrot freut, auf das es sich ausnahmsweise vier Lot Mus geschmiert hat, wofür er die Musverkäuferin höchst rücksichtslos und ohne schlechtes Gewissen ihren schweren Korb »drei Treppen hoch« hatte schleppen lassen, will er seine Arbeit schnell beenden und »macht vor Freude immer größere Stiche«. Er verfällt sozusagen mechanisch-reflexartig in eines seiner Lieblings- und Gewohnheitslaster (bei großen Stichen spart er Garn und Zeit und kümmert sich nicht darum, dass solche Nähte nur

»von Zwölf bis Mittag« halten); sein zweites, sehr viel schwerer wiegendes Laster ist, den Kunden Tuch abzuzwacken und in seiner Hölle verschwinden zu lassen. Jeder weiß, wie die weltberühmte Geschichte weiter- und ausgeht, und die meisten Hörer oder Leser empfinden eine gewisse, wenn auch leicht gebremste Sympathie für den Außenseiter, der sich durch einigermaßen raffinierten Lug und Trug gegen Wesen und Leute durchsetzt, die auch nicht besser sind als er, bis er schließlich Thronfolger wird und bleibt. Ein prominenter Hörer gönnte dem Schneiderlein diese Karriere allerdings nicht: Das großbürgerliche Kind Johann Wolfgang Goethe, in Frankfurt sorgsam von allem Umgang mit Außenseitern abgeschirmt (wie wir aus *Dichtung und Wahrheit* wissen), protestierte laut, nachdem seine Mutter am Vorabend das Märchen vom Schneiderlein nicht zu Ende erzählt hatte und der Kleine dieses selbst herausfinden oder ergänzen sollte: »Nein, ich will das nicht und dulde es nicht, dass der garstige Schneider die Prinzessin bekommt!«

Der Schneider ist schwach und hilft sich mit Listen. Der Schneider ist aber auch notorisch arm. Er kann sich nicht einmal eine Kuh halten, sondern muss sich mit einer Ziege begnügen. Deswegen wird er in der Volksliteratur aufs hässlichste gehänselt und beschimpft, und man braucht heute noch die sprichwörtliche Redensart »Er friert ...« oder »Er isst wie ein Schneider«. Die Ziege ist ein ständiger Hinweis auf seine Armut und man verdächtigt den armen Schneider gar obszönerweise als »Geißbuhler«. Auf Wilhelm Buschs Schneider Böck singt man entsprechende Spottlieder:

»He, heraus! Du Ziegen-Böck!
Schneider, Schneider, meck, meck, meck!«

Er reagiert immer wieder allergisch:

Alles konnte Böck ertragen,
Ohne nur ein Wort zu sagen;
Aber wenn er dies erfuhr,
Ging's ihm wider die Natur.

In Grimms Märchen vom »Tischchendeckdich, Goldesel und Knüppel aus dem Sack« (KHM 36) wird folgerichtig denn auch der Schuster durch einen armen Schneider ersetzt, der seine Ziege zärtlich und mehr als seine drei Söhne liebt.

Dass der Spott über den Tod hinaus gnadenlos perpetuiert wurde, erhellt aus einem Eintrag über einen auf seiner Wanderschaft erfrorenen Schneider in einer Chronik aus dem Jahr 1695: »Ein armer Schneider-Geist/ein Nadel-Ritter starb/Der durch den kalten Tod die Grabschrifft sich erwarb: Der Scheeren-Held verlohr den Geist durch Frost behende/ Und mit dem Hornung nahm der Ziegenbock sein ENDE.«

Fühlen sich Schneider ausnahmsweise einmal in einer Situation als Überlegene, so nutzen sie dies geradezu brutal aus, so der zänkische Schneider, der im Märchen »Lieb und Leid teilen« (KHM 170) seiner armen Frau »Elle, Schere und was ihm sonst zur Hand war«, nachwirft und sich garstig freut, wenn er sie trifft. Ins Extreme getrieben erscheint dieser Charakterzug aber bei Grimm nur einmal: Im Märchen »Die klare Sonne bringt's an den Tag« (KHM 115) hat der Schneider heimlich einen Juden wegen acht Hellern erschlagen und verscharrt. Übrigens geschah dies, als der Schneider auf Wanderschaft (das heißt auf Arbeitssuche) war wie viele seiner Standesgenossen in der Realität und im Märchen: Der Berufsstand war wegen der Vielzahl schwächlicher junger Männer überlaufen, sodass man notwendig anderwärts sein Unterkommen suchen musste.

Dass Schneider gern lange Finger machen, dass die Außenseiter dem gutbetuchten Bürger etwas wegnehmen, wird im Grimm'schen Märchen »Der Schneider im Himmel« (KHM 35) sozusagen durch höchste Instanzen bestätigt: Ein Schneider klopft ans Himmelstor. »Petrus fragte, wer da wäre [...] ›Ich bin ein armer ehrlicher Schneider [...].‹ ›Ja, ehrlich‹, sagte Petrus, ›wie der Dieb am Galgen, du hast lange Finger gemacht und den Leuten das Tuch abgezwickt. Du kommst nicht in den Himmel, der Herr hat [es] mir verboten, [...].‹« Entsprechend heißt es im Märchen »Die klugen Leute« (KHM 104): »Schneider gibt es dort im Himmel nicht, der heil. Petrus läßt keinen hinein, wie Ihr aus dem Märchen wißt.«

Als Achtergewicht innerhalb der Außenseiterberufsstände kann man im realen Leben wie im Märchen ohne weiteres die Müller ausmachen – besonders was Quantität wie Qualität der ihnen durch die Jahrhunderte unterstellten Untaten betrifft. Die volksliterarischen Archive quellen in der Sparte »Müllerspott« oder »Müllerbeschimpfung« über. Eine Abhandlung dazu ergäbe mehr als einen abendfüllenden Vortrag.

Es besteht kein Zweifel: Die Menschen, vorab die Bauern, brauchen die Müller notwendig. Sie sind, was das tägliche Brot betrifft, geradezu ein Helfer der Menschheit. Dennoch weist man ihnen Jahrhunderte hindurch eine Außenseiterrolle zu. Das ist der gleiche Widerspruch, den schon Martin Luther heftig angesichts der radikalen Ausgrenzung der Scharfrichter getadelt hatte, da diese ja von Gott und der Obrigkeit eingesetzt seien und nur ihre Pflicht zum Wohle der Gesellschaft täten.

Was sind die Gründe für die Ausgrenzung der Müller? Müller waren ein relativ selten, wenn auch einigermaßen flächendeckend vertretener Berufsstand. Müller traten sozusagen vereinzelt auf. Sie waren nicht in Zünften zusammengeschlossen. Sie bildeten einen der anfangs noch ganz seltenen Berufsstände, auf die zum Beispiel die Bauern geradezu existentiell angewiesen waren. Sie waren gewissermaßen die ersten selbständigen, weitgehend unabhängigen, in ihrer Gegend konkurrenzlosen Fabrikanten. Im Englischen ist das Wort für »Mühle« (»mill«) nicht zufällig mit dem für »Fabrik« (nämlich auch »mill«) identisch. Eine solche Stellung machte die von Haus aus misstrauischen Bauern noch aggressiver. Müller wohnten außerhalb der Ansiedlungen in oder bei ihren Wasser- und Windmühlen; sie waren im engeren Sinn nicht kontrollierbar. Sie waren meist überdurchschnittlich klug, denn sie allein konnten das relativ komplizierte Mühlwerk bedienen und in Gang halten, sie konnten schreiben und rechnen – das machte sie verdächtig. Sie waren in der Regel reich und samt ihren Familien wohlgenährt (dass sie geradezu in Geld schwimmen, deutet sich im Märchen von »Tischchendeckdich, Goldesel und Knüppel aus dem Sack« (KHM 36) an: Der Schneiderssohn, der beim Müller diente, bekommt als Lohn den goldscheißenden Esel). Auch hatten die Müller meist auffallend schöne Töchter – das erregte Neid, Misstrauen und Wut.

Man unterstellte ihnen, sie nähmen vom angelieferten Korn immer eine große Portion für sich, und so fragt der Volksmund zum Beispiel spöttisch, wie es wohl komme, dass die Müller die fettesten Schweine hätten:

Der Müller hätt die fettsten Schwein,
Die in dem Lande mögen seyn,
Er mästs aus Bauern Säcken.
Der Müller gäb ein Batzen drum,
Daß man ihms Liedlein nimmer sung,
Er thuts gar übel hassen,
Singt man das in der Stuben nit,
So singt mans auf der Gassen.

So steht es in *Des Knaben Wunderhorn.* Er »gäb ein Batzen drum« – Geld hat er ja, aber es hilft ihm nicht aus seinem Außenseiterstatus: Die Spottlieder lassen sich durch nichts unterdrücken.

Wenn die Stadttore geschlossen waren, so hatten die Mühlen doch gleichsam durchgehend geöffnet, und man unterstellte, dass sich beim Müller allerlei Gesindel einfände, um dort Untaten zu verabreden oder auszuführen. Den Müller zwängen sie mitzumachen, oder er täte es auch zu gern von selbst, etwa als Hehler gestohlener Waren oder als Beschützer der Inkriminierten – wobei ihm übrigens das sogenannte Mühlenasylrecht hilfreich war, das ähnlich wie das Kirchenasylrecht funktionierte: Man durfte in der Mühle niemanden gewaltsam verhaften oder angreifen. Die Angst, dass dabei das kostbare Mühlwerk zu Schaden kommen könne, war denn doch größer als die Begier, gewisser Übeltäter in der Mühle Herr zu werden.

Wie sehr die Mühle in Verruf stand, wird auch in der Hochliteratur auf Schritt und Tritt deutlich. Es sei hier nur auf die romantischen Zeitgenossen der Brüder Grimm hingewiesen: Joseph von Eichendorff, der seinen Romanhelden Friedrich in *Ahnung und Gegenwart* in einer Mühle nur knapp einem Überfall entgehen lässt, und Clemens Brentano, in dessen bekannter Meisternovelle *Geschichte vom braven Kasperl und dem schönen Annerl* drastisch ein brutaler Diebstahl in einer Mühle geschildert wird. Das Residieren in solch verrufenen Mühlen und sein immer wieder verdächtigtes Tun und Lassen wiesen dem Müller natürlich ebenfalls seine Ausnahme- und gleichzeitig eine Außenseiterrolle zu. Diese bezog man auch auf die Müllerin und die Müllerstochter. Man vermutete in der nächtens unkontrollierten Mühle allerlei erotische Exzesse, die von der Müllerin veranstaltet oder geleitet würden (im Märchen »Das Bürle« (KHM 61) ist die schamlose Ehebrecherin nicht zufällig eine Müllerin). Die Sagen, nach denen später berühmte Menschen, wie etwa Karl der Große oder Kaiser Heinrich III., unehelich in einer Mühle gezeugt worden seien, sind häufig belegt. Die Müllerstochter galt wegen ihrer Schönheit und ihres Reichtums als besonders begehrenswert, aber die massenweise abgewiesenen Bewerber hielten es mit dem Fuchs in der Fabel, der die unerreichbaren Trauben als sauer beschimpfte: Müllerstöchter galten als notorisch untreu. Das ist noch im 19. Jahrhunderts zum Beispiel bei Eichendorff dichterischer Topos:

In einem kühlen Grunde
Da geht ein Mühlenrad.
Mein' Liebste ist verschwunden,
Die dort gewohnet hat.
Sie hat mir Treu versprochen,
Gab mir 'nen Ring dabei;
Sie hat die Treu gebrochen:
Mein Ringlein sprang entzwei.

Die junge schöne Müllerin treibt in Wilhelm Müllers/Franz Schuberts gleichnamigem Liederzyklus den unglücklich Verliebten durch ihre Untreue in den Selbstmord.

»Du Müller, du Mahler, du Mörder, du Dieb!« Diese netten Anreden waren weit verbreitet und stehen so auch in *Des Knaben Wunderhorn*, wo sich ebenfalls die fürchterliche Ballade vom Müller findet, der seine schwangere Frau an Räuber verkauft, damit diese ihr den Fötus aus dem Leib schneiden und daraus Zauberfett gewinnen können. Zum Doppelmörder wird der Müller tatsächlich am Ende von Wilhelm Buschs berühmter Bildergeschichte *Max und Moritz*. Voll boshafter Freude ruft er, als man ihm die Kinder in einen Sack verschnürt in die Mühle bringt:

›Her damit!‹ und in den Trichter
Schüttelt er die Bösewichter. –
Rickeracke! Rickeracke!
Geht die Mühle mit Geknacke.

Also, man kann sich die Unterstellungen und Beschimpfungen gegen die Müller gar nicht heftig genug vorstellen.

So ist leicht einzusehen, dass, wenn in einer Volksdichtung der Begriff »Müller« auftauchte, beim Hörer oder Leser sofort alle Alarmglocken schrillten. Das macht etwas von der historischen Dimension deutlich, in der auch scheinbar so zeitlose Geschichten wie die Märchen stehen, denn dies Gefühl stellt sich beim Rezipienten seit etwa eineinhalb Jahrhunderten nicht mehr ein: Aus den extremen Außenseitern, denen man mit Neid, Misstrauen oder gar mit Abscheu begegnete, sind in der Einschätzung des Publikums inzwischen harmlose, ja liebenswürdige Zeitgenossen geworden. Man denke nur an das die Müller und deren Arbeit und Leistung preisende Kinderlied »Es klappert die Mühle am rauschenden Bach«.

Nun seien abschließend einige Müller aus Grimms Märchen ungefähr in der Reihenfolge ihres Erscheinens auf den Laufsteg geschickt.

Schon im Märchen »Der Wolf und die sieben Geißlein« (KHM 5) findet sich nach der Übeltat eines Müllers die bezeichnende Verallgemeinerung im Seufzer des Erzählers: »Ja, so sind die Menschen«. Gleich der erste, von dem in »Der Wolf und die sieben Geißlein« erzählt wird, zeigt sich als etwas Besonderes: Während nämlich der Krämer und der Bäcker dem Wolf ohne weiteres und ohne Kommentar des Märchenerzählers zu Willen sind, weigert sich der Müller zunächst. Als der Wolf droht, ihn aufzufressen, fürchtet er sich und macht dem Untier die Pfote weiß. Obwohl das Verhalten des Müllers nicht tadelnswerter als das des Krämers und des Bäckers ist, schickt der Erzähler ausgerechnet oder bezeichnenderweise ihm den tadelnden Seufzer nach. Dieser Einschub findet sich allerdings erst in der 5. *KHM*-Auflage von 1843 und erklärt sich wohl wie die eingangs genannten Veränderungen im Märchen »Das blaue Licht« (KHM 116) aus den Erfahrungen des Eklats um die Göttinger Sieben: Vom Protest gegen die Rechtsbeugung des Landesherrn nahmen viele Professoren Abstand, weil sie sich vor Repressalien fürchteten: Ja, so sind die Menschen.

Reich sind die Müller: »Es war einmal ein Müller, der führte mit seiner Frau ein vergnügtes Leben. Sie hatten Geld und Gut, und ihr Wohlstand nahm von Jahr zu Jahr noch zu.« (»Die Nixe im Teich« KHM 181). »Ein Müller, der so arm war, daß er nichts weiter hatte«, so beginnt »Das Mädchen ohne Hände« (KHM 31) – das ist für den traditionell reichen Müller natürlich ein unerträglicher Zustand – und so verschreibt er dem Teufel für neuen Reichtum ohne zu zögern das, was hinter seiner Mühle steht; das aber ist seine Tochter. Als der Teufel dem Müller später befiehlt, seiner Tochter das Waschen zu verbieten, heißt es ähnlich wie in »Der Wolf und die sieben Geißlein«: »Der Müller fürchtete sich und tat es.« – Die Märchenhörer in früheren Zeiten haben garantiert über diese beiden Müller abwertend geurteilt: Wenn's um ihre eigne Bereicherung oder um ihre Schandtaten geht, da sind die Müller listig und tapfer; geht es aber gegen einen Stärkeren oder um das Wohl anderer Menschen, dann reagieren diese Außenseiter nur noch furchtsam und feige.

Im Märchen »Der Räuberbräutigam« (KHM 40) setzt abermals ein Müller seine Tochter aufs Spiel, weil er sie in jedem Fall und sozusagen um jeden Preis nur einem Freier geben will, der – wie es wörtlich heißt – »sehr reich« ist. Sie gerät daraufhin an einen schlimmen Räuber und in höchste Lebensgefahr. Der Müller kümmert sich darum nicht weiter.

Am Beginn des Märchens »Der Zaunkönig« (KHM 171) ruft die Mühle den Müller immer wieder als Dieb aus: »In den alten Zeiten, da hatte jeder Klang noch Sinn und Bedeutung [...]. Fing das Räderwerk der Mühle an zu klappern, so sprach es [...] langsam ›Wer ist da? Wer ist da?‹ Dann antwortete sie schnell ›Der Müller! Der Müller!‹ Und endlich ganz geschwind ›Stiehlt tapfer, stiehlt tapfer, vom Achtel drei Sechter.‹« In einer weit verbreiteten Volkserzählung wird überliefert, dass der erste Müller ein vom Galgen abgeschnittener Dieb gewesen sei. Das Hängen war die Todesstrafe für Diebe. Müller und Dieb werden also schlichtweg von jeher als identisch angesehen. Als Dieb gehört der Müller natürlich zu den unehrlichen Berufen und ist auch von daher ein nicht zunftfähiger Außenseiter. Schon Berthold von Regensburg wettert im 13. Jahrhundert gegen die Müller, die den Kunden eine überhöhte Malter abfordern. In einer anderen Geschichte heißt es, ein zum Galgen verurteilter Müller vermochte vor seinem Tod keinen Nachfolger zu nennen – woraufhin man ihn wieder freiließ.

Entspricht in Grimms Märchen ein Müller ausnahmsweise einmal nicht den in mannigfachen Facetten schillernden Außenseiter-Klischees, so wird das eigens betont. Im Märchen »Der Teufel mit den drei goldenen Haaren« (KHM 29) muss man es nach der Struktur dieser Geschichte eigentlich als Unglück werten, dass der vom König in den Fluss geworfene Säugling in einer Mühle an Land gezogen und von den Müllersleuten adoptiert wird; indes baut der Erzähler vor, indem er sie sagen lässt: »›Gott hat es uns beschert.‹ Sie pflegten den Findling wohl, und er wuchs in allen Tugenden heran« (also fast wie das Jesuskind, das nach dem Lukas-Evangelium [2,51 f.] seinen Eltern untertan war: »Und Jesus nahm zu an Weisheit, an Alter und an Wohlgefallen vor Gott und den Menschen«).

Auf dem Hintergrund all dieser Müllergestalten und der Urteile und Vorurteile gegen sie erscheint der Eingang des »Rumpelstilzchen«-Märchens (KHM 55) in einem anderen Licht: »Es war einmal ein Müller, der war arm, aber er hatte ein schöne Tochter. Nun traf es sich, daß er mit dem König zu sprechen kam, und um sich ein Ansehen zu geben, sagte er zu ihm: ›Ich habe eine Tochter, die kann Stroh zu Gold spinnen.‹«

Man ermisst nun, was Armut für einen Müller bedeuten muss, der sonst die ihm zugefügten Schmähungen mit seinem Reichtum kompensieren kann, ohne damit allerdings seinen Außenseiterstatus zu verlieren. Was dem Eingangssatz folgt, ist also logisch: Da er schon nicht mit Reichtum prahlen kann, lügt er, um sich »ein Ansehen zu geben«, das heißt: um sich in Reputation zu bringen. Und dann schwindelt er auch noch indirekt von seinem angeblichen Reichtum, denn wenn seine Tochter Gold machen kann, so hat's ja mit dem Reichtum scheinbar keine Not. Hörer früherer Zeiten konnten nach diesem Eingang von einem solchen Müllervater nichts Gutes erwarten, sondern mussten gemäß der volksläufigen Vorstellung vom Müller Schlimmes befürchten. Und so kommt es ja. Er liefert seine Tochter direkt ans Messer (»um sich ein Ansehen zu geben«), denn der König sagt zu ihr, »wenn du bis morgen früh dieses Stroh nicht zu Gold versponnen hast, so mußt du sterben« – wären wir nicht in einem Märchen, so wäre der Tod der Müllerstochter so sicher wie das Amen in der Kirche. Der Müller ist also bereit, jeden Preis zu zahlen, um sich wieder in »Ansehen« zu bringen, wie der andere Müller seine Tochter (»Das Mädchen ohne Hände«) dem Teufel opfern wollte, um wieder zu Reichtum zu gelangen. Natürlich verschwindet gemäß den Gattungsgesetzen der Müller im »Rumpelstilzchen« gänzlich aus der Geschichte, nachdem er seine Funktion erfüllt hat. Wenn wir trotzdem sein weiteres Schicksal bedenken, so stellen wir erstaunt fest, dass dieser einigermaßen entmenschte Vater binnen dreier Tage Schwiegervater des Königs wird, weil ja – wie man weiß – das Märchen durchaus nicht immer die Bösen bestraft und nur die Guten belohnt. Letztlich könnte man diesem Müller eine Rolle wie Goethes Mephisto attestieren, denn auch er ist einer, der »stets das Böse will und stets das Gute schafft« (*Faust I*, v. 1336), ist doch seine Lüge Anlass für das Märchen-Happy End seiner Tochter.

»Gott schreibt auch auf krummen Zeilen gerade«, sagt Paul Claudel einmal. Das Märchen lässt letztlich auch die übel handelnden oder zumindest übel beleumdeten Außenseiter dem Glück des Märchenhelden dienen.

Abkürzungen von Literaturangaben

AaTh	Aarne, Antti/Thompson, Stith: *The Types of the Folktale.* A Classification and Bibliography. Helsinki 1973[3].
ATU	Uther, Hans-Jörg: *The Types of International Folktales.* A Classification and Bibliography. Based on the System of Antti Aarne and Stith Thompson. Helsinki 2004 (FFC 284, 285, 286).
BP	Bolte, Johannes/Polívka, Georg: *Anmerkungen zu den Kinder- und Hausmärchen der Brüder Grimm.* 5 Bde. Leipzig 1913-1932. Nachdruck Hildesheim 1963.
EM	*Enzyklopädie des Märchens.* Handwörterbuch zur historischen und vergleichenden Erzählforschung. Herausgegeben von Kurt Ranke u. a. Berlin/New York 1977 ff.
FFC	*Folklore Fellows Communications* (Schriftenreihe). Helsinki 1907 ff.
HDA	Hoffmann-Krayer, Eduard/Stäubli, Hanns: *Handwörterbuch des deutschen Aberglaubens.* Bd. 1-10. Berlin/Leipzig 1927-1942. Nachdruck Berlin 1986.
HDM	*Handwörterbuch des deutschen Märchens.* Bd. 1-2. Herausgegeben von Lutz Mackensen. Berlin/Leipzig 1930-1940.
KHM	Brüder Grimm: *Kinder- und Hausmärchen.* Zitiert nach der Großen Ausgabe von 1857; verschiedene Ausgaben sind genannt.
Mot.	Thompson, Stith: *Motif-Index of Folk-Literature.* A Classification of Narrative Elements in Folktales, Ballads, Myths, Fables, Mediaeval Romances, Exempla, Fabliaux, Jest-Books and Local Legends. 6 Bde. Copenhagen 1955.
MSP	*Märchenspiegel.* Zeitschrift für internationale Märchenforschung und Märchenpflege. Herausgegeben von der Märchen-Stiftung Walter Kahn. Bayersoien 1990 ff.
VEMG	*Veröffentlichungen der Europäischen Märchengesellschaft.* Kassel 1980 ff., von 1998-2003 München (Diederichs); ab 2004 Krummwisch (Königsfurt).

Zu den Autoren und Herausgebern

Ulrich Freund
Dipl. soz. päd. Psychotherapeut – Studium der Betriebswirtschaft und Sozialpädagogik – Ausbildung zum Psychotherapeuten.
Wichtige Publikationen: »Wirkfaktor Grimm: Märchen in der Hypnotherapie«. In: Revenstorf, Dirk/Peter, Burkhard: »Hypnose in Psychotherapie, Psychosomatik und Medizin« (2009). Mitherausgeber des Tagungsbandes: »Der Froschkönig und andere Erlösungsbedürftige« (2000).

Dr. Barbara Gobrecht
Erzählforscherin – Studium der Romanistik und Slawistik in Berlin und Zürich – Autorin, Schreibwerkstattleiterin und Lehrbeauftragte der Universität St. Gallen. Gründungsmitglied der Schweizerischen Märchengesellschaft SMG und der Kommission für Erzählforschung, Vorstandsmitglied der SMG (Ressort: Öffentlichkeitsarbeit), turnusmäßig auch Vorsitzende.
Forschungsschwerpunkte: Zauber- und Novellenmärchen, speziell aus Deutschland, Frankreich, Griechenland, Italien, Russland, der Schweiz und Spanien; Übersetzen und Erzählen.
Wichtige Publikationen: »Märchenfrauen« (1996); »Hexen im Märchen«. In: Jahrbuch der Brüder Grimm-Gesellschaft VIII; Mitherausgeberin des Tagungsbandes »Der Wunsch im Märchen – Heimat und Fremde im Märchen« (2003); »Märchenreise nach Griechenland« (2007); »Die schönsten Zaubermärchen der Brüder Grimm« (2010).
Herausgeberin von Publikationen der Schweizerischen Märchengesellschaft.

Dr. Ursula Heindrichs
Germanistin, Märchenforscherin – Studium der Germanistik, Geschichte, Philosophie und Pädagogik in Freiburg i. Br., Innsbruck und Bonn; bis 1991 Studiendirektorin an einem UNESCO-Gymnasium. 1982-1989 Vizepräsidentin; 1989-2001 Präsidentin; seit 2001 Ehrenpräsidentin der EMG.

Themenschwerpunkte: Aktualität des Märchens; Märchen in den Schulen; Märchen in der neueren Literatur.
Wichtige Publikationen: »Der Brunnen in der deutschen Dichtung« (1957); »Es war einmal – es wird eines Tages sein« (2001); Mitherausgeberin u. a. der Tagungsbände »Die Zeit im Märchen« (1990); »Tod und Wandel im Märchen« (1991); »Märchen und Schöpfung« (1993); »Das Märchen und die Künste« (1996); »Zauber Märchen« (1998); »Alter und Weisheit im Märchen« (2000). Mitherausgeberin der Anthologie »Märchen, die Brücken bauen« (2010).
Ehrungen: 1992 Bürgerpreis Gelsenkirchen; 1992 Verdienstorden des Landes Nordrhein-Westfalen; 1998 Bundesverdienstkreuz I. Klasse; 2001 Europäischer Märchenpreis (zus. mit Heinz-Albert Heindrichs).

Dr. Angelika-Benedicta Hirsch
Religionswissenschaftlerin, Autorin, Beraterin – Studium Judaistik/Religionswissenschaft; Abschluss Promotion Religionswissenschaft.
Wichtige Publikationen: »Märchen als Quellen für die Religionsgeschichte? Ein neuer Versuch der Auseinandersetzung mit den alten Problemen der Kontinuität oraler Tradition und der Datierung von Märchen« (1998); »Wahnsinnig gläubig? Fundamentalismus und Extremismus« (2003); »An den Schwellen des Lebens – Warum wir Übergangsrituale brauchen« (2004); »Warum die Frau den Hut aufhatte – Kleine Kulturgeschichte des Hochzeitsrituals« (2008); »Slow Foot – Von München nach Venedig« (2008).

Dr. Harlinda Lox
Erzählforscherin und wissenschaftliche Autorin – Studium der Germanistik und Anglistik an der Universität Gent/Belgien; Vortragstätigkeit in verschiedenen Bildungseinrichtungen (u. a. für die »Universiteit Vrije Tijd«). Seit 2001 Vizepräsidentin der EMG.
Themenschwerpunkte: Das Motiv des Todes in der europäischen Erzählkultur; populäre Kristallisationsgestalten in der europäischen Erzählkultur; ätiologische Geschichten in der flämischen Erzählkultur.
Wichtige Publikationen: »Flämische Märchen« (1999); »Van stropdragers en de pot van Olen. Verhalen over Keizer Karel« (1999); zahlreiche Motiv- und Erzähltypen-Analysen für die »Enzyklopädie des Märchens«.
Seit 2002 Herausgeberin der Reihe VEMG; Mitherausgeberin der Märchenbände »Verlorene Paradiese – gewonnene Königreiche« (2004); »Märchen, an denen mein Herz hängt« (2006); »Der Turm zu den Sternen« (2007); »Vom glücklichen Ende. Märchen« (2008); »Diebe, Dummlinge, Faulpelze & Co. Märchen von Außenseitern und Außergewöhnlichen« (2009); »Märchen, die Brücken bauen« (2010).

Dr. Ricarda Lukas
Studium der Humanmedizin in Leipzig – Facharztausbildung Psychiatrie/Neurologie und Ausbildung zur Psychotherapeutin. Von 1986 bis 1999 Arbeit im stationären Bereich; seit 1999 niedergelassene Psychotherapeutin in Halle. 2000 Promotion (zu psychischen Folgen stalinistischer Haft). Seit 2005 Mitglied der EMG; seit 2008 Schriftführerin der EMG.

Sabine Lutkat (M. A.)
Erziehungswissenschaftlerin und Märchenerzählerin – Studium der Erziehungswissenschaft, Psychologie und Germanistik an der Freien Universität Berlin; freiberuflich tätig in der Erwachsenenbildung mit Vorträgen und Seminaren zu Märchenthemen; als Märchenerzählerin sowie als Reiseleiterin in Irland. Seit 2004 Präsidiumsmitglied der EMG; seit 2008 Vizepräsidentin der EMG, verantwortlich insbesondere für die Erzählförderung.
Wichtige Publikationen: Mitherausgeberin der Tagungsbände: »Sprachmagie und Wortzauber – Traumhaus und Wolkenschloss« (2004); »Dunkle Mächte im Märchen und was sie bannt – Recht und Gerechtigkeit im Märchen« (2007); »Der Vater in Märchen, Mythos und Moderne – Burg und Schloss, Tor und Turm im Märchen« (2008); »Märchenhaftes Irland – Vom glücklichen Ende« (2009). Herausgeberin des Märchenbandes »Feenmärchen« (2007).

Dirk Nowakowski
Handwerkliche, pädagogische, künstlerische Ausbildungen und Studium. Tätig als Erzähler, Museumspädagoge, Erzieher, Grafikdesigner, Bühnenbildner und Puppenspieler; Dozententätigkeit im Bereich Erzählen, Vermittlung von ethnologischen und kunsthistorischen Hintergründen sowie künstlerisches Gestalten von Märchen und Geschichten.

Prof. Dr. Heinz Rölleke
Em. Professor für Germanistik und Volkskunde der Universität Wuppertal – Studium der Germanistik, Geschichte und Philosophie an den Universitäten Köln und Zürich.
Wichtige Publikationen: »Brüder Grimm: KHM. Faksimiledruck der Erstauflage mit den handschriftlichen Nachträgen der Brüder Grimm« (1996); »Die Märchen der Brüder Grimm. Quellen und Studien« (2004^2); »Einführung in die Märchen der Brüder Grimm« (2004^4); kritische Editionen der verschiedenen Märchen- und Sagenausgaben der Brüder Grimm; Interpretationen einzelner Märchen und Märchenmotive.
Sonstige Editionen: Hofmannsthal-Gesamtausgabe; Else-Lasker-Schüler-Gesamtausgabe; Briefwechsel der Brüder Grimm (Einzelausgaben); wis-

senschaftliche Zeitschrift »Wirkendes Wort«; Buchreihe »Literaturwissenschaft« (Wissenschaftlicher Verlag Trier).
Ehrungen: 1985 Hessischer Staatspreis; 1985 Großer Preis der Akademie für Kinder- und Jugendliteratur; 1999 Brüder-Grimm-Preis der Universität Marburg; 2004 Bundesverdienstkreuz I. Klasse.

Prof. Dr. Wilhelm Solms
Literaturwissenschaftler – Studium der Germanistik und Musik in München und Wien – Hochschullehrer an der Universität Marburg (bis 2001). Vorsitzender der Gesellschaft für Antiziganismusforschung; 1989-1993 Vizepräsident der EMG.
Forschungsschwerpunkte: Goethe; deutschsprachige Gegenwartsliteratur; Märchenmoral; Familie in Märchen und Antiziganismus.
Wichtige Publikationen: »Die Moral von Grimms Märchen« (1999); »›Kulturloses Volk‹? Berichte über ›Zigeuner‹ und Selbstzeugnisse von Sinti und Roma« (2006); »Zigeunerbilder. Ein dunkles Kapitel der deutschen Literaturgeschichte. Von der Frühen Neuzeit bis zur Romantik« (2007); Herausgeber von »Das selbstverständliche Wunder« (1986); »›Zigeunerbilder‹ in der deutschsprachigen Literatur« (1995).
Mitherausg. d. Tagungsbände: »Tiere und Tiergestaltige im Märchen« (1991); »Phantastische Welten. Mythen, Märchen, Fantasy« (1994).

Ursula Thomas
Märchenerzählerin (auch in rheinischer Mundart) – langjährige Tätigkeit im heilpädagogischen Bereich in einem Montessori-Kinderhaus. Heute Seminarleiterin in Bildungshäusern der Erwachsenenbildung. Programmgestaltung der Münster'schen Märchenwochen. Gründete den Märchenzirkel Münster und leitet diesen seitdem.

Prof. Dr. Hans-Jörg Uther
Apl. Prof. Dr. phil., wiss. Mitarbeiter an der Arbeitsstelle »Enzyklopädie des Märchens«. Akademie der Wissenschaften zu Göttingen, 1973-2009. Mitherausgeber der »Enzyklopädie des Märchens« sowie der Zeitschrift »Fabula«.
Forschungsschwerpunkte: Komparatistische und historische Erzählforschung, Grimm-Philologie, Kinder- und Jugendliteratur, Typen-, Stoff- und Motivforschung.
Wichtige Publikationen: Zuletzt erschienen 2005 der dreibändige Typenkatalog »The Types of International Folktales« (ATU) und 2008 das »Handbuch zu den ›Kinder- und Hausmärchen‹ der Brüder Grimm«.

Renate Vogt
Studium der Germanistik und Anglistik in Münster, Tübingen und Glasgow. Lehrtätigkeit an Gymnasien in Arnsberg, Meschede und Warstein. Vorträge und Seminare zu literarischen und märchenkundlichen Themen.
Themenschwerpunkte: Symbolsprache der Märchen; Reifungsprozesse von Märchenhelden und Märchenheldinnen; Dummlingsthematik in den Zaubermärchen.
Wichtige Publikationen: Veröffentlichungen zum bildnerischen Werk Erich Engelbrechts (*1928) und seinen thematischen und gestalterischen Berührungspunkten mit Märchen (1996 und 1997) sowie zur Dummlingsthematik (2007).